"경리 업무를 겸직하는 사장이 꼭 알아야 할 창업 회계"

저자의 말...

세상이 급속도로 변해 가는 만큼 새로운 경제환경 속에서 경리업무의 수준은 변화의 속도를 따라가지 못하는 것이 작금의 현실인 것 같다. 이는 기업에서 가장 중요한 업무를 담당하는 경리부서 직원들이 기존의 지식에만 의존하고 새로운 지식을 받아들이지 않는 안일한 현실에서 발생한 현상이 아닐까 본다.

이러한 문제를 해결하기 위해서는 기업관리의 최고책임자인 경영자가 먼저 회계나 세무업무를 알고자 하는 의식의 전환이 필요하다고 생각한다.

기존의 안일한 업무처리 방식에서 변화의 속도에 맞는 기초지식과 실무지식을 배양하여 기업의 재무적 의사결정을 좌우하는 핵심부서로 거듭나야 무한경쟁시대에서 살아남는 비결이 아닐까 한다.

이와 같은 필자의 인식 속에 과연 회사에서 경리라는 업무를 처음 접하는 실무자 및 1인 회사 사장님들이 보다 적은 시간을 투자해서 많은 효용을 얻을 수 있는 방법적인 접근에 역점을 두어 다음의 내용을 중심으로 서술을 하였다.

저자의 말

★ 세금이나 회계용어를 몰라서 이해가 부족했던 분
★ 상대방과 거래를 했는데 장부에 적는 계정과목을 모르는 분
★ 법에 맞게 전표와 장부를 적어 나중에 손해를 보는 일이 없기를 바라는 분
★ 돈을 쓰고 증빙을 받아 왔는데 올바른 증빙인지 고민되시는 분
★ 매달 세금신고를 하라고 하는데 신고방법을 모르시는 분
★ 직원이 입사를 하고 퇴사를 하는데 무엇을 해야할 지 모르시는 분
★ 그리고 4대 보험에 대해서 알고자 하시는 분

이와 같은 문제를 해결하고자 하는 분들에게 본서를 권해드리고 싶으며, 보다 실무적으로 우리 회사에 맞는 경우의 수를 찾고자 하시는 분들은 꼭 읽어봐야 할 도서라고 자신하는 바이다.

본서는 인터넷 카페나 각종 상담사례 상에서 실무자들이 가장 궁금해하면서도 명쾌한 방법을 찾지 못하는 내용을 중심으로 명쾌한 해설과 실무사례에 중점을 두어 서술한 것으로 목차나 색인 기능을 강화하여 손쉽게 우리회사에 맞는 케이스를 찾아볼 수 있도록 하였다.

끝으로 부족한 본서를 출판하기 위하여 불철주야 노력을 아끼지 않으신 교학사 임직원 여러분들께도 감사의 말씀을 전한다.

저자 손원준, 한성욱

이 책의 목차

제1장 사업자가 꼭 알아두어야 할 회사의 기본 사항 18

01 창업 시 세무상 점검사항 _20
- 창업시 세무상 점검할 사항

02 창업 시 노무상 점검사항 _26
- 근로계약서 작성
- 취업규칙 작성 및 신고
- 근로조건의 명시
- 근로자명부작성
- 서류의 보존
- 임금대장의 작성
- 임금지급방법
- 근로시간
- 소외근로자보호
- 휴일 및 휴가
- 재해보상

03 개인사업자와 법인사업자! 어느 것이 더 유리할까? _36
- 노무상 문제
- 연말정산 문제
- 세무상의 차이
- 증빙 및 장부기장상의 차이
- 전표발행시 계정과목 사용 및 회계처리상의 차이

04 사업자등록은 꼭 해야하나? 꼭 해야한다면 어떻게 하나? _44
- 사업자등록은 꼭 해야 하나?
- 사업자등록은 언제 해야 하나?
- 사업장이 여러 개 있는 경우 한곳에만 하면 되나?
- 여러 가지 사업을 겸업할 때

05 나는 어떤 사업자로 사업자등록을 해야 하나요? _49
- 과세유형 기준
- 사업자에 따른 분류

06 누구나 간이과세자가 될 수 있나요? _52
- 사업자등록시 일반과세자와 간이과세자로 구분하여 신청
- 부가가치세의 면세
- 특별소비세 · 교통세 또는 주류판매와 관련된 사업자의 등록 · 신고는 별도로 하지 않아도 된다.

07 면세사업자와 과세사업자의 구분은 무엇을 기준으로 정해지나요? _56

08 법인을 설립할 때 5천만원을 은행에 넣었다가 설립 후 바로 빼서 사용해도 되나요? _60

09 업종 추가나 매장 증가 등 사업자등록증의 기재내용에 변경이 생기면 어떻게 하나요? _63

10 사업자가 내야 하는 세금에는 어떤 것이 있나요? _66
- 사업자는 어떤 세금을 내나?
- 법인사업자가 알아야 하는 세금
- 개인사업자가 내야 하는 세금

11 창업 준비 과정에서 지출한 비용은 장부에 어떻게 반영하나요? _70
- 기업회계상 창업비의 처리
- 창업 준비 과정에서 발생한 비용의 증빙
- 세무상 창업비의 처리

12 회사 설립 후 최소한 갖추어야 할 장부는 무엇이 있나요? _72
- 전표 발행
- 정규지출증빙수취의무규정과 간이영수증을 여러 장 나눠서 처리해도 괜찮은지?
- 증빙관리
- 내부관리

13 회사 설립 후 최소한 갖추어야 할 규정은 무엇이 있나요? _82
- 출장비정산규정
- 사전약정에 의하여 지급하는 판매부대비용
- 임원퇴직급여규정
- 임원상여지급규정
- 가격인하와 사전약정
- 복리후생비규정
- 법인고유업무(고유목적사업)의 정관·등기
- 성과배분상여금약정

제2장 사장이 알아야 할 세무관리 90

01 법인의 CEO의 기본 세금 지식 _92
- 법인세
- 부가가치세

02 기업주의 개인비용 지출액은 어떻게 처리를 하나요? _98
- 창업시 자본금 규모 결정의 중요성
- 대표자가 회사 돈을 개인적으로 사용할 경우 세무적으로 어떤 문제가 발생하나요?

03 세금을 불성실하게 신고한 경우 기업의 손해 _102
- 가산세의 부담
- 세무조사 대상으로 선정
- 가산금 부담
- 불성실신고세금의 징수절차
- 기업주의 종합소득세 추가부담

04 사장도 개인 현금수지표를 짜라. _106

05 개인회사 사장도 본인의 급여를 책정하라. _109
- 회계처리상의 특징 비교

전표 및 장부의 관리 112

01 복식부기에 의하여 장부를 작성해야 한다고 하는데, 복식부기가 무엇인가요? _114
- 복식부기가 무엇인가요?
- 세법에서 정하는 복식부기의무자

02 경리장부의 흐름에 대해서 가르쳐 주세요. _116

03 전표가 무엇이고, 왜 발행해야 하나요? _118
- 전표는 일정한 형식이 있나?
- 전표는 왜 발행하나?
- 전표는 몇 년간 보관을 하나?
- 총계정원장과 보조부

04 내가 발행할 전표 선별법 _121

05 전표 작성은 어떻게 하나요? _124
- 1전표제
- 3전표제

06 전표 작성시 과목란에 적는 계정과목에는 무엇이 있나요? _130
- 대차대조표 계정과목
- 손익계산서 계정과목

증빙관리 168

01 세무서에서 인정해주는 증빙이 따로 있나요? _170
- 법정증빙

02 거래명세서와 입금표, 지출결의서는 법정증빙으로서 효력이 있나요? _175
- 거래명세서
- 지출결의서
- 입금표

03 세금계산서, 계산서, 영수증의 차이는? _180
- 세금계산서
- 계산서

04 세금계산서를 주고받을 때 조심해야 할 사항은? _184
- 세금계산서의 발행
- 세금계산서 주고받을 때 반드시 확인해야 할 사항
- 세금계산서의 수취

05 현금영수증과 간이영수증은 무슨 차이가 있나요? _190

06 임직원 개인 신용카드 사용분도 회사비용으로 인정받을 수 있나요? _193
- 일반비용의 개인신용카드 사용
- 해외 거래처 방문시 개인카드 사용분
- 접대비의 개인신용카드 사용
- 개인사업자의 개인신용카드 지출증빙

07 증빙이 없는 접대비의 처리 _197
- 세무상 유의사항

08 판공비에 대하여는 일정지출한도내의 금액을 비용으로 무조건 인정해 주나요? _201
- 업무추진비와 판공비 및 접대비

09 사장님이 판공비를 지출하고 증빙을 안 챙겨 와요. _204

제5장 직원 고용 및 퇴직관리 /208

01 직원 고용시 특별히 신경 써야 할 사항은 없나요? _210
- 근로계약서 외 구비서류비치 사항
- 원천세 신고분 체크
- 급여 명세서 작성
- 4대 보험 관리

02 퇴직금이 무엇인가요? _213

03 퇴직금의 지급대상자 _216

04 퇴직금의 계산방법 _219
- 계속근속연수
- 30일분의 평균임금

05 퇴직금의 계산시 입사일과 퇴사일의 기준(계속근속 연수) _222
- 근로관계의 자동소멸
- 사표제출과 퇴직일
- 정년퇴직

06 퇴직금의 계산시 평균임금 계산방법 _226
- 평균임금의 기산일
- 평균임금의 최저기준
- 사유발생일 이전 3개월간 지급된 임금총액
- 평균임금의 계산
- 평균임금에 포함되는 임금과 안되는 임금

07 직원 중 한 명이 회사를 그만둔다고 해요. 퇴직금과 퇴직소득세는 어떻게 계산을 하나요? _233
- 퇴직금 계산 사례
- 퇴직금의 비용 인정 범위
- 퇴직소득세의 계산

급여항목 및 급여세금 관리 238

01 급여항목과 급여에서 공제해야 하는 항목은 무엇인가요? _240
- 급여지급 항목
- 비법정수당
- 법정수당
- 급여 공제 항목

02 급여와 관련된 세금의 업무처리 흐름 _244

03 간이세액표를 이용한 일반근로자의 갑근세 계산 _246
- 간이세액표의 계산구조
- 간이세액표의 적용방법

04 상여금을 지급하는 경우 갑근세 계산 _251
- 정기적으로 주는 상여
- 결산 후 소득처분상 상여(잉여금 처분에 의한 상여)
- 비정기적으로 주는 상여

05 세금에서 말하는 일용근로자 _253
- 일용근로자는 시간단위로 대가를 받는 근로자
- 일반적인 경우

06 일용근로자의 갑근세 계산 _256
- 3개월이 지난 아르바이트생은 일반근로자와 같이 갑근세를 공제해야 하나?
- 일용근로자에게 식사 및 교통비를 지급하는 경우
- 생산직 일용근로자의 야간근로수당 비과세
- 원천징수액의 계산
- 원천징수이행상황신고서의 작성법
- 일용근로자도 연말정산을 하나?
- 연말정산 및 종합소득세 신고·납부
- 일용근로자의 증빙처리
- 일용근로자와 관련한 세무조사 대비책

07 중도 입·퇴사자의 갑근세 신고·납부 _262
- 중도입사자
- 중도퇴사자
- 중도퇴사자 연말정산액의 납부 및 환급

08 비과세되는 주요 급여는 무엇이 있나요? _266

09 식대보조금의 비과세 요건 _268
- 식대보조비의 비과세
- 야근식대보조비 및 식권 제공시 비과세

10 차량유지비(자가운전보조비)의 비과세 요건 _271
- 자가운전보조금 20만원의 비과세 필수요건
- 직원이 본인 차량을 회사업무용으로 이용시 비과세 판단
- 직원차량의 보험료, 자동차세를 회사가 부담해주는 경우 20만원 비과세 규정의 적용방법

11 수당은 무조건 비과세 되나요? _275

12 학자금 비과세 적용 _277
- 수취대상자에 따른 구분
- 사례별 학자금 지원액
- 학자금의 원천징수 시기

13 핸드폰 사용요금의 비과세 _282
- 사업자명의의 핸드폰을 종업원이 업무상 사용하고 그 사용료를 지급하는 경우
- 종업원 소유의 핸드폰을 업무상 사용하게 하고 사용료를 사업자가 지급하는 경우
- 핸드폰을 종업원에게 무상으로 공급하고 사용료를 사업자가 지급하는 경우
- 핸드폰 사용료에 대해서 가장 현명한 비용처리방법

14 직원 재해시 회사에서 부담하는 병원비 비과세 _285
- 어려운 임·직원의 가족 병원비를 지원해 주는 경우
- 병원비 지급시 지출증빙

15 경조사비 비과세 _287
- 임직원에게 경조사비 지급시 원천징수
- 대표이사 개인이 부담할 경조사비를 회사가 부담한 경우
- 상조회를 통한 경조사비 및 경조사비 지출증빙
- 회사 지급규정과 별도로 각 부서 예산(회사자금)으로 회사 직원에게 경조사비를 추가로 지급하는 경우
- 계열사 및 퇴직직원의 경조사비
- 파견직원의 경조사비 지급

16 사택 제공과 관련한 비과세 _291
- 다음의 요건에 해당하는 경우 소득세법상 비과세되는 사택으로 본다.
- 사택관련 세무처리 사례

17 직원들에게 제공하는 각종 상품권 등 선물 비용 _296
- 설날이나 추석 등에 일부 부서직원 선물증정
- 직원의 생일선물을 회사가 제공

18 직원 회식비용 비과세 _298
- 직원들끼리 고급술집에서 회식비용 지출시

19 종업원(직원) 대출금의 처리 _300

20 직원 학원비 보조액 처리 _301

제7장 부가가치세 관리 304

01 부가가치세의 신고·납부 _306
- 예정신고 납부
- 확정신고 납부

02 간이과세자의 부가가치세 신고서 작성 _310
- 간이과세자가 될 수 있는 사업자
- 간이과세자에서 일반과세자로 변경되는 경우
- 신고·납부 방법
- 신고서 작성요령

03 일반과세자의 부가가치세 신고서 작성 _323
- 부가가치세 신고구분
- 과세표준 및 매출세액
- 매입세액
- 경감·공제세액
- 예정신고미환급세액
- 예정고지세액
- 가산세액계
- 국세환급금계좌신고
- 폐업신고
- 과세표준명세
- 세무대리인
- 기타공제매입세액명세
- 공제받지못할 매입세액명세
- 기타 공제경감세액명세
- 면세사업수입금액
- 계산서교부 및 수취내역

04 부가가치세 신고를 잘못하거나 안한 경우에는? _355
- 수정신고를 하면 된다.
- 경정청구를 할 수 있다.
- 부가가치세 신고를 기한내에 하지 않은 경우

4대 보험 관리 _358

01 직원을 고용하면 무조건 4대 보험에 가입해야 하나요? _360

02 회사 설립 후 4대 보험에 가입하려고 하는데, 어떻게 하나요? _363
- 건강보험
- 국민연금
- 고용보험

03 직원이 들어왔어요. 4대 보험은 어떻게 가입을 하나요? _365
- 건강보험
- 국민연금
- 고용보험

04 직원이 퇴직했어요. 4대 보험은 어떻게 처리해야 하나요? _368
- 건강보험
- 국민연금
- 고용보험

05 국민연금, 건강보험 등 4대 보험은 급여에서 어떻게 공제를 하나요? _370
- 4대 보험 공제액 계산
- 4대 보험 납부절차

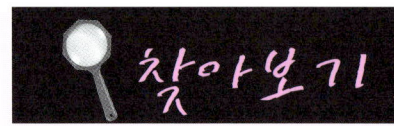

가공인건비 ·············· 260
가불금 ················· 243
가산금 ················· 103
가산세 ················· 187
가산세계 ··············· 319
가족학자금 ············· 279
가지급금 ··············· 134
간이과세자 ············· 53
간이세액표 ············· 246
간이영수증 ············· 191
간편장부 ··············· 43
감가상각비 ············· 157
감급 ··················· 28
감자차손 ··············· 151
갑근세 납부영수증 ····· 78
갑근세 ················· 243
갑종근로소득 ·········· 84
거래명세서 ············· 176
거래증빙 ··············· 174
건강보험 ··············· 363
건설중인자산 ·········· 140
결손금 ················· 152
결손처분 ··············· 103
겸업사업자 ············· 56
경감세액 ··············· 338
경영자문업무 ·········· 65
경정 ··················· 335
경정청구 ··············· 356
계속근속연수 ·········· 220
계속사업손익 ·········· 165
고용보험 ··············· 365
고정자산대장 ·········· 72
공급가액 ··············· 337
공제세액 ··············· 315
공증 ··················· 51
공증료 ················· 71
과세기간 ··············· 39
과세사업자 ············· 181
과세사업전환매입세액 ·· 333
과세표준명세 ·········· 320

관리비 ················· 156
국내원천소득 ·········· 92
국민연금 ··············· 364
국세환급금계좌신고 ··· 351
근로계약서 ············· 26
근로소득세액공제 ····· 248
근로자명부 ············· 27
급여 공제 항목 ········ 243
급여성 대가 ··········· 245
급여세금 ··············· 67
급여압류 ··············· 303
급여지급 항목 ········· 240
기명식선불카드 ······· 96
기본주당계속사업손익 · 167
기술신용보증기금 ····· 88
기업회계 ··············· 94
기장대행 ··············· 65
기장료 ················· 69
기장의무 ··············· 39

납부불성실 가산세 ···· 349
납세고지 ··············· 104
납세보증인 ············· 105
납세의무자 ············· 105
납세지 ················· 39
납세협력 ··············· 96
내부관리 ··············· 76
내부지출증빙 ·········· 174
노무상 4대 보험 ······· 37
누락 ··················· 185
단기대여금 ············· 133
단기차입금 ············· 145
단기충당부채 ·········· 146
단기투자자산 처분이익 · 162
단기투자자산 평가이익 · 162
단기투자자산 ·········· 132
단체퇴직보험금 ······· 234
당기순손익 ············· 166
당좌대출 ··············· 300
당좌예금 ··············· 130

당좌자산	131
대변	114
대손상각비	158
대손세액	327
대손세액가감	326
대손충당금	41
대차대조표 공고	39
대체전표	74

ㅁ ㅂ

만기보유증권	133
매도가능증권	133
매도가능증권평가손익	152
매월불 원칙	29
매입세금계산서	315
매입세액	53
매입세액불공제	194
매입장	72
매입채무	145
매입처원장	72
매출세액	53
매출장	72
매출채권	133
매출처원장	72
면세사업 수입금액	353
면세사업자	56
면세수입금액	321
명예퇴직수당	234
무형자산	141
무형자산상각비	157
미교부주식배당금	151
미수수익	134
미지급법인세	145
받을어음 수불부	72
배당	50
배당건설이자	151
배우자 공제	249
법인기업	37
법인세	38
법인인감	176
법정수당	242
법정증빙	71
변제	344

변제대손세액	334
보통예금	130
보통주자본금	149
복식부기	114
복식부기의무자	115
복식장부	43
부가가치세	67
부양가족공제	249
분개장	72
비과세소득	247
비법정수당	243
비유동자산	137

ㅅ

사용인감	176
사채상환이익	162
산업재산권	141
산재보험	361
상표권	134
선급비용	134
선납세금	134
선수수익	146
설립등기	61
설비자산	139
세무대리인	321
세무대행	65
세무조정계산서	94
세무조정수수료	69
세무회계	94
소득세할 주민세	67
소멸시효	328
소비세	95
소외근로자	32
손금	259
손비	39
수당	275
수정신고	355
수취세액공제	315
승급	28
신용카드매출전표	173
신주인수권부사채	148
신주청약증거금	151
실비변상적 급여	270

실용신안권 …………………………………134
실질과세의 원칙 ……………………………87

양도소득 ……………………………………92
어음 …………………………………………73
어음기입장 …………………………………75
업무무관경비 ………………………………78
연말정산 환급 ……………………………265
연말정산 ……………………………………38
연소자증명서 ………………………………32
연차수당 …………………………………221
연차유급휴가 ……………………………228
영세율 적용 사업자 ……………………181
영업외비용 ………………………………163
영업외수익 ………………………………161
예수금 ……………………………………146
예정고지세액 ……………………………343
예정신고납부 ……………………………307
예정신고누락분 …………………………329
예정신고미환급세액 ……………………343
외부감사제 …………………………………39
외부지출증빙 ……………………………174
외화예금 …………………………………132
우선주자본금 ……………………………149
원천징수 ……………………………………96
원천징수이행상황신고서 ………………258
유급휴가 ……………………………………34
유동부채 …………………………………144
유동자산 …………………………………130
유한회사 ……………………………………36
유형자산처분이익 ………………………162
의제매입세액공제 ………………………316
이연법인세자산 …………………………134
이중과세여부 ………………………………39
익금 …………………………………………68
일반과세자 ………………………………310
임금대장 ……………………………………27
임대 ………………………………………324
임의적립금 ………………………………153
입금전표 …………………………………126
입금표 ……………………………………177

자가운전보조금 …………………………273
자기주식처분손실 ………………………151
자녀학자금 ………………………………278
자본금 ……………………………………149
자본잉여금 ………………………………148
자본잠식 ……………………………………62
자본조정 …………………………………150
자산수증이익 ……………………………163
잡급 ………………………………………259
장기대여금 ………………………………139
장기미수수익 ……………………………144
장기선급금 ………………………………144
장기성매출채권 …………………………144
장기제품보증충당부채 …………………148
장기투자증권 ……………………………138
장기투자증권손상차손환입 ……………162
재고매입세액 ……………………………334
재고수불부 …………………………………72
재고자산 …………………………………136
재량 근로시간제 ……………………………31
재해보상 ……………………………………35
적격증빙 ……………………………………79
전기오류수정이익 ………………………162
전대 ………………………………………324
전도금 ……………………………………134
전액불 원칙 …………………………………29
전자신고 ……………………………………93
전자신고세액공제 ………………………388
전환사채 …………………………………148
정기불 원칙 …………………………………29
조기환급 …………………………………306
종합소득세 확정신고서 …………………110
주금납입 ……………………………………61
주당순익 …………………………………166
주민세 ……………………………………243
주식매수선택권 …………………………150
주식발행차금 ……………………………150
주식발행초과금 …………………………149
중가산금 …………………………………103
중단사업손익 ……………………………166
중도입사자 ………………………………262
중도퇴사자 ………………………………262
증빙관리 …………………………………205

증빙불비경비	79
증자등기	61
지급어음수불부	73
지급조서	261
지분법이익	162
지분법적용투자주식	138
지출결의서	179
지출증빙	79
직접불 원칙	29

차변	114
채무면제이익	163
체납처분	105
총계정원장	72
출금전표	126
출자자	293
출자전환채무	151
충당금	40
탄력적 근로시간제	29
통상임금	34
통화대용증권	130
통화불 원칙	29
퇴직급여충당금	41
퇴직소득공제	235
퇴직소득세	234
투자자산	137
투자자산처분이익	162
특별손실	145
특별이익	145

판공비	201
판매비	156
판매비와 관리비 명세장	73
평가성충당금	40
평균임금	34
폐업신고	321
포괄이익	152
표시원칙	167
합명회사	36
합자회사	36
해외사업환산손익	152
행정심판 대리	65
현금영수증	191
현금출납장	72
확정신고	308
환급	45
회계감사업무	65
희석주당계속사업손익	167

Tip 및 사례별 색인

- 4대 보험 적용 제외자 …………………………334
- 5만원이하의 비용일 경우 입금표나 거래명세서를 받아도 증빙으로 인정되는지? …………………149
- 5인이상 사업장과 5인미만 사업장에서 적용되는 근로기준법 주요내용 …………………………35
- 각종 수당의 비과세 규정 …………………253
- 각종 학자금의 회계·세무처리 …………259
- 간이세액조견표 계산식 …………………224
- 갑근세 납부영수증을 분실한 경우 ………78
- 강사료의 원천징수 방법 ……………………97
- 개업식에서 수건을 제작·배포한 경우 …81
- 개인과 법인의 부가가치세법상 사업자유형 구분 …51
- 개인기업과 법인기업의 장·단점 …………37
- 개인사업자 사장 본인의 건강보험료도 비용 인정이 되나요? …………………………109
- 개인회사 사장의 신용카드 사용분은 어디까지 비용으로 인정되나요? …………………174
- 개인회사와 법인의 차이점 …………………24
- 거래증빙과 법정증빙의 구분 ………………174
- 경비 등 송금명세서 제출대상 ……………185
- 고속도로카드의 부가가치세 매입세액공제 …250
- 고용보험·산재보험 적용 제외 사업 ……333
- 고의로 사직서를 수리 안 했을 경우 퇴직금 산정 시기는 어떻게 하는지? …………………201
- 골프회원권을 매입하는 경우 매입세액을 공제받을 수 있나? …………………………302
- 과세사업자와 면세사업자가 발행 가능한 증빙 …159
- 국내출장비에 대한 증빙은 어떻게 갖추어야 하나요? …195
- 국세 체납의 경우에도 신용불량자가 되어 금융기관으로부터의 금융거래에 제약을 받게 되나? …………103
- 근로기준법상 근로자의 범위 ………………195
- 근로소득 간이세액표의 세액 산출은 어떻게 이루어지나? …………………………224
- 근로소득공제 …………………………………225
- 근로소득세액공제 ……………………………226
- 급여성 대가 …………………………………223
- 기술신용보증기금 보증서 실사시 회사에서 준비해야 하는 사항이 무엇인지? ………………………88
- 기장료를 내면서 별도로 세무조정수수료는 왜 내야 하나? …69
- 냉온수기 소독비용 …………………………275
- 단란주점이나 룸살롱에서의 회식비용은 복리후생비로 인정이 되나? ……………………………277
- 대표자가 가입한 클럽에 불우이웃돕기 성금을 냈다면 ……107
- 매입세액불공제 항목 ………………………194
- 면세사업자가 과세사업자와 거래시 별도로 세금계산서를 받지 않으려는 이유 ……………………59
- 면세사업자와 과세사업자의 차이 …………58
- 무단결근한 근로자를 해고조치 했는데 해고예고 수당을 지급하지 않아도 되는지? …………………203
- 미성년자 고용에 있어서는 일정한 제한이 있다. ……188
- 법인 구분별 납세의무 차이 …………………92
- 법인세(법인)와 소득세(개인)의 차이 ……39
- 부가가치세 매입세액을 공제받지 못하는 차량의 정의 …285
- 부가가치세 신고누락에 따른 가산세 ……317
- 부가가치세가 면제되는 재화와 용역 ………57
- 부가가치세를 신고하는 경우 전자신고 세액공제란? 325
- 부가기체 납부를 연장할 수 있는 방법이 있는지? …327
- 부도가 나서 회수하지 못한 매출채권에 대해서는 대손세액공제를 받을 수 있다. ……………………307
- 사례별 증빙관리 ………………………………183
- 사무실을 임차하기 위해 공인중개사에게 중계수수료를 지급한 경우 증빙처리는? ……………………181
- 사업시작전 사무실 임차나 물품을 구입할 경우 반드시 사업자등록 20일전까지 사업자등록을 해라. …………48
- 사업자가 현금영수증을 받으면 어떤 혜택이 있는지? 286
- 사업자등록을 꼭 해야하나 - 판매한 금액이 없는데 사업자등록은 안 했다고 가산세를 무나? …………………48
- 사업자등록증을 정정해야 하는 이유 ………64
- 사택의 전기요금, 난방비 …………………270
- 상시근로자수가 5인이상인 기간과 5인이하인 기간이 반복되는 경우 퇴직금은? ……………………193
- 상시근로자수를 판단하는 기준이 있는지? ……193

- 상품권의 세무상 처리 ·················· 274
- 세금계산서 등 법정 지출증빙 서류를 수취하지 못한 경우 증빙불비가산세는 언제 부과되는 것인가요? ·········· 161
- 세금계산서가 없이 은행 송금증만으로도 증빙으로 인정받을 수 있나요? ·················· 156
- 세금계산서를 수취·교부했을 경우 발생주의에 의해 전표처리를 하는 이유 ·················· 120
- 식대보조비의 세무상 처리 ·················· 247
- 신용불량자인 직원의 급여가 압류되었다면? ·········· 281
- 신용카드가맹점에 가입하면 세액공제를 받을 수 있다. ·················· 313
- 실비변상적 급여의 정의를 반드시 알아야 한다. ······ 243
- 어음의 분실 또는 도난 ·················· 157
- 연봉제 회사에서 매월 급여에 퇴직급여에 퇴직금을 포함하여 지급하는 것이 불법인가요? ·················· 215
- 예정신고누락분 확정신고시 가산세 ·················· 306
- 예정신고누락분 확정신고시 가산세(수정신고임을 표기함) ·················· 310
- 이메일로 교부되는 세금계산서는 법적으로 인정받을 수 있는가? ·················· 155
- 입금표 등으로 증빙이 가능한 경우 ·················· 175
- 일반과세자와 간이과세자의 차이 ·················· 55
- 일용근로자를 고용하는 경우 4대 보험 신고를 피할 수 있는지? ·················· 341
- 입사일과 퇴사일 판정기준 ·················· 202
- 자가운전보조금 지급시 비과세 및 경비처리 기준 ······ 251
- 자금의 원활한 융통을 위해 어음을 서로 주고받을 수 있나요? ·················· 108
- 자본잠식이라고 대출이 불가능하다고 하는데 도대체 자본잠식이 무엇인지? ·················· 62
- 접대비 업무관련성 입증에 관한 고시에 의해 접대목적 등을 기재한 증빙서류란? ·················· 178
- 접대비 중 현금 사례분처럼 마땅한 증빙이 없는 경우 처리는 어떻게 해야하나? ·················· 184
- 접대비와 일반비용의 법정증빙 범위 ·················· 149
- 접대비의 세무상 처리 ·················· 178
- 조기환급시 부가가치세 신고 ·················· 315
- 종업원에서 이사(임원)로 승진시 퇴직금 ·················· 196
- 중도입사자의 건강보험 및 국민연금 처리는? ······ 339
- 직원 배우자 명의의 차량에도 자가운전보조금을 지급할 수 있나? ·················· 252
- 직원 선물구입과 관련한 구세청 예규 ·················· 275
- 직원 해외여행 경비 보조는 법인 경비로 인정받을 수 있나? ·················· 279
- 직원 헬스클럽 이용료는 급여로 봐야 하나? ·········· 262
- 직원들의 목욕비 ·················· 274
- 직원에게 회사 근처의 유료주차장을 제공하는 경우는? ·················· 251
- 직원이 개인 사정으로 휴직하는 경우의 4대 보험 처리는? ·················· 336
- 직원이 병원이나 약국에 지출한 병원비와 약값 처리는 어떻게 하나? ·················· 264
- 직원이 퇴사하는 경우 중도퇴사자 연말정산 환급을 해주는 이유 ·················· 243
- 창업 중소기업 감면 및 창업 벤처기업 감면 대상 업종 ······ 22
- 창업 초기 회사에서 비품을 구입할 때 세금계산서 등 법정증빙을 미 수취하였다면 장부처리를 할 수 없나요? ··· 150
- 창업시 세무상 점검할 사항 ·················· 23
- 취업규칙을 반드시 신고해야 하는지? 신고를 안 한다면 어떠한 불이익이 있는지? ·················· 26
- 택배나 퀵 서비스 회사에서 자체 발행한 영수증의 인정 여부 ·················· 123
- 퇴사한 직원이 퇴사 전 급여인상 현상타결에 의한 급여 인상에 따른 소급 급여를 지급받을 수 있는지? ·········· 209
- 퇴직금 관련 서울지방법원의 판례 ·················· 214
- 퇴직금의 수취요건 ·················· 193
- 퇴직자의 세금신고사항 ·················· 242
- 특별상여금도 퇴직금을 산정할 때 평균임금에 포함되는지? ·················· 199
- 평균임금의 기산일 ·················· 205
- 허위로 이력서를 기재한 경우 회사에서 징계해도 인정이 되는지? ·················· 190
- 현금영수증과 간이영수증의 차이 ·················· 169
- 현금영수증과 현금매출영수증을 구분할 줄 알아야 한다. ·················· 323
- 현금영수증도 매입세액공제가 가능하다면 부가세 신고시 일반세금계산서와 동일하게 ·················· 287
- 회계사 사무소와 세무사 사무소가 하는 업무는 무엇이 있나요? ·················· 65
- 회사 이전에 따른 각종 변경신고사항은 무엇이 있나요? ·················· 110
- 회사가 해고예고를 하지 아니하고도 해고를 할 수 있는 경우 ·················· 202
- 회수 불가능한 채권은 어떤 증빙을 첨부해야 대손세액공제를 받을 수 있나? ·················· 306

제 1 장

사업자가 꼭 알아 두어야 할 회사의 기본 사항

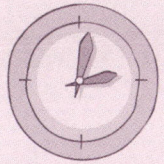

01 창업 시 세무상 점검사항
02 창업 시 노무상 점검사항
03 개인사업자와 법인사업자! 어떤 것이 더 유리할까?
04 사업자등록은 꼭 해야하나? 꼭 해야한다면 어떻게 하나?
05 나는 어떤 사업자로 사업자등록을 해야 하나요?
06 누구나 간이과세자가 될 수 있나요?
07 면세사업자와 과세사업자의 구분은 무엇을 기준으로 정해지나요?
08 법인을 설립할 때 5천만원을 은행에 넣었다가 설립 후 바로 빼서 사용해도 되나요?
09 업종 추가나 매장 증가 등 사업자등록증의 기재내용에 변경이 생기면 어떻게 하나요?
10 사업자가 내야 하는 세금에는 어떤 것이 있나?
11 창업 준비 과정에서 지출한 비용은 장부에 어떻게 반영하나요?
12 회사 설립 후 최소한 갖추어야 할 장부는 무엇이 있나요?
13 회사 설립 후 최소한 갖추어야 할 규정은 무엇이 있나요?

01 창업시 세무상 점검사항

🌸 창업시 세무상 점검할 사항

우리나라의 외환위기 이후 사회 각 분야에서 이루어지고 있는 구조 조정의 물결 속에서 평생 직장의 개념과 우리 경제의 버팀목이었던 중산층의 몰락은 자의든 타의든 누구나 새로운 도전을 강요받는 시대에 우리는 현재 살고 있다.

이러한 상황 속에서 평범한 직장인들이나 젊은이들이 꿈꾸는 것은 남에게 종속된 삶이 아니라 자기 자신이 인생의 주인이 되어 살고 싶은 마음에서 일찌감치 창업 전선에 뛰어드는 사례를 많이 접하게 된다.

옛말에도 '겉보리 서 말이면 처가살이 않는다' 는 말이 있듯이 아직 젊음이 있을 때 자기가 하고 싶은 일에 도전해 본다는 것은 청춘이 지닌 하나의 특권이라고 할 수 있지 않을까 싶다. 그러나 모든 일이 그렇듯이 의욕만 앞세워 창업을 하고 계획 없이 일을 추진하다 보면 많은 시행착오를 겪게 마련이며, 그만큼 성공의 가능성도 줄어들 수밖에 없다.

창업을 꿈꾸는 예비 사장님들에게 유익한 정보가 될 창업 시 세무 관련 사항들을 요약·정리해 본다.

창업을 위해서는 자기가 선택한 업종에 대한 사전 시장조사

경리업무를 겸직하는 사장이 꼭 알아야 할 창업회계

및 향후 발전 가능성 등 영업에 필요한 정보와 함께 창업 초창기에 자금 수요를 최소화하여 사업을 단기간 내에 정상 궤도에 오르도록 자금 및 관리계획을 수립하여 이를 실천하는 것이 중요하다.

이러한 자금 관리계획에 세무계획도 추가하여 절세 방안을 통한 합법적인 부의 축적을 목표로 이에 필요한 정보를 숙지하여 두는 것이 필요하다.

창업시 세무상 필요한 의사결정 사항은 다음과 같다.

첫째, 개인사업자로 사업을 할 것인가? 아니면 법인을 설립하여 사업을 할 것인가? 여부를 결정하여야 한다.

개인사업자는 세무서에 사업자등록만 하고 별도의 사업개시 절차가 필요 없이 즉시 사업을 개시할 수 있는 반면, 법인은 설립등기절차를 갖추어 등기를 하여야 하므로 절차가 개인보다 복잡하고 경비도 많이 들게 된다.

개인기업의 소득세율은 8%에서 35%까지 누진세율인 반면 법인기업의 법인세율은 13%(과세표준이 1억원 이상인 경우에는 25%)로 되어 있어서 세율면에서는 과세표준이 약 4천만원 이상이면 법인기업이 유리하다. 그러나 세무관리가 개인보다 법인이 보다 정교하게 이루어져야 하고 이익 발생 시에도 그 처분절차가 복잡한 점 등을 고려한다면 매출이 일정규모(통상 제조업의 경우 10억원 이상, 도소매의 경우 15억원 이상)에 달하는 경우에 법인기업을 선택하는 것이 실질적으로 도움이 된다고 하겠다.

일반적으로는 거래 상대방이 법인사업자를 선호하든지 창업 후 매출이 급격히 증가할 것으로 예상되는 경우에는 법인 설립을 하는 것이 세무상 유리하다고 볼 수 있다.

알쏭달쏭 회계용어

· **이상**
일정한 표준으로부터 위 즉, 많거나 나은 것을 말한다. 예를 들어, 90 이상이라 함은 90을 포함하는 개념이다.

· **이하**
일정한 표준으로부터 아래 즉, 적거나 못한 것을 말한다. 예를 들어, 90 이하라 함은 90을 포함하는 개념이다.

· **초과**
일정한 수나 한도를 넘음을 의미한다. 예를 들어, 90 초과라 함은 91부터를 말한다.

· **미만**
일정한 수나 한도에 미달함을 의미한다. 예를 들어, 90 미만이라 함은 89까지를 말한다.

우선 개인사업자로 등록을 하였다가 매출이 증가하여 법인으로 전환하는 것이 유리한 시점에서 법인 전환을 하는 방법도 고려해 볼 수 있다.

둘째, 사업을 영위하고자 하는 업종을 확인한다.

세무상 다음의 업종의 경우에는 감면 요건을 맞출 경우 다음의 창업 중소기업 감면 및 창업 벤처기업 감면을 받을 수 있으므로 본인이 하고자 하는 사업이 감면 대상업종인지 확인하는 것이 중요하다.

> **창업 중소기업 감면 및 창업 벤처기업 감면 대상 업종**
> 제조업, 광업, 부가통신업, 연구 및 개발업, 과학 및 기술서비스업, 전문디자인업, 방송업(종합유선방송업, 방송채널사용사업, 방송프로그램 제작업) 엔지니어링사업, 정보처리 및 컴퓨터 운용 관련업, 물류산업

셋째, 사업장을 수도권으로 할 것인지, 수도권 이외에서 할 것인지 여부를 결정한다.

이는 수도권 이외에서 상기 업종 창업 시에는 감면제도가 있어서 창업지원 혜택을 받을 수 있기 때문이다.

'2006년 12월 31일' 이전에 수도권 외의 지역에서 상기 업종을 창업하는 중소기업은 창업 후 최초로 소득이 발생한 연도와 그 후 3년 간 소득세 또는 법인세를 50% 감면해 주고 있다.

넷째, 창업 후 2년 이내에 벤처기업 등록이 가능한지 판단한다.

이는 상기 업종의 창업벤처기업에 대해서는 사업장 소재지를 불문하고 세제지원을 하고 있으며, 장차 회사를 주식시장에 공개하는 경우에도 많은 지원책을 두어 벤처기업을 육성하고자 하는 정부의 의지가 여기에 담겨 있기 때문이다.

창업 벤처기업의 경우 중소기업청으로부터 벤처기업으로 확인받은 날 이후 최초로 소득이 발생한 연도와 그 후 3년 간 소득세 및 법인세의 50%를 감면 받을 수 있다.

다섯째, 지방세 감면도 검토해 보아야 한다.

상기 창업중소기업이나 창업벤처기업에 해당되는 법인이 법인을 설립하는 경우에는 설립등기 시에 소요되는 등록세와 창업일로부터 2년 이내에 취득하는 사업용 재산에 대한 등록세 및 취득세가 면제된다. 아울러, 상기 경우에는 창업 일로부터 5년간 재산세 및 종합토지세의 50%도 감면 받을 수 있다.

여섯째, 기타 부담금 등의 감면도 검토하여야 한다.

중소기업창업지원법에 의한 창업계획 승인을 받은 사업자는 개발부담금 부과대상에서도 제외되며, 농지전용부담금과 산림전용부담금을 50%씩 감면 받을 수 있다. 특히 창업 후 2년 이내에 벤처기업 등록으로 등록하는 것은 사업의 성공 가능성을 객관적으로 인정받을 수 있으며, 사업 모델에 대한 검증이 가능해 진다는 점에서 창업시 도전해 볼만한 가치가 있는 것으로 판단된다.

창업시 세무상 점검할 사항

첫째, 개인사업자로 사업을 할 것인가? 아니면 법인을 설립하여 사업을 할 것인가? 여부를 결정하여야 한다.
둘째, 사업을 영위하고자 하는 업종을 확인한다.
셋째, 사업장을 수도권으로 할 것인지, 수도권 이외에서 할 것인지 여부를 결정한다.
넷째, 창업 후 2년 이내에 벤처기업 등록이 가능한지 판단한다.
다섯째, 지방세 감면도 검토해 보아야 한다.
여섯째, 기타 부담금 등의 감면도 검토하여야 한다.

[개인회사와 법인의 차이점]

	개인회사	주식회사
장점	❶ 기업이윤 전부를 기업주가 독점할 수 있다. ❷ 법적절차가 비교적 간단하여 기업설립이 용이하다. ❸ 창업비용 및 창업자금이 비교적 적게 소요되어 소자본을 가진 창업자도 창업이 가능하다. ❹ 기업활동상의 제정책 수립, 집행, 계획변경 등을 자유롭고 신속하게 결정할 수 있다. ❺ 개인회사는 긴밀한 인적조직체이므로 경영방침, 제조방법, 판매정책, 자금운용상의 비밀유지가 가능하다. ❻ 개인회사의 기업주는 고객 및 종업원과 직접 접할 경우가 많으므로 상호 이해하기가 쉽고 효과적인 경영을 할 수 있다.	❶ 발기인 3명 이상의 출자로 회사가 설립되므로 자본조달이 용이하고 대자본 형성이 쉽다. 설립 후에도 일반대중으로부터 소액자금을 집대성할 수 있다. ❷ 주주의 재산과 회사의 재산이 명백히 구분되므로 회사도산시에도 출자금액범위 내에서 법적책임을 진다. ❸ 주식의 양도가 가능하여 추가 주식매입 및 매각에 의해 출자액을 증감시킬 수 있다. ❹ 전문경영인에 의한 기업경영이 가능하므로 소유와 경영의 분리가 가능하다. ❺ 증권거래소 상장 등 기업의 대중화 및 거대화가 가능하다. ❻ 법인에 대한 공신력이 높아 매출, 직원채용 등 영업상 유리한 점이 많다.
단점	❶ 기업주가 기업경영상 발생하는 모든 부채와 손실을 전액부담해야 할 무한책임이 있다. ❷ 개인 신상에 사고가 발생할 경우 폐업 또는 기업운영상 직접적인 영향을 미쳐 영속성이 결여된다. ❸ 투자 및 차입규모가 클 경우 자본조달능력상의 한계가 있다. ❹ 경영상의 제문제, 생산, 판매, 자금조달, 인사관리 등 경영전반에 걸쳐 만능일수 없는 바, 이로 인한 경영능력의 한계가 있다. ❺ 법인 담세율은 16~28%이나 개인은 10~40%로 납세상 불리함이 있다. ❻ 기업규모가 커지면 법인전환 등의 부수절차가 필요하다.	❶ 정관작성, 발기인 구성, 창립총회, 법인설립신고 등 설립절차가 복잡하다. ❷ 기업이윤이 주주의 출자지분에 따라 배당되므로 대표자의 이윤이 줄어든다. ❸ 경영의사 결정체계가 주주총회 – 이사회 – 대표이사로 복잡하여 신속한 의사결정이 어렵다. ❹ 주주 상호간의 이해관계 대립시 마찰의 소지가 있고 경영공백이 우려된다. ❺ 대표이사의 무한책임 경영이 여타 주주에 큰 피해를 줄 수 있다.

· 직원
직장에 근무하는 모든 사람으로서 임원을 제외한 자를 말한다. 일반적으로 사원이라고도 한다.

· 임원
일반적으로 법인의 임원이란 이사 및 감사, 협동조합의 이사 및 감사 등 법률상 임원으로서 정해져 있는 자를 말한다. 예를 들어, 상법상 임원인 이사 및 감사는 주주총회에서 선임되고, 회사와의 관계는 위임의 관계로 되어 있다.
참고로 법인세법상 임원의 범위는 다음과 같다.
① 법인의 회장, 사장, 부사장, 이사장, 대표이사, 전무이사, 상무이사 등 이사회의 구성원 전원과 청산인, ② 합명회사, 합자회사 및 유한회사의 업무집행사원 또는 이사, ③ 감사, ④ 기타 이에 준하는 직무에 종사하는 자

경리업무를 겸직하는 사장이 꼭 알아야 할 창업회계

구 분	개인회사	주식회사
적정 규모	소·중 규모	중·대 규모
법적 근거	업종별 관계법(인·허가)	상법 및 업종별 관계법
성 격	개인	법인
사원(대표자)책임	무한책임	유한책임(출자지분 범위내)
법적출자인원 (발기인 수)	대표자	발기인 3인 이상
출자금액	금액 제한 없음	5천만원 이상
기 관	대표자 개인	의결기관 : 주주총회 대표기관 : 대표이사 업무집행 : 이사회
법적 성립요건	해당업종, 관계법에 의한 인·허가 사업자등록	정관인증 및 창립총회, 법인설립등기, 법인설립신고 및 사업자등록
조직 변경	주식회사, 유한회사 등으로 법인 전환 가능	유한회사로 변경 가능

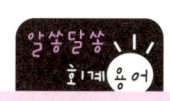

알쏭달쏭 회계용어

· **주주총회**
주주총회는 주주가 모여서 회사의 의사를 결정하는 필요기관을 말한다. 총회에는 결산기 마다 정기적으로 개최하는 정기총회와, 필요에 따라 수시로 개최하는 임시총회가 있다.

· **이사회**
이사회는 이사에 의하여 구성되어 회사의 업무집행에 관한 사항을 결정하는 기관이다. 법령 및 정관으로써 주주총회의 권한으로 되어 있는 것을 제외한 업무집행에 관한 사항은 모두 이사회의 결의에 의하여 행하여진다.

· **창립총회**
창립총회는 주식회사의 모집설립의 경우에 주식인수인으로써 구성되는 설립 중 회사의 의사결정기관이다.

02 창업시 노무상 점검사항

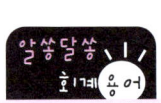

· 근로자

근로자는 직업의 종류를 불문하고 사업 또는 사업장에서 임금을 목적으로 근로를 제공하는 자를 말한다.
임금을 목적으로 타인(사용자)의 지휘·명령에 근로를 제공하는 자는 제공하는 노동이 육체적인 것이든 정신적인 것이든 모두 근로자라 할 수 있다.

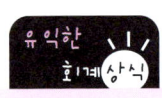

· 취업규칙을 반드시 신고해야 하는지? 신고를 안 한다면 어떠한 불이익이 있는지?

취업규칙은 사업장에서 근로자가 지켜야 할 규율 또는 근로조건에 관해 구체적인 내용을 정한 규칙을 말한다.
취업규칙은 상시근로자가 10인 이상인 사업장의 경우 취업규칙을 의무로 규정하도록 하고 있다. ◎오른쪽 내용 계속...

◎ 근로계약서 작성

근로계약은 반드시 서면계약으로 할 의무는 없는 것이나 향후 노사간에 권리다툼을 명확히 한다는 취지에서 서면으로 하는 것이 바람직할 것이다.

◎ 취업규칙 작성 및 신고

상시 10인이상 근로자를 사용하는 사업장은 즉시 취업규칙을 작성하여 노동관서(관할지방노동사무소)에 신고하여야 한다.
신고시 첨부서류는 취업규칙작성신고서, 취업규칙사본, 근로자과반수의견서 등이다. 그리고 취업규칙을 작성한 경우에는 사업장에 게시 또는 비치하여야 한다.

◎ 근로조건의 명시

사용자는 근로계약 체결시에 근로자에 대하여 임금, 근로시간, 취업의 장소와 종사하여야 할 업무에 관한 사항, 시업·종업의 시각, 휴게시간, 휴일, 휴가 및 교대근로에 관한 사항, 임금의 결정·계산·지급방법, 임금의 산정기간·지급시기 및 승급에 관한 사항, 가족수당의 계산·지급방법에 관한 사항, 퇴직에 관한 사항, 퇴직금, 상여 및 최저임금에 관한 사항, 근로자의 식비, 작업용품 등 부담에 관한 사항, 근로자를 위한 교육시설에 관한 사항, 산전후휴가·육아휴직 등 여성근로자의 모성보호에 관한 사항, 안전과 보건에 관한 사항, 업무상과 업무외의 재해부조에 관한 사항, 표창과 제재에 관한 사항, 기타 당해 사업 또는 사업장의 근로자 전체에 적용될 사항, 사업장의 부속기숙사에 근로자를 기숙하게 하는 경우에는 기숙사 규칙에 정한 사항 등의 근로조건을 명시하여야 한다.

이 경우 임금의 구성항목, 계산방법 및 지불방법에 관한 사항에 관한 사항을 서면으로 명시하여야 한다.

근로자명부작성

사용자는 각 사업장별로 근로자명부를 작성하고 근로자의 성명, 성별, 생년월일, 주소, 이력, 종사하는 업무의 종류, 고용 또는 고용갱신 연월일, 계약기간을 정한 경우에는 그 기간 기타 고용에 관한 사항, 해고·퇴직 또는 사망의 경우에는 그 연월일과 사유, 기타 필요한 사항을 기입하여야 한다. 그후 기입할 사항에 변경이 있는 경우에는 지체없이 정정해야 한다.

서류의 보존

사용자는 근로자 명부(근로자가 해고되거나 퇴직 또는 사망한 날부터 날짜 계산) 등 다음의 서류를 3년간 보존하여야 한다.

① 근로계약서 : 근로관계가 종료된 날부터 날짜 계산

② 임금대장 : 최후의 기입을 한 날부터 날짜 계산

③ 임금의 결정·지급방법 및 임금계산의 기초에 관한 서류 : 그 완결한 날부터 날짜 계산

모든 기업에는 지켜야 하는 규정이 있는데, 그것을 근로기준법과 비교하여 근로기준법을 상회하거나 같을 때는 취업규칙이 적용되고, 근로기준법의 법조문을 하회하는 경우 근로기준법이 적용되어 근로자의 최소한의 권리를 지켜주는 것이다.

취업규칙을 변경하는 경우에는, 근로자 과반수로 조직된 노조가 있는 경우에는 그 노동조합, 그러한 노조가 없는 경우에는 근로자 과반수의 의견을 들어 변경해야 한다. 이 경우도 그 의견에 구속되는 것은 아니다. 또한, 취업규칙을 근로자에게 불이익하게 변경하는 경우 근로자의 동의를 얻지 못했을 때에는 무효이다.

취업규칙을 작성 신고하지 않은 경우 500만원 이하의 벌금이 부과되는 것이다.

회사와 근로자의 관계를 규율하는 것으로는 취업규칙 이외에도 노동관계법령, 단체협약, 개별 근로계약 등이 있다. 이때 취업규칙은 법령 또는 당해 사업장에 적용되는 단체협약이 있는 경우 이에 위반해서는 안되며, 취업규칙 기준에 미달되는 근로조건을 정한 근로계약의 경우 그 부분에 관해서는 무효로 되고 무효로 된 부분에 대해서는 취업규칙의 기준에 의하는 것이다. 반대로 취업규칙에 정한 내용이 법령이나 단체협약에 정한 내용보다 유리한 경우에는 취업규칙에 정한 내용이 우선적으로 적용된다.

· 승급
승급은 기본급(基本給)의 증액을 말한다.

· 감급
감급은 기본급(基本給)을 감액하는 것으로 근로자가 근로계약을 위반하거나 직장의 질서를 위반하였을 경우, 사용자가 그 근로자에게 과하는 벌칙이다.

④ 고용·해고·퇴직에 관한 서류 : 근로자가 해고되거나 퇴직한 날부터 날짜 계산

⑤ 승급·감급에 관한 서류 : 그 완결한 날부터 날짜 계산

⑥ 휴가에 관한 서류 : 그 완결한 날부터 날짜 계산

⑦ 연장근로, 감시 또는 단속적으로 근로에 종사하는 자로서 사용자가 노동부장관의 승인을 얻은 자(근로시간과 휴일, 휴게규정 예외) 및 18세 미만자 산후1년이 경과되지 아니한 여성 임신중의 여성이 명시적으로 청구(야업(야업) 및 휴일근로의 제한) 규정에 의한 승인·인가에 관한 서류 : 승인 또는 인가를 받은 날부터 날짜 계산

⑧ 탄력적 근로시간, 선택적 근로시간, 출장 및 업무의 특성상 특수한 경우 및 운수업, 물품판매 및 보관업, 금융보험업, 영화제작 및 흥행업, 통신업, 교육연구 및 조사사업, 광고업, 의료 및 위생사업, 접객업, 소각 및 청소업, 이용업, 기타 공중의 편의 또는 업무의 특성상 필요한 경우로서 근로시간 및 휴게시간의 특례 규정에 의하여 서면합의를 한 경우 서면합의 서류 : 서면합의를 한 날부터 날짜 계산

⑨ 사용자는 18세미만인 자에 대하여는 그 연령을 증명하는 호적증명서와 친권자 또는 후견인의 동의서를 사업장에 비치하여야 한다. : 서면합의를 한 날부터 날짜 계산

임금대장의 작성

사용자는 각 사업장별로 임금대장을 작성하고, 임금과 가족수당계산의 기초가 되는 사항, 임금액, 성명, 주민등록번호, 고용연월일, 종사하는 업무, 근로일수, 근로시간수, 연장 및 야간 또는 휴일근로를 시킨 경우 그 시간수, 기본급과 제수당 임금의 내역별 금액 등의 사항을 매 임금지급시마다 기입하여야 한다.

임금지급방법

임금은 통화로 직접 근로자에게 그 전액을 지급하여야 한다. 다만, 법령 또는 단체협약에 특별한 규정이 있는 경우에는 임금의 일부를 공제하거나 또는 통화이외의 것으로 지급할 수 있다.

임금은 매월 1회이상 일정한 기일을 정하여 지급하여야 한다. 다만, 임시로 지급하는 임금, 수당 기타 이에 준하는 임금에 대하여는 그러하지 아니하다.

① 직접불 원칙(직접 해당근로자에게 지급)
② 통화불 원칙(현금으로 지급, 다만, 실명필한 본인 계좌에 입금 가능)
③ 전액불 원칙(매 임금지급시마다 발생된 전액의 임금을 지급)
④ 매월불 원칙(매월 1회이상 지급)
⑤ 정기불 원칙(매월 정한 일정한 기일에 지급)

· 임금
임금이란 사용자가 근로의 대가로 근로자에게 임금 봉급 기타 여하한 명칭으로든지 지급하는 일체의 금품을 말한다.
근로의 대가란 근로자가 사용자의 지휘·명령을 받으며 근로를 제공한 데 대한 보수라고 이해되므로 사용자는 개개의 근로자에 대하여 법률상 또는 계약상 임금의 지급의무를 지고 있는 것이다. 다시 말하면 근로관계와 관련해서 근로자가 노무의 대가로서 사용자에 대하여 그 지급청구권을 가지는 것만이 임금이다.

○ 근로시간

1주간의 근로시간은 휴게시간을 제하고 40시간(개정법, 종전 규정은 44시간)을 초과할 수 없다. 1일의 근로시간은 휴게시간을 제하고 8시간을 초과할 수 없다. 다만, 근로자의 동의가 있는 경우 1주 12시간 연장근무할 수 있다.

1. 탄력적 근로시간제

사용자는 취업규칙(취업규칙에 준하는 것을 포함한다)에서 정하는 바에 의하여 2주간이내의 일정한 단위기간을 평균하여 1주간의 근로시간이 1주 40시간의 근로시간을 초과하지 아니하는 범위안에서 특정주에 40시간의 근로시간을, 특정일에 8시간의 근로시간을 초과하여 근로하게 할 수 있다. 다만, 특정주의 근로시간은 48시간을 초과할 수 없다.

사용자는 근로자대표와의 서면합의에 의하여 다음의 사항을 정한 때에는 3월 이내의 단위기간을 평균하여 1주간의 근로시간이 1주간의 근로시간은 휴게시간을 제하고 40시간의 근로시간을 초과하지 아니하는 범위안에서 특정주에 40시간의 근로시간을, 특정일에 8시간의 근로시간을 초과하여 근로하게 할 수 있다. 다만, 특정주의 근로시간은 52시간을, 특정일의 근로시간은 12시간을 초과할 수 없다.

① 대상근로자의 범위
② 단위기간(3월 이내의 일정한 기간으로 정하여야 한다)
③ 단위기간에 있어서의 근로일 및 당해 근로일별 근로시간
④ 서면합의의 유효기간

위의 규정은 15세이상 18세미만의 근로자와 임신중인 여성근로자에 대하여는 이를 적용하지 아니하며, 탄력적 근로시간제 규정에 의하여 당해 근로자를 근로시킬 경우에는 기존의 임금수준이 저하되지 아니하도록 임금보전 방안을 강구하여야 한다.

2. 선택적 근로시간제

사용자는 취업규칙(취업규칙에 준하는 것을 포함한다)에 의하여 시업 및 종업시각을 근로자의 결정에 맡기기로 한 근로자에 대하여 근로자대표와의 서면합의에 의하여 다음의 사항을 정한 때에는 1월 이내의 정산기간을 평균하여 1주간의 근로시간이 40시간의 근로시간을 초과하지 아니하는 범위안에서 1주간에 40시간의 근로시간을, 1일에 8시간의 근로시간을 초과하여 근로하게 할 수 있다.

① 대상근로자의 범위(15세이상 18세미만의 근로자를 제외한다)
② 정산기간(1월 이내의 일정한 기간으로 정하여야 한다)
③ 정산기간에 있어서의 총근로시간
④ 반드시 근로하여야 할 시간대를 정하는 경우에는 그 개시 및 종료시각
⑤ 근로자가 그의 결정에 의하여 근로할 수 있는 시간대를 정하는 경우에는 그 개시 및 종료시각
⑥ 표준근로시간(유급휴가 등의 계산기준으로 사용자와 근로자대표가 합의하여 정한 1일의 근로시간)

3. 재량 근로시간제

근로자가 출장 기타의 사유로 근로시간의 전부 또는 일부를 사업장밖에서 근로하여 근로시간을 산정하기 어려운 때에는 소정근로시간을 근로한 것으로 본다. 다만, 당해 업무를 수행하기 위하여 통상적으로 소정근로시간(1일 8시간 1주 40시간 등)을 초과하여 근로할 필요가 있는 경우에는 그 업무의 수행에 통상 필요한 시간을 근로한 것으로 본다.

단서의 규정에 불구하고 당해 업무에 관하여 근로자대표와의 서면합의가 있는 때에는 그 합의에서 정하는 시간을 그 업무의 수행에 통상 필요한 시간으로 본다.

업무의 성질에 비추어 업무 수행방법을 근로자의 재량에 위임할 필요가 있는 업무로서 다음의 업무는 사용자가 근로자대표와 서면합의로 정한 시간을 근로한 것으로 본다.

① 신상품 또는 신기술의 연구개발이나 인문사회과학 또는 자연과학 분야의 연구업무
② 정보처리시스템의 설계 또는 분석업무

③ 신문·방송 또는 출판사업에 있어서 기사의 취재·편성 또는 편집 업무

④ 의복·실내장식·공업제품·광고 등의 디자인 또는 고안업무

⑤ 방송프로·영화 등의 제작사업에 있어서 프로듀서 또는 감독업무

이 경우 당해 서면합의에는 다음 각 호의 사항을 명시하여야 한다.

① 대상업무

② 사용자가 업무의 수행수단 및 시간배분 등에 관하여 근로자에게 구체적인 지시를 하지 아니한다는 내용

③ 근로시간의 산정은 당해 서면합의로 정하는 바에 따른다는 내용

소외근로자 보호

1. 최저연령

만 15세미만인 자는 근로자로 사용할 수 없다. 다만, 노동부장관의 취직인허증을 소지한 자는 예외이다.

2. 사용제한

여자와 남자로서 18세미만인 자는 도덕상 또는 보건상 유해·위험한 사업에 사용하지 못한다.

3. 연소자증명서

사용자는 18세미만인 자에 대하여는 그 연령을 증명하는 호적증명서와 친권자 또는 후견인의 동의서를 사업장에 비치하여야 한다.

4. 근로시간

15세이상 18세미만인 자의 근로시간은 1일에 7시간, 1주일에 40시간을 초과하지 못한다. 다만, 당사자간의 합의에 의하여 1일에 1시간, 1주일에 6시간을 한도로 연장할 수 있다.

5. 야업금지

사용자는 18세이상의 여성을 오후 10시부터 오전 6시까지의 사이 및 휴일에 근로시키고자 하는 경우에는 당해 근로자의 동의를 얻어야 한다.

휴일 및 휴가

· 휴일
휴일이란 근로자가 사용자에 대한 근로의무뿐만 아니라 사용자의 지휘·명령으로부터 완전히 벗어나는 날을 말한다. 즉 근로계약상 근로의무가 없는 날을 의미한다.

· 휴가
휴가란 근로의무가 있는 근로일에 근로의무면제를 근로자의 신청에 의하여 취득한 날을 말한다.

1. 주휴일

사용자는 근로자에 대하여 1주일에 평균 1회이상의 유급휴일을 주어야 한다(일용직, 임시직, 파트타이머 모두 포함됨).

2. 연차휴가(월차휴가는 개정법에서 삭제)

사용자는 1년간 8할 이상 출근한 근로자에 대하여는 15일의 유급휴가를 주어야 한다.

사용자는 계속근로연수가 1년 미만인 근로자에 대하여는 1월간 개근시 1일의 유급휴가를 주어야 한다.

사용자는 근로자의 최초 1년간의 근로에 대하여 유급휴가를 주는 경우에는 1월간 개근시 1일의 유급휴가를 포함하여 15일로 하고, 근로자가 1월간 개근시 1일의 유급휴가를 이미 사용한 경우에는 그 사용한 휴가일수를 15일에서 공제한다.

· 유급휴가

유급휴가란 일정한 조건을 갖춘 근로자가 임금(賃金)을 받으면서 쉴 수 있는 휴가를 말한다. 이와 반대되는 개념이 무급휴가이다.

사용자는 3년이상 계속 근로한 근로자에 대하여는 15일의 휴가에 최초 1년을 초과하는 계속근로연수 매 2년에 대하여 1일을 가산한 유급휴가를 주어야 한다. 이 경우 가산휴가를 포함한 총 휴가일수는 25일을 한도로 한다.

사용자는 제1항 내지 제4항의 규정에 의한 휴가는 근로자의 청구가 있는 시기에 주어야 하며, 그 기간에 대하여는 취업규칙이나 그 밖의 정하는 바에 의한 통상임금 또는 평균임금을 지급하여야 한다. 다만, 근로자가 청구한 시기에 휴가를 주는 것이 사업운영에 막대한 지장이 있는 경우에는 그 시기를 변경할 수 있다.

그리고 동 휴가규정을 적용함에 있어서 다음 각 호의 어느 하나에 해당하는 기간은 출근한 것으로 본다.

① 근로자가 업무상의 부상 또는 질병으로 휴업한 기간
② 임신 중의 여성이 제72조제1항 또는 제2항의 규정에 의한 보호휴가로 휴업한 기간

또한 동 휴가는 1년간 행사하지 아니한 때에는 소멸된다. 다만, 사용자의 책임으로 사용하지 못한 경우에는 그러하지 아니하다.

3. 휴가의 대체

사용자는 근로자대표와 서면합의에 의하여 연차유급휴가일에 갈음하여 특정근로일에 근로자를 휴무시킬 수 있다.

재해보상

사용자는 근로자가 업무상 재해를 당한 경우 요양비, 휴업보상, 장해보상, 유족보상을 실시하여야 한다. 다만, 산재보험에 가입한 경우에는 이로 갈음할 수 있다.

5인이상 사업장과 5인미만 사업장에서 적용되는 근로기준법 주요내용

급여를 받고 생활하는 직장인을 보호해주는 법이라고 할 수 있는 근로기준법에서는 회사의 규모에 따라 적용하는 규정을 달리하고 있는데 이는 임금체불과도 관련되므로 내가 속한 회사가 적용받을 수 있는 규정을 숙지해둘 필요가 있다.

5인이상 사업장이 적용되는 근로기준법	5인미만 사업장은 적용되지 않는 근로기준법	비고
근로기준법은 5인미만 사업장이 적용되는 근로기준법을 제외하고는 임금형태(일당, 월급, 연봉제 등), 계약형태(임시직, 시간제 계약직, 비정규직), 업무형태(사무직, 생산직, 연구직, 영업직)에 관계없이 적용이 된다. 이는 외국인 노동자의 경우에도 적용이 된다.	퇴직금	퇴직금과 관련하여서는 5인이상 사업장만 적용이 된다는 점에 유의해야 한다.
	휴업수당	
	근로시간의 제한	
	연월차 휴가	5일제 근무에서는 월차휴가가 삭제되고 연차휴가도 조정이 되었다.
	생리 휴가	5일제 근무에서는 생리 휴가는 무급이다.

03 개인사업자와 법인사업자! 어떤 것이 더 유리할까?

· 합자회사
무한책임사원이 사업을 경영하고 유한책임사원이 자본을 제공하는 형식으로 조직된 회사를 말한다. 여기서 무한은 회사의 채무에 대하여 무한적으로 책임을 진다는 의미이며, 유한은 회사의 채무에 대하여 출자한도 내에서 유한적으로 책임을 진다는 의미이다.

· 합명회사
모든 사원이 업무를 집행하고 대표하며 무한책임을 지는 회사이다. 즉, 모든 사원이 유한책임사원으로만 구성된 회사를 말한다.

· 유한회사
사원이 회사에 대하여 원칙적으로 출자금액을 한도로 책임을 질 뿐, 회사채권자에 대하여는 아무 책임도 지지 않는 유한책임사원으로만 구성된 회사이다.

기업의 법률적 형태에 있어서 중요한 것은 개인기업과 회사 형태의 기업이다. 개인기업은 기업이 완전한 법인격이 없으므로 소유자에게 종속되는 기업이고 회사 형태의 기업은 완전한 법인격을 가지고 스스로의 권리와 의무의 주체가 되며, 기업의 소유자로부터 분리되어 영속성을 존재 할 수 있는 기업이다.

우리나라의 일반적인 회사의 형태는 주식회사이며 합자회사, 합명회사 및 유한회사는 거의 없다고 보아도 무방하다. 그러나 회사의 개념에는 들어가지 않으나 개인사업자 형태의 개인기업이 우리나라에는 많이 존재한다. 따라서, 개인기업과 주식회사의 장단점을 비교하여 예비 창업자에게 사업계획·검토 단계에서 기업의 형태를 결정하는데 도움을 주고자 한다.

일반적으로 기업의 영속성·성장성 측면에서 주식회사 형태의 기업을 창업하는 것이 유리하다. 주식회사는 개인기업보다 대외공신력과 신용도가 높기 때문에 신주 및 회사채 발행을 통한 자금조달이 용이하고, 영업 수행에 있어서도 기업의 이미지가 제고되어 유리한 점이 많다.

특히, 벤처기업을 창업하는 경우에는 개인기업보다는 주식회사의 형태로 하는 것이 더욱 유리하다고 할 수 있다.

[개인기업과 법인기업의 장·단점]

	개인기업	법인기업
장점	● 설립등기가 필요 없고 사업자등록만으로 사업 개시가 가능하므로 기업 설립이 용이 ● 기업이윤 전부를 기업주가 독점할 수 있음 ● 창업 비용과 창업 자금이 비교적 적게 소요되어 소자본을 가진 창업자도 창업 가능 ● 일정 규모 이상으로는 성장하지 않는 중소규모의 사업에 안정적이고 적합 ● 기업 활동에 있어 자유롭고, 신속한 계획 수립 및 변경 등이 용이 ● 개인기업은 인적 조직체로서 제조방법, 자금운용상의 비밀유지가 가능	● 대표자는 회사 운영에 대해 일정한 책임을 지며, 주주는 주금납입을 한도로 채무자에 대해 유한 책임을 짐 ● 사업 양도 시에는 주식을 양도하면 되므로 주식양도에 대하여 원칙적으로 낮은 세율의 양도소득세가 부과됨(또한 주식을 상장 후에 양도하면 세금이 없음) ● 일정 규모 이상으로 성장 가능한 유망사업의 경우에 적합 ● 주식회사는 신주 발행 및 회사채 발행 등을 통한 다수인으로부터 자본조달이 용이 ● 대외공신력과 신용도가 높기 때문에 영업수행과 관공서, 금융기관 등과의 거래에 있어서도 유리
단점	● 대표자는 채무자에 대하여 무한 책임을 짐(대표자가 바뀌는 경우에는 폐업을 하고, 신규로 사업자등록을 해야 하므로 기업의 계속성이 단절됨) ● 사업 양도 시에는 양도된 영업권 또는 부동산에 대하여 높은 양도소득세가 부과됨	● 설립 절차가 복잡하고 최소한 5천만원 이상의 자본금이 있어야 설립이 가능(주식회사인 벤처기업의 설립 자본은 2천만원이상임) ● 대표자가 기업자금을 개인 용도로 사용하면 회사는 대표자로부터 이자를 받아야 하는 등 세제상의 불이익이 있음

노무상 문제

노무상 4대 보험 등 적용대상 근로자의 판정 시에도 법인의 대표이사는 근로자의 범위에 포함이 되나 개인기업의 사장은 근로자의 범위에 포함이 되지 않는다.

연말정산 문제

개인기업의 사장은 사업주로서 연말정산의 대상이 아닌 종합소득세 신고대상인데 반하여, 법인의 대표이사는 근로자의 범위에 포함이 되므로 연말정산의 대상이 된다.

세무상의 차이

업무를 하다보면 개인회사의 경리업무를 볼 때도 있고 법인의 경리업무를 볼 때도 있다. 요즈음은 법인이 일반화되어 상당수의 경리직원들은 법인업무를 주로 보아서 개인회사로 이직을 하는 경우 업무가 커다란 차이가 있지는 않은지 걱정을 하는 경우가 많다.

또한 상당수의 정보 또한 법인업무위주로 제공을 하고 있는 것도 사실이다. 그러면 개인회사 경리와 법인경리가 일상적인 업무상 커다란 차이가 있는 것일까?

우선 결론부터 말하자면 경리흐름상에는 커다란 차이가 없다는 점이다. 아래에서 설명할 내용만 체크를 해두면 결과적으로 법인이든 개인이든 업무상 차이는 없다고 보아도 과언이 아니다.

1. 개요

사업자가 내야하는 세금은 법인의 경우 부가가치세, 법인세, 원천징수와 관련한 세금이며, 개인이 부담하는 세금은 부가가치세, 소득세, 원천징수와 관련한 세금이 있다. 즉, 개인과 법인의 세금차이는 법인은 소득에 대하여 법인세를 개인은 소득세를 납

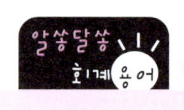

· **부가가치세**
부가가치세는 생산 및 유통과정의 각 단계에서 창출되는 부가가치에 대하여 부과되는 세금이다.
· **법인세**
법인세는 법인의 소득을 과세대상으로 하여 법인에게 부과하는 세금의 일종이다.
· **원천징수**
원천징수란 소득금액 또는 수입금액을 지급할 때, 그 지급자가 그 지급받는 자가 부담할 세액을 미리 국가를 대신하여 징수하는 것을 말한다.

부한다는 차이만 있을 뿐 나머지인 부가가치세와 원천징수는 약간의 차이는 있지만 세율이나 공제되는 금액은 동일하다.

[법인세(법인)와 소득세(개인)의 차이]

내용	개인기업	법인기업
적용법률	소득세법	법인세법
과세기간	매년 1월 1일부터 12월 31일까지	정관에 정하는 회계기간
과세소득	총수입금액 – 필요경비	익금의 총액 – 손금의 총액
과세범위	특정소득에 대해서는 종합과세를 하지 않고 원천징수만으로 분리과세	분리과세가 인정되지 않음
이중과세여부	하나의 원천소득에 대해 이중과세가 되지 않음	법인에게 법인세 과세 후, 주주의 배당에 대해 소득세 과세
세율	세 율 : 8%~35%로 누진적용 주민세 : 소득세의 10%	세 율 : 13% 또는 25% 주민세 : 법인세의 10%
납세지	개인기업의 주소지	법인등기부등본상의 본점/주사무소
기장의무	수입금액에 따라 간편장부의무자, 복식부기의무자로 구분	수입금액에 관계없이 복식부기 의무자
외부감사제	적용되지 않음	자산총액이 70억원 이상인 경우, 공인회계사의 감사를 받음
대차대조표 공고	대차대조표 공고의무가 없음	법인세 신고기간 내에 일간신문에 공고의무가 있음

· 손실
회계상의 의미로 손실이란 수익의 획득에 공헌하지 않는 가치상실을 말한다. 법인세법에서는 손실을 사업수행에 따라 발생한 것인지 여부와 관계 없이 모두 손금으로서 소득에서 공제하는 것으로 되어 있다.

· 손금
기업 경영과 관련하여 소비된 경제가치를 비용이라 하는데, 이 비용을 세법상 손비 또는 손금이라 한다. 세법상 손금의 개념은 기업회계상의 비용(또는 손비)과 같은 것이나 반드시 일치하지는 않는다.

· 손비
기간손익 계산에 있어서 일정 기간에 발생한 수익에 대응되는 비용과 손실을 총칭하는 의미로, 매출원가 · 판매비와 관리비 · 영업외비용은 물론 특별손실을 포함한다. 일반적으로 비용의 개념과 혼용하고 있으나 손실을 포함하는 개념이다.

법인은 각종 소득에 대하여 세무조정이라는 과정을 거쳐서 법인세를 납부를 하게 되는데 개인도 사업소득에 대하여는 법인과 동일하게 세무조정의 과정을 거치게 된다. 다만 법인과 개인의 특성상 세무조정시 다음의 차이가 있다. 따라서 아래의 내용을 제외하고는 법인과 동일하게 세무조정이 이루어진다.

구분	소득세법(개인회사)	법인세법(법인)
수입이자와 수입배당금	사업소득에서 제외	사업연도소득에 포함
부동산임대소득과 산림소득	사업소득에서 제외	사업연도소득에 포함
작물재배업종에서 발생한 소득		사업연도소득에 포함 농지세는 기납부세액 − 공제
대손충당금	정상적인 영업거래 채권에 대해서만 설정	정상적인 영업거래 발생한 채권이 아니더라도 설정가능
고정자산의 임의평가차익	총수입금액불산입	익금불산입
유가증권 및 고정자산처분 손익	총수입금액 필요경비에 불산입	익금 또는 손금에 산입
시설개체 등으로 인한 생산설비의 폐기손실	장부가−처분가)를 필요경비로 인정	(장부가 − 1,000원)을 손금 인정
사립학교에 대한 시설, 교육, 연구비 및 사회복지 공동모금회 기부금	법정기부금	조세특례제한법상의 기부금 : 한도율 50%
사립학교에 대한 장학금, 사회복지시설, 불우이웃돕기 기부금	법정기부금	지정기부금
지정기부금 한도	한도율 15%	한도율 5%
대표자, 사업주에 대한 급여 및 퇴직급여충당금	급여 : 필요경비불산입 퇴직급여충당금설정 불가능	급여 : 손금산입 퇴직급여충당금설정 가능
재고자산의 자가소비	자가소비액을 총수입금액에 산입(원가는 필요경비)	규정 없음
가사관련비용	필요경비불산입	규정 없음
자기자본 또는 출자금 계산	출자금 = 자산 − 부채 − 초과인출금 사업주의 인출금과 가지급금은 자산에서 제외되고 가수금은 부채에서 제외	자기자본 = 자산 − 부채
소득처분	세무조정금액이 외부로 유출 : 소득으로 처분하지 않음 기업내부에 남아 있는 경우 : 실무상 유보처분하여 관리	세무조정금액이 외부로 유출 : 귀속자의 소득으로 처분 − 소득세 납세의무 유발 기업내부에 남아 있는 경우 : 유보로 처분하여 관리

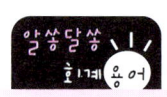

알쏭달쏭 회계용어

· 충당금

충당금은 기업회계에서 기간손익계산을 정밀하게 하려는 관점에서 설정되는 계정으로 과거에 이루어진 지출을 당기수익에 대응시키기 위한 평가성 충당금과 장차 이루어질 지출을 대비한 부채성(負債性) 충당금으로 크게 나누어진다.
평가성충당금에는 감가상각충당금, 부채성충당금에는 수선충당금이나 퇴직급여충당금 등이 속한다.

· 기부금

기부금은 자선 사업이나 공공사업을 도울 목적으로 내는 돈을 말한다.

1) 대표자의 인건비

법인의 대표이사는 고용관계에 의하여 근로를 제공하므로 그 대가인 임원보수와 상여금을 손금에 산입하며, 이에 반해 개인 기업의 대표는 사업의 경영주체로서 고용관계에 있지 아니하므로 급여를 지급받을 수 없다.

급여를 지급받아도 그 것은 출자금의 인출에 불과하므로 필요경비에 산입하지 않는다.

2) 퇴직급여충당금 설정

법인세법에 따라 1년이상 근속한 모든 임직원에 대해 퇴직급여 충당금을 설정할 수 있으며, 대표이사도 퇴직급여충당금의 대상이 될 수 있으나 개인기업의 대표는 소득세법상 퇴직급여충당금 설정대상이 아니다.

3) 대손충당금 설정 대상

법인세법은 대손충당금 설정대상 채권을 소비대차계약(차용증)에 의한 대여금과 미수금을 포함하고 있으나, 소득세법은 사업과 관련된 채권만 대손충당금 설정대상으로 규정하고 있으므로 소비대차계약에 의한 대여금과 정상적인 사업거래에서 발생하지 않는 투자자산, 유형자산 처분미수금은 대손충당금을 설정할 수 없다.

4) 기타의 차이

출자금의 자금인출에 대한 인정이자 익금산입, 시설개체 기술낙후로 인한 생산설비의 폐기손실 손금산입, 양도자산 상각부인

· **퇴직급여충당금**
그 성격이 장래에 지출될 퇴직급여액의 일부를 먼저 비용화하기 위하여 설정하는 것으로, 이 또한 '결산조정사항'이다.

· **대손충당금**
사업자가 외상매출금, 미수금, 기타 이에 준하는 채권에 대하여 장래에 받을 수 없게 될 것을 예상하여, 미리 비용으로 계상했을 때 일정한 범위 안에서 비용으로 인정하는 결산조정사항이다.

· **채권**
채권은 정부, 공공기관, 특수법인, 주식회사 등 법률로 정해진 조직이 일정 기간동안 거액의 자금을 조달하기 위해 발행하는 확정이자부 유가증권이다. 쉽게 이야기하면 한 회사가 자금을 조달하기 위해 일정 기간이 지난 후에 원금과 그에 대한 이자를 주기로 약속하고 발행하는 차용증서라고 할 수 있다. 그것을 소지하는 사람은 일정 기간 후에 약속된 원금과 이자를 받을 수 있다. 그러므로 그 증서 위에는 원리금을 주기로 약속한 날짜(발행일과 원리금 지급일)가 명시되어 있고 몇 %의 이자를 줄 것인지(표면이자)와 이자지급 방법 등이 명시되어 있다.

액 손금산입, 이자비용 손금불산입 부인규정, 일시상각 충당금 설정 등에 있어서 회계처리상에 상당한 차이가 있다.

2. 부가가치세의 차이

부가가치세법상 개인사업자의 경우 예정신고기간에는 신고의무는 없으며 관할세무서에서 고지한 금액에 따라 납부만 하면 되고, 확정신고・납부의무만 있는 반면 법인의 경우 예정신고・납부 및 확정신고・납부 모두가 있다. 다만, 신규 개인사업자는 예정신고・납부의무가 있다.

그리고 세율이나 신고기한, 신고서류 등 제반사항은 동일하다.

○ 증빙 및 장부기장상의 차이

1. 증빙관리상의 차이

개인과 법인의 증빙관리상의 차이는 없다. 즉 3만원이하(부가가치세 포함 3만원까지) 지출에 대하여는 영수증을, 3만원초과(부가가치세 포함 3만 1원부터)지출에 대하여는 세금계산서나 계산서, 신용카드매출전표(현금영수증 포함)을 수취하여 보관해야 비용으로 인정을 받는다. 다만, 접대비의 신용카드 지출과 관련하여 세무상으로는 일반비용과 달리 3만원초과 지출시 반드시 법인카드를 사용하여야 비용으로 인정을 해주고 있는데 개인회사인 경우 원적으로 법인카드를 발급받을 수 없으므로 사업용계좌와 연결된 사장의 개인카드를 이용하여 업무용 접대를 한 경우(업무와 관련없는 개인적 지출 제외) 개인카드 접대비도 비용으로 인정을 받을 수 있다.

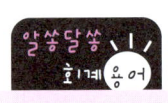

· 기간

일정한 시점에서 다른 시점까지 계속하는 시간의 구분을 의미한다. 기간은 시효나 연령과 같이 법률상 여러 가지 효과가 주어지므로 민법에서 일반적인 계산방법을 정하여, 법령이나 재판상의 처분 또는 타 법률에 특별한 규정이 없는 한 이를 따르도록 하고 있다. 해당 규정은 특별한 규정이 없는 한 사법관계뿐만 아니라 공법관계에도 적용된다.

· 기한

법률행위의 효력이 발생하는 시기(始期) 또는 효력이 소멸하는 종기(終期)가 정해져 있는 것을 의미한다. 시기나 종기가 도래하는 것은 장래의 사실이지만, 그것이 도래하는 것은 확정적이므로 이 점에서 성취 여부가 불확실한 조건과는 차이가 있다. 세법상의 기한으로는 신고・신청・청구・서류의 제출・납부・징수 기한 등이 있다.

2. 장부기장상의 차이

장부기장과 관련하여서는 세무상 간편장부대상자와 복식장부대상자가 있는데, 법인은 무조건 복식장부대상자에 해당하므로 전표발행 등 복식부기에 의하여 장부를 기장해야 하나 개인의 경우 복식장부의무자인 경우 법인과 동일한 방식으로 장부를 기장해야 하는 반면 간편장부대상자는 수입 지출내역을 간편장부에 기장하면 된다.

전표발행시 계정과목 사용 및 회계처리상의 차이

전표사용시 계정과목의 사용은 법인이나 개인이나 동일하나, 몇 가지 계정과목 처리상의 차이가 있는데 법인의 경우 자본의 경우 자본금 계정을 사용하나 개인의 경우 출자시 출자금 계정을 인출시 인출금 계정을 사용한다.

또한 법인의 대표이사가 회사 돈을 개인적 용도로 사용하는 경우 급여처리 후 원천징수를 하거나 대여금(가지급금) 처리 후 일정이자를 받는 반면, 개인회사 사장의 경우 종합소득세 납부 등 개인과 관련된 비용의 지출시에는 인출금 계정을 사용하며, 세무상 제재는 없다. 따라서 법인의 대표이사나 임원은 법인의 자금을 개인적 용도로 사용해서 세무상 불이익을 받지 않도록 유의해야 한다.

· 간편장부
간편장부는 수입 · 지출내용을 쉽게 작성할 수 있도록 만든 장부를 말한다. 즉, 개인사업자가 수입과 지출의 내용을 쉽게 작성할 수 있도록 만든 가계부 수준의 장부이다. 복식기장(複式記帳)을 하기 어려운 일정규모 미만의 개인사업자들을 위한 것이다.

· 복식장부
복식장부란 기업회계 기준에 따라 거래를 빠짐없이 이중으로 대차평균의 원리로 기록하여 회계기록이 자체적으로 검증될 수 있는 장부를 말한다. 여기서 대차평균의 원리란 모든 거래는 동일 사실의 양면 즉, 대차관계이므로 기장상으로 대변과 차변에 동시에 동일 금액이 기록되어야 한다. 이와 같은 것은 거래를 분개(分介)하였을 때, 각 계정에 기입하였을 때, 각 계정의 잔액 또는 합계액을 표시하였을 때 반드시 대차가 같아야 한다는 원리이다.

· 가지급금
현금은 지급하였으나 처리할 계정과목이나 금액이 확정되지 않은 경우 일시적으로 처리하기 위해 설정된 가계정 또는 대표이사나 임원이 회사 돈을 일시적으로 차입해 가는 경우 이를 나타내기 위하여 가지급금 계정을 사용한다.

04 사업자등록은 꼭 해야하나? 꼭 해야한다면 어떻게 하나?

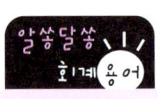

· 사업자등록
사업자등록이란 부가가치세의 납세의무자인 사업자 및 사업내용을 관할세무서의 대장에 수록하는 것을 말한다.

· 증빙
증빙은 회사 돈의 지출사실을 과세관청에 증명하기 위하여 대가를 받는 자로부터 수취하는 증명서류를 말한다. 대표적인 것으로 세금계산서 등이 있다.

○ 사업자등록은 꼭 해야 하나?

사업자등록을 꼭하고 사업을 시작해야 할까? 물론 법률적으로는 사업자등록은 꼭해야 하고 세무 관련 종사자도 당연히 등록을 하고 시작을 하라고 한다.

그러나 업종에 따라서, 실질적으로 사업자등록증 없이 사업을 하는 사람도 많으며, 실질적으로는 본인이 사업을 하면서 부인이나 타인의 명의를 빌려서 사업을 하는 사람도 현실적으로는 많은 것이 사실이다. 물론 정상적으로 사업을 하는 사람은 이런 사람들을 보면 열은 받지만 한편으로는 부럽기도 한 것이 사람의 인지상정 아닐까?

열은 받아도 이왕 사업을 할 꺼 크게 되려면 정상적으로 사업자등록을 하고 사업을 하는 것이 좋다.

○ 사업자등록은 언제 해야 하나?

사업자등록을 하는 시기는 내 마음이다. 물론 사업개시 후 20일 안에 사업자등록을 해야 한다고 하기는 하나, 내가 매출이 없는데 증빙도 발행하지 않을 것이고 납부할 세금도 없는데 누가 내가 사업을 언제 시작했는지 알 수 있겠는가? 귀찮으니 내가 아쉬울 때 가서 하면 되는 것이 사업자등록이다.

그러나 회사를 설립하거나 장사를 시작하려면 물품을 구입하는 등 만만치 않은 돈이 들어가게 될 것이고 구입하는 물품에는 당연히 부가가치세가 붙게 될 것이다.

내가 낸 부가가치세를 환급받지 못하고 하늘에 날려 버리면 나만 손해이니 환급받기 위해서는 사업을 시작하기 전에 사업자등록을 미리 하고 세금계산서를 받아두는 것이 좋다.

1. 사업 시작 하기전 사업자등록

사업을 시작하는 사람은 사업을 개시한 날로부터 20일 안에 사업장마다 사업자등록을 해야 하나 사업을 개시하기 전이라도 사업자등록을 할 수 있다.

사업을 시작하려면 사전 준비의 기간이 필요하며, 준비기간 중에 발생하게 될 매입세액, 예를 들면 공장을 신축하기 위하여 건축자재를 구입하거나 비품 등을 사들이는 경우 거래 상대방으로부터 세금계산서를 받을 수 있도록 하고 이에 따른 매입세액도 공제 또는 환급받게 해 줌으로써 새로이 사업을 하고자 하는 사람의 세금 부담을 덜어주고자 하는 제도이다.

사업을 시작하기 전에 사업자등록을 하는 경우에도 사업자등록에 관한 일반적인 절차가 그대로 적용이 된다. 즉, 사업자의 인적사항과 사업자등록 신청사유, 사업개시 연월일 등을 적은 사업자등록 신청서와 함께 법인인 경우 인·허가사업인 경우에는 사업허가증사본 1통을 사업장 관할 세무서 민원봉사실에 내면 된다. 다만, 법인설립등기 전에 또는 사업허가 전에 등록을 하고자 하는 경우에는 법인 설립을 위한 발기인의 주민등록등본 또

· 환급
환급은 세법상 납부해야 할 세금보다 실제 납부한 세금이 많을 경우 돌려받는 것을 말한다.

· 세금계산서
세금계산서란 부가가치세법상 과세사업자가 재화 또는 용역을 공급할 때 그 공급과 관련된 부가가치세를 10% 징수하고, 그 거래사실 및 거래내용을 증명하기 위하여 발행하는 일정한 양식의 계산서를 말한다.

· 매입세액
매입세액은 재화 또는 용역의 구입시 재화 또는 용역의 공급가액에 추가로 부담하는 10%의 부가가치세를 말한다.

는 사업허가신청서 사본이나 사업계획서를 제출하면 된다.

한편 사업을 시작하기 전에 사업자등록을 하였으나 등록 후 6월이 되기까지 사업실적이 없을 때에는 폐업한 것으로 보아 사업자등록을 말소시킬 수 있다. 이 경우 사업을 개시하지 못하는 부득이한 사유가 있다고 인정되는 때에는 그 기간을 연장할 수 있다. 참고적으로 사업자등록 전 20일 안의 거래분에 대하여는 사업자등록번호 대신 대표자의 주민등록번호를 기재한 세금계산서를 받아 두어야 나중에 부가가치세 신고 시 매입세액공제를 받을 수 있다는 점에 유의해야 한다.

2. 사업시작 후 사업자등록

사람이 태어나면 출생신고를 통해 주민등록을 하듯이 사업을 하려는 사람은 반드시 관할세무서에 사업자등록을 하여야 한다.

① 사업자등록은 사업장마다 하여야 한다. 즉, 서울에 사업장이 있고 부산에 별도의 사업장이 있는 경우에 서울과 부산 각각 사업자등록을 하여야 한다.

② 사업자등록은 사업을 시작한 날로부터 20일 안에 구비 서류를 갖추어 사업장 소재지 관할 세무서 민원봉사실에 신청하면 된다.

③ 사업자등록증은 민원봉사실에서 즉시 교부하여 준다.

사업자등록 신청시에는 다음과 같은 서류가 필요하다.

① 사업자등록신청서 1부(단, 개인사업자는 1인 이상 채용시 종업원 현황 제출)

② 사업허가증 사본 1부(허가를 받아야 하는 사업의 경우)

③ 법인설립등기전 또는 사업허가 전에 등록을 하고자 하는 경우에는 법인설립을 위한 발기인의 주민등록등본 또는 사업허가신청서 사본

④ 2인 이상이 공동으로 사업을 하는 경우에는 공동사업 사실을 증명할 수 있는 서류(동업계약서 등)

경리업무를 겸직하는 사장이 꼭 알아야 할 창업회계

※ 관할세무서에 사업자등록을 신청하기 전에 인·허가 업종인 경우 먼저 관할관청에서 인·허가증을 교부받아 사업자등록증을 신청한다.

⑤ 임대차 계약서

사업장이 여러 개 있는 경우 한곳에만 하면 되나?

사업장이 여러 개 즉, 본사가 있고 지사가 있거나 프랜차이즈 본점이 있고 각 직영점이나 체인점이 있는 경우 본사나 체인점 본사에서만 사업자등록을 하는 것이 아니라 지사, 직영점 등 각 사업장마다 사업자등록을 하는 것이다.

사업자등록과 관련한 규정은 세법상 부가가치세법을 따르고 있는데 부가가치세법에서는 사업자등록은 원칙적으로 각 사업장마다 하도록 규정을 하고 있다.

또한 한사람이 한 상호로 한 장소에서 여러 개의 업종을 하는 경우에는 업종 추가만 해서 하나의 사업자등록증을 가지나 서로 다른 장소에서 사업을 하거나 개인 및 법인의 두 가지 형태로 사업을 하는 경우에는 각각 여러 장의 사업자등록증을 가지고 있을 수 있다.

여러 가지 사업을 겸업할 때

부가가치세법은 사업의 형태를 과세사업과 면세사업, 비영리 사업 등으로 구분을 하고 있으며, 발급해주는 사업자등록증도 3가지 형태로 해주고 있다.

사업자등록증상의 과세사업자는 부가가치세를 신고·납부해

제1장 사업자가 꼭 알아두어야 할 회사의 기본 사항 _47

야하는 사업자이고 면세사업자는 부가가치세의 신고·납부가 면제되는 사업자이며, 비영리사업자는 과세사업 부분에 대한 부가가치세만을 신고·납부한다. 참고적으로 비영리법인의 경우 사업자등록번호 대신 고유번호라고 부른다.

반면, 부가가치세 과세사업과 면세사업을 겸업할 때에는 사업자등록 신청시 등록신청서를 작성하여 제출을 하면 과세사업자로 사업자등록증이 발급된다.

사업자등록을 꼭 해야하나 - 판매한 금액이 없는데 사업자등록은 안했다고 가산세를 무나요?

사업자가 사업 개시 일로부터 20일 이내에 등록을 신청하지 않은 경우에는 사업 개시 일로부터 등록을 신청한 날이 속하는 예정신고기간(예정신고기간이 경과한 경우에는 당해 과세기간)까지의 공급가액에 대하여 1%를 미등록 가산세로 부담한다. 이 경우에 미등록가산세가 적용되는 부분에 대하여는 매출세금계산서 관련 가산세는 적용하지 않는다. 따라서, 공급가액이 없는 경우 미등록가산세가 적용될 여지는 없을 것으로 보여진다.

사업시작전 사무실 임차나 물품을 구입할 경우 반드시 사업자등록 20일전까지 사업자등록을 해라.

사업 시작 전 부가가치세 환급은 일반적으로 사업자등록 전 20일전까지의 세금계산서 수취분에 대해서 해주고 있다. 그러나 종종 사업자등록 1달 전 또는 6개월 전 것까지 공제를 안해주냐고 물어보는 사람들이 있다. 물론 이 경우는 안된다고 보면 된다.

한마디로 사업자등록증 낸다고 돈 드는 것도 아닌데 사업자등록증 낼 여건만 되고 사업을 시작할 마음이 있다면 매출이 발생을 안하더라도 미리 사업자등록증을 내 놓고 시작하는 것이 날아가는 세금을 잡는 방법이 될 수 있다.

예를 들어, 사업을 시작하기 전 임대료로 200만원, 집기비품 구입비로 500만원을 쓰고 부가가치세로 70만원을 부담하였다면 사업등록 전 20일 전인 경우 70만원을 공제 받거나 환급을 받을 수 있지만 1달 전인 경우 70만원은 공제나 환급도 못 받고 하늘로 날아가는 돈이 된다.

05 나는 어떤 사업자로 사업자 등록을 해야 하나요?

사업을 시작하고 사업자등록을 신청하기 전에 사전에 결정해야 할 사항이 세 가지가 있다.

첫째, 개인으로 할까? 법인으로 할까?

둘째, 내가 하는 업종이 면세업종인가? 과세업종인가? (과세사업자등록과 면세사업자등록 여부 구분)

셋째, 신규사업을 해서 연매출이 어느 정도 될까? (간이과세자와 일반과세자 구분)

○ 과세유형 기준

부가가치세가 과세되는가의 여부에 따라 과세되면 과세사업자, 안되면 면세사업자, 일부는 과세되고 일부는 면세되면 겸업사업자로서 사업자등록은 과세사업자로 발급된다. 예를 들어, 도서는 면세에 해당되는데 부가가치세 과세 종목인 광고나 잡지를 겸업한다면 사업자등록은 과세사업자로 신청해야 한다.

과세사업자는 다시 일반사업자와 간이과세 등 2가지로 나누어지는데 개인은 간이과세자(연간 매출액이 4,800만원미만 사업자 : 판매금액+부가가치세 기준)와 일반사업자 중 하나를 신청할 수 있고 법인은 무조건 일반과세자이다. 다만, 법인이 아니더라도 업종에 따라서는 간이과세자가 될 수 없는 업종이 있다(예, 도매업종 등).

여기서 유의할 점은 세금계산서를 발행하려면 일반사업자로 사업자등록을 해야 하는데 매출액이 떨어지는 경우는 자동으로 간이과세자로 유형이 변경되므로 이런 경우는 미리 간이과세 포기 신청을 해야 한다.

사업자에 따른 분류

사업자의 유형에 따라 법인과 개인으로 구분되고 개인은 단독사업자, 공동사업자로 구분된다.

법인인 경우 배당을 감안하지 않는다면 통상 법인세율이 소득세율보다 낮으므로 법인이 세 부담면에서 유리하고 대외적인 신뢰도가 높은 반면, 법인은 고유한 인격체이므로 대표자라고 하더라도 임의로 법인의 돈을 입·출금할 수 없으며 법인의 자금과 임직원의 자금을 명확히 구분하여야 하고 통장 등도 명확히 사용하여 법인의 자금 흐름이 확실히 나타날 수 있도록 하여야 하는 어려움이 있다(이때, 대표자가 출금한 경우 회계상 처리는 가지급금으로 처리해야 함).

따라서, 보통 외형이 적은 경우는 개인으로 하고 외형이 높아지면 법인 전환을 하게된다(개인에서 법인 전환 매출 기준액은 도소매 기준으로 년간 5~7억 사이 업종별로 다수 차이가 있음).

개인의 경우 사업을 공동으로 하는 경우가 있는데, 이때는 동일한 외형의 경우 소득세는 누진세이므로 단독사업자보다 공동사업자가 세 부담이 적게되는 유리한 점이 있다. 그러나 이 경우

· 배당

배당은 기업에 이익이 발생하는 경우 주주에 대한 기업이익의 분배를 말한다. 배당에는 현금으로 지불하는 현금배당과 주식으로 지급하는 주식배당 등이 있다.

는 실제로 동업을 하는 경우에 한하며, 허위로 세금을 적게 내기 위해 공동사업자로 신청하면 안될 것이다.

공동사업자로 신청할 경우는 동업계약서를 작성하여야 한다(추후 분쟁의 소지와 세금 부담의 소지를 명확히 하기 위해 공증을 하는 것이 좋음).

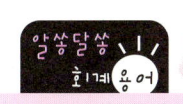

· 공증

공증이란 국가나 공공단체와 같은 단체가 직권에 의해 특정 사실 또는 법률관계의 존재를 공적으로 증명하는 행위를 말한다. 공증된 사실 또는 문서에 대하여는 반증이 없는 한 공증된 대로 공적인 증거력이 확보되며, 법률이 정하는 바에 따라 여러 가지 법적 효과가 발생한다.

[개인과 법인의 부가가치세법상 사업자유형 구분]

구분		신청할 수 있는 사업자등록증	비고
개인	과세사업자	간이과세자 또는 일반과세자	● 간이과세자는 세금계산서를 발행할 수 없다. ● 과세사업과 면세사업을 겸업하는 경우 과세사업자로 사업자등록증이 발급된다.
	면세사업자	간이과세자 또는 일반과세자 구분 없음	
법인	과세사업자	일반과세자	
	면세사업자	간이과세자 또는 일반과세자 구분 없음	

06 누구나 간이과세자가 될 수 있나요?

사업자등록시 일반과세자와 간이과세자로 구분하여 신청

사업자등록 신청시에는 해당되는 사업자의 유형을 먼저 생각할 필요가 있다. 부가가치세가 과세되는 사업자의 유형은 매출액의 규모에 따라 일반과세자와 간이과세자로 구분된다.

1. 일반과세자

1년의 매출액(판매액에 부가가치세 포함된 금액)이 4,800만원 이상인 사업자는 일반과세자가 된다. 그러나 1년간의 공급대가가 4,800만원미만인 경우에도 다음의 사업을 영위하는 사업자는 일반과세자가 된다.

① 광업
② 제조업
③ 도매업(도·소매업 겸업 시에는 소매업도 일반과세가 적용됨)
④ 부동산매매업

그리고 거래시마다 일반과세자는 세금계산서를 발행해야 한다. 다만 소매업, 음식·숙박업 등과 같이 최종소비자와 거래 시

경리업무를 겸직하는 사장이 꼭 알아야 할 창업회계

에는 특별한 요청이 없으면 영수증, 신용카드매출전표, 금전등록기 계산서 등을 교부한다. 반면 세금계산서를 상대방에게서 받으면 매입세액을 공제 받을 수 있다.

> 매출액(공급가액)×10%[매출세액] - 매입세액

2. 간이과세자

적용 기준	적용 배제 기준
연간 매출액(공급 대가)이 4,800만원미만인 사업자	● 광업, 제조업(과자점·떡방앗간·도정·제분업, 양복·양화·양장점은 가능), 도매업(도·소매업 겸업시 소매업도 포함), 부동산매매업 ● 변호사업, 심판변론인업, 변리사업, 법무사업, 공인회계사업, 세무사업, 경영지도사업, 기술지도사업, 감정평가사업, 손해사정인업, 통관업, 기술사업, 건축사업, 도선 사업, 측량사업 ● 특별시·광역시 및 시지역에 소재하는 과세유흥장소, 다만 도농복합 형태의 시지역 중 읍·면 지역은 제외 ● 특별시 및 광역시 지역에 소재하는 부동산임대업으로서 국세청장이 정하는 규모 이상의 사업 ● 기타 국세청장이 정한 간이과세 배제기준에 해당하는 사업자

간이과세자는 일반과세자와는 달리 세금계산서를 교부할 수 없으며 영수증, 신용카드매출전표(현금영수증 포함), 금전등록기계산서만을 교부해야 한다. 그리고 신용카드 가맹사업자가 신용카드매출전표를 발행하면 발행 금액의 1%를 납부세액에서 공제 받을 수 있다(연간 500만원 한도). 또한 세금계산서를 교부받으면 매입세액을 공제 받을 수 있다. 그러나 납부세액을 초과하는 경우 초과분에 대하여는 환급을 받을 수 없다.

> 매출액(공급대가) × 업종별 부가가치율(제조업, 전기·가스 및 수도사업은 20%, 소매업은 15%, 건설업, 부동산임대업, 농·수·임·어업, 기타서비스업, 음식업, 숙박업은 30%, 운수·창고 및 통신업은 40%) × 10%

알쏭달쏭 회계용어

· 매출세액
매출세액이란 재화를 판매하거나 용역을 제공하고 받은 금액의 10%를 말하는 것이며, 여기에는 세금계산서 교부 분과 교부하지 않은 분이 포함되는 것이다. 일반과세자의 부가가치세액은 매출세액에서 매입세액을 차감한 금액(납부세액)에서 예정고지 세액 등을 차감하고 가산세를 가산하여 계산된 세액을 말한다.

· 매입세액
매입세액이란 사업자가 자기의 사업과 관련하여 재화를 구입하거나 용역을 제공받고 교부받은 세금계산서상에 기재된 부가가치세액을 말한다.
자기의 과세사업에 관련된 매입세액 중 접대비나 비영업용 소형승용차 구입·유지에 관련된 매입세액 등 일부 불공제 대상을 제외한 매입세액은 상대방에게서 세금계산서를 받으면 매출세액에서 공제 받을 수 있다.

부가가치세의 면세

다음의 경우에는 부가가치세가 면세된다.

1. 기초생활 필수품

① 가공되지 아니한 식료품
② 우리나라에서 생산된 식용에 공 하지 않는 농산물·축산물·수산물·임산물 - 수돗물, 연탄과 무연탄
③ 여객운송용역(단, 항공기·고속버스·택시 등 제외)

2. 국민 후생용역

① 의료보건용역
② 교육용역(예 : 정부의 인가 또는 허가를 받은 학원·교습소 등)
③ 국민주택 규모 이하의 주택

3. 문화 관련 재화 및 용역

① 도서·신문·잡지·방송(광고 제외)
② 예술창작품·예술행사, 문화행사 등
③ 도서관·과학관·박물관·동물원 또는 식물원 등의 입장

4. 생산요소(부가가치 요소)

① 금융·보험용역
② 토지

5. 기타 면세재화 및 용역

① 국가기관 등이 공급하는 재화·용역
② 수입품 중 면세되는 재화·용역(부가가치세법 제12조 제2항)

개별소비세 · 교통세 또는 주류 판매와 관련된 사업자의 등록 · 신고는 별도로 하지 않아도 된다.

개별소비세 또는 교통세의 납세 의무가 있는 사업자가 개별소비세법 또는 교통세법에 의하여 개업 · 폐업 · 휴업 또는 변경 신고를 한 경우에는 부가가치세법에 따른 신고는 별도로 할 필요가 없다. 또한 유흥음식업소, 식품잡화점 등 주류 판매를 해야 하는 사업자가 사업자등록신청서에 주류판매사실을 기재, 관할세무서장에게 제출하여 사업자등록증을 교부받은 경우에는 주류판매신고를 할 필요가 없다.

[일반과세자와 간이과세자의 차이]

구분	일반과세자	간이과세자
과세표준	판매가액	(판매가액 + 부가가치세) × 부가가치율
납부세액	매출세액 - 매입세액	(판매가액 + 부가가치세) × 부가가치율 × 10%
거래징수	물품 · 용역공급시 거래징수 의무자가 있음	해당사항 없음
세금계산서	세금계산서나 영수증 교부 가능	영수증만 교부 가능
예정신고납부	자진신고납부. 다만, 개인사업자는 예정고지를 원칙으로 함(예정고지세액이 10만원 이하인 경우 예정고지 생략)	해당사항 없음
신용카드매출전표 발행세액공제	1%	1%(음식점업 및 수탁업을 영위하는 간이과세자는 1.5%)
납세의무면제	해당사항 없음	(판매가액+부가가치세)가 1,200만원 미만인 경우
기장의무	장부기장 및 비치의무 있음	교부받은 세금계산서와 교부한 영수증을 보관한 경우 장부기장 및 비치의무를 이행한 것으로 봄

07 면세사업자와 과세사업자의 구분은 무엇을 기준으로 정해지나요?

일반 법률상 회사의 구분은 법인과 개인으로 크게 구분이 되고 상법상으로 세분화 시켜보면 주식회사, 유한회사, 합자회사, 합명회사로 구분이 된다.

이와는 달리 누구나 일상적으로 물품을 구입하는 경우 접하게 되는 부가가치세에서는 법인과 개인의 구분법을 따르지 않고 크게 과세사업자와 면세사업자로 구분을 한다. 물론 영세율이나 겸업사업자도 있고 간이과세자니 일반과세자니 하면서 구분도 하지만, 이는 결과적으로 과세사업자에 포함이 되므로 그 구분상 의미는 없다고 할 수 있다.

구분		세분류
부가가치세 적용상	과세사업자	① 일반과세자 ② 간이과세자 — 세법상 구분 (①+②) ③ 겸업사업자 ④ 영세율 사업자 — 실무상 구분 (①+②+③+④)
	면세사업자	
일반 법률 적용상	법인	대다수 주식회사 일부 유한회사
	개인	

그러면 이와 같이 과세사업자와 면세사업자의 구분은 무엇을 기준으로 하는 것일까?

이는 내가 운영하는 회사가 주로 판매하는 물품이 과세대상 물품이냐 면세대상 물품이냐에 따라 구분을 한다고 보면 된다. 즉, 아래와 같이 부가가치세가 면제되는 재화와 용역을 판매하는 경우에는 면세사업자에 해당하나, 이를 제외한 재화나 용역을 판매하는 경우에는 과세사업자에 해당한다.

[부가가치세가 면제되는 재화와 용역]

기초생활필수품	- 가공되지 아니한 식료품(쌀, 채소, 육류, 어류, 건어물 등) - 우리나라에서 생산된 식용이 아닌 농산물·축산물·수산물·임산물 - 수돗물, 연탄, 여객운송용역(항공기, 고속버스, 택시 등 제외)
국민후생용역	- 의료보건용역(의료용역, 장의용역 등) - 교육용역(정부의 인가 또는 허가를 받은 학원, 교습소 등) - 주택(국민주택 규모 이하)
문화관련재화·용역	- 도서, 신문, 잡지, 방송(광고 제외)
생산 요소	- 토지(토지의 임대는 과세) - 인적용역 - 금융·보험용역
기타	- 우표, 담배(판매가격이 200원이하인 담배) 등

예를 들어, 내가 쌀집을 운영하는 경우에는 면세사업자가 된다. 그러나 쌀을 구입해서 과자를 만들어 파는 업을 하는 경우에는 과세사업자에 해당한다.

그러면 과세사업자와 면세사업자는 세금에 있어서 어떤 차이가 있는 것일까요?

과세사업자와 면세사업자의 차이는 부가가치세 규정상의 차이가 주를 이룬다. 면세사업자는 부가가치세법상의 납세의무자가 아니므로 부가가치세 신고·납부 의무를 지지 아니한다.

다만, 발행자와 수취자 상호간의 세금 대조를 위해서 매출처 및 매입처 세금계산서합계표 등을 제출하도록 하고 있다. 또한 부가가치세법상 납세의무는 없으나, 소득세법 또는 법인세법상 면세사업자로서 다음의 제반 권리·의무가 있다.

① 사업자등록 의무, 계산서 교부 및 합계표 제출 의무
② 사업장현황보고의무

반면, 과세사업자는 부가가치세법상의 납세의무자이므로 부가가치세 신고·납부 의무를 진다. 따라서 세금계산서를 발행(간이과세자는 제외)해야 하고, 세금계산서를 부가가치세 신고·납부시 세금계산서합계표에 기재해서 제출해야 한다.

[면세사업자와 과세사업자의 차이]

구 분		주식회사
발행 가능한 법정 증빙	과세사업자	세금계산서, 신용카드매출전표(현금영수증 포함)
	면세사업자	계산서, 신용카드매출전표(현금영수증 포함)
세금계산서 발행	과세사업자	O - 단, 간이과세자는 발행하지 못함
	면세사업자	X - 단, 세금계산서 대신 부가가치세가 없는 계산서 발행
세금계산서 수취	과세사업자	O
	면세사업자	O - 단, 매입세액공제를 받지 못함
부가가치세 신고·납부	과세사업자	O
	면세사업자	X - 단, 1월말 사업장현황보고의무(계산서교부 및 합계표 제출)
세금계산서 수취 시 매입세액 공제	과세사업자	O
	면세사업자	X - 따라서 실무상으로 면세사업자의 경우 세금계산서 수취시 부가가치세를 부담하고도 매입세액공제를 받지 못하므로 거래처와 협의하에 부가가치세도 부담하지 않고 세금계산서 수취도 요구하지 않는 경우가 많음

면세사업자가 과세사업자와 거래시 별도로 세금계산서를 받지 않으려는 이유

예를 들어, 면세사업자가 과세사업자에게 100만원 하는 물품을 구매하는 경우 부가가치세 10%를 포함하여 110만원을 지불해야 한다. 그러나 면세사업자가 추가로 부가가치세 10%를 부담하면서 받은 세금계산서에 대해서 부가가치세 매입세액공제를 받지 못한다.

따라서 면세사업자는 과세사업자에게 제안을 하게 되는데 물품을 구입하면서 세금계산서를 안받고 물품가를 110만원이 아닌 100만원에 거래를 하자고 즉, 거래처끼리 상호합의하에 세금계산서를 발급받지 않는 조건으로 거래를 하는 경우 면세사업자는 부가가치세 10%를 제외한 100만원을 지불하게 되며, 결과적으로 매입세액공제를 받지 못하는 면세사업자의 경우 10만원이 당장 덜 나가게 되는 것이 되고, 판매자는 과세자료가 노출되지 않게 되므로 상호 이와 같은 거래가 성립을 하게 된다.

그러나 이는 일부의 편법적인 거래상황으로 증빙관리의 중요성이 강조되는 요즘은 정상적인 거래를 하는 것이 좋다.

08 법인을 설립할 때 5천만원을 은행에 넣었다가 설립 후 바로 빼서 사용해도 되나요?

일반적으로 법인을 최초 설립시 설립요건을 충족하기 위하여 자본금 5천만원에 대한 주금납입 확인을 받기 위하여 일시적으로 예치한 후 이를 곧바로 인출하는 경우 이를 전문용어로 가장납입이라고 한다. 즉, 실무상 법무사 등 대행업체를 통해 자본금을 빌려 법인통장에 자본금 5천만원을 집어넣고 자본금완납확인증을 받아 상업등기소에 등기하고 다음 날로 통장에서 돈을 빼가는 것을 가장납입 또는 납입가장이라고 한다

이는 기업의 자본구조를 부실하게 하는 원인이 되므로 상법에서는 회사의 발기인, 업무집행사원, 이사, 감사위원회 위원, 감사 또는 직무 대행자, 지배인 기타 회사 영업에 관한 어느 종류 또는 특정한 사항의 위임을 받은 사용인에 해당하는 자가 납입 또는 현물출자의 이행을 가장하는 행위를 한 때에는 5년이하의 징역 또는 1천 500만원이하의 벌금에 처한다.

또한 납입가장죄의 성립 요건을 설명한 대법원 판례를 살펴보면 "납입가장죄는 회사의 자본충실을 기하려는 법의 취지를 유린하는 행위를 단속하려는데 그 목적이 있는 것이므로, 당초부터 진실한 주금납입으로 회사의 자금을 확보할 의사 없이 형식상 또는 일시적으로 주금을 납입하고 이 돈을 은행에 예치하여

경리업무를 겸직하는 사장이 꼭 알아야 할 창업회계

납입의 외형을 갖추고 주금납입증명서를 교부받아 설립등기나 증자등기의 절차를 마친 다음 바로 그 납입한 돈을 인출한 경우에는 회사를 위하여 사용하였다는 특별한 사정이 없는 한 실질적으로는 회사의 자본이 늘어난 것이 아니어서 납입가장죄가 성립하고, 회사와의 관계에서 그 금액 상당의 채권·채무 관계가 발생한다는 사유와는 원칙적으로 관계가 없다."

위의 판례 내용을 분석해보면,

첫째, 주금납입을 하여 설립등기나 증자등기를 마치자마자 업무 관련성이 없이 인출하는 경우에는 납입가장죄가 성립한다.

둘째, 동 인출액을 회사가 가지급금이라는 채권으로 회계 처리한 경우라 해도 상법상 납입가장죄는 성립한다.

다음은 회사의 업무와 관련하여 자금이 인출된 경우는 납입가장죄가 성립하지 않는다는 대법원 판례이다.

예를 들어, 주식납입금을 회사 설립등기 후 바로 인출하였으나 이미 회사가 대표이사인 피고인으로부터 사업양수도의 자금으로 사용한 것으로 볼 수 있는 경우 납입가장죄가 성립될 수 없다.

상법상의 납입가장죄는 회사 자본의 충실을 기하려는 법의 취지를 해치는 행위를 단속하려는 것이므로, 주식회사의 설립을 위하여 은행에 납입하였던 주식인수가액을 그 설립 등기가 이루어진 후 바로 인출하였다 하더라도 그 인출금을 주식납입금 상당에 해당하는 자산을 양수하는 대금으로 사용한 경우에는 납입가장죄가 성립되지 않는다.

그러나 단순히 설립을 위하여 법정자본을 은행 등에 입금 후 이를 즉시 인출하여 개인적 용도로 유용한 경우에는 납입가장죄가 성립이 된다.

참고적으로 실무상 주식회사 설립자본금 5천만원이 없는 경

· 설립등기
회사 등의 법인에 대한 일정한 사항을 등기부에 올리는 것을 설립등기라고 하는데, 법인설립 허가를 받고 사원과 사무실을 가지고 활동을 한다고 하더라도 설립등기를 마치지 않았다면 법인이 만들어진 것이 아니다. 설립등기는 주된 사무소의 소재지를 관할하는 법원에 있는 등기소에 신청을 하면 된다.

· 증자등기
자본의 증자시 일정한 사항을 등기부에 올리는 것을 증자등기라고 한다.

우 이를 빌려서 은행에 예치를 한 후 주금납입증명서를 발급 받은 후 인출 후 갚는 방법이 일상화되어 있고, 설립시 소요되는 비용은 설립등기 등 설립 제반비용과 차입에 따른 이자 등이다.

그리고 주금은 납입한 날로부터 3일이면 인출할 수 있다. 빠르면 2일도 가능하고 법인등기만 나오면 바로 인출할 수 있다.

*Tip 자본잠식이라고 대출이 불가능하다고 하는데 도대체 자본잠식이 무엇인지?

회사 자금사정이 안 좋아서 은행에 대출을 받거나 신용보증기금에서 보증서 발급을 신청하려고 하는 경우 자본잠식이라고 대출이 불가능하다고 할 때 도대체 자본잠식이 무엇인지 알아둘 필요가 있다.

'자본금'은 회사를 운영하는데 있어서 필요한 재화나 용역을 차입에 의존하지 않고 자기 스스로 조달한 부분(주주들의 출자금과 회사를 운영하면서 벌어들인 이익)을 말한다. 그러나 회사를 운영하면서 손실이 계속적으로 발생한다면 자본금(자기 스스로 조달한 돈 즉, 주주가 투자한 돈 사업 밑천)을 다 까먹게 된다. 이를 '자본잠식'이라고 한다. 손익계산서상 수익에서 비용을 차감하면 당기순손익이 계산된다. 만약 수익이 비용보다 많다면 당기순이익이, 반면에 비용이 수익보다 많다면 당기순손실이 계산된다. 이처럼 계산된 당기순손익은 대차대조표에 이익잉여금 중 미처분이익잉여금으로 대체된다.

손익계산서상 당기순이익이 계산되면 대차대조표상 이익잉여금은 플러스(+)로 나타난다. 반면에, 손익계산서상 당기순손실이 계산되면 대차대조표상 이익잉여금은 마이너스(-)로 나타난다. 이처럼 이익잉여금이 마이너스 상태를 이월결손금이라고 한다.

예를 들어, 자본금이 10억원인 회사가 계속하여 흑자(당기순이익)를 기록함으로써 이익잉여금이 2억원이라면 자기자본은 12억원으로 계산된다. 반면에 자본금이 10억원인 회사가 계속하여 적자(당기순손실)를 기록함으로 이월결손금이 2억원이라면 자기자본은 자본금 10억원에서 이월결손금 2억원을 차감한 8억원으로 계산된다. 이처럼 자본금이 줄어든 상태를 자본잠식이라고 한다.

대차대조표에 표시된 자본금, 자본잉여금, 이익잉여금, 자본조정을 합산하여 계산한 자기자본은 항상 자본금보다 크지는 않다. 즉, 회사가 누적적자로 인해 잉여금이 마이너스를 기록하는 경우에는 자기자본이 자본금에 미달되는 경우도 간혹 있다.

업종 추가나 매장 증가 등 사업자등록증의 기재내용에 변경이 생기면 어떻게 하나요? 09

사업의 종류에 변동이 있는 경우에는 사업자등록정정신고를 하여야 하는데, 사업의 종류에 변동이 있는 경우는 다음과 같다.

① 사업의 종류를 완전히 다른 종류로 변경하거나,
② 새로운 사업의 종류를 추가하거나,
③ 사업의 종류 중 일부를 폐지하는 것을 말한다.

세법에서는 다음과 같이 사업자등록증의 기재사항 중 변동이 생기면 지체 없이 사업자등록정정신고서를 작성하여 기존의 사업자등록증과 함께 관할세무서에 정정신고를 하도록 규정을 하고 있다. 물론 이는 협력의무로서 이를 반드시 이행해야 하는 것은 아니며, 가산세 등의 제재가 있는 것도 아니다. 또한 추가 업종을 추가 정정하지 않았다고 하여 해당 업종의 매출이 발생하는 경우 세금계산서 등 증빙서류를 발행하지 못하는 것도 아니다. 그러나 상대방과의 상거래상 상호 신뢰를 위해서는 사업자등록 사항의 변경 시 반드시 정정을 해주는 것이 좋으며, 사업자등록번호상의 주업종을 정정하지 않은 경우 거래 내용에 대한 신고를 적정하게 할 경우 추가적인 불이익은 없는 것이나 업종 분류가 정확하지 않은데 따른 불이익이 있을 수는 있다.

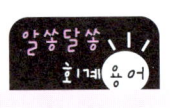

· 휴업
휴업은 사업을 일정 기간 쉬는 것을 말한다.
· 폐업
폐업은 사업자등록증을 반납하고 회사의 문을 닫는 것을 말한다.

물론 거래 내용에 대한 신고를 적정하게 할 경우 추가적인 불이익은 없는 것이고 주 업종에 해당하지는 않는 것으로 보이지만, 참고적으로 사업자등록증을 정정하는 경우 인·허가 업종 등의 추가시 해당 인·허가증을 첨부한 후 정정을 해야 하며, 사업자등록증상 교부 사유로 신규가 아닌 정정이라고 표기가 된다.

사업을 휴·폐업하게 되는 경우 관할세무서장에게 휴·폐업신고서를 제출해야 하며, 사업장을 옮길 때에는 이전 후의 사업장 관할세무서장에게 그 사실을 신고해야 한다.

참고적으로 휴업기간 중 교부받은 세금계산서도 매입세액공제는 가능하다.

사업자등록증을 정정해야 하는 사유
① 상호나 업태, 종목 등 사업의 종류를 변경하거나 새로운 사업의 종류를 추가하는 때 : 지점과 본점을 운영하다 지점을 폐업하고 본점과 합치는 경우 지점은 폐업신고를 하면 되며, 본점의 사업자등록증은 본점과 지점의 업종이 다른 경우 본사 업종에 신규 업종을 추가하는 정정 등록 신청을 하면 된다. 참고적으로 사업장이 통합 이전되어 하나의 사업장으로 된 경우 종전 사업장 명의의 세금계산서 수정 사항은 당해 통합한 사업장에서 수정 교부가 가능하다. 반면, 종전 사업장과 별도로 사업장을 개설하는 경우 부가가치세법에서는 사업장별로 사업자등록을 하도록 하고 있으므로 신규사업장은 새로이 사업자등록을 해야 하고 정정신고 대상이 아니며, 사업자등록을 안하는 경우 미등록 가산세의 적용 대상이 된다.
② 사업자의 주소, 거소 또는 사업장을 이전하는 때
③ 법인의 대표자를 변경하는 때
④ 상속으로 인하여 사업자의 명의가 변경되는 때
⑤ 공동사업자의 구성원 또는 출자지분이 변경되는 때

경리업무를 겸직하는 사장이 꼭 알아야 할 창업회계

*Tip 회계사 사무소와 세무사 사무소가 하는 업무는 무엇이 있나?

공인회계사는 회계감사업무와 기업이 봉착한 세무상의 문제를 해결하는 세무업무, 나아가 경영자에게 조언하는 경영자문업무에 이르기까지 광범위한 영역을 담당하고 있다.

❶ 회계감사업무
'주식회사의 외부감사에 관한 법률'에 따라 자산총액이 70억원이상인 주식회사는 공인회계사로부터 회계감사를 받아야 한다. 그리고 이러한 법정감사 외에 금융기관의 요청에 의한 신용평가용 임의감사도 있다.

❷ 세무업무
공인회계사가 수행하는 세무업무를 살펴보면 다음과 같다.
가. 법인세와 소득세의 세무조정
나. 세무에 대한 자문
다. 개인기업의 법인 전환
라. 기장대리, 신고대리
마. 법인설립 및 정리
바. 각종 이의신청, 심사·심판청구 등 세무대리
사. 국제무역, 투자 및 해외진출에 수반되는 세무 등

❸ 경영자문업무
공인회계사가 수행하는 경영자문업무를 살펴보면 다음과 같습니다.
가. 회사조직 입안 및 검토
나. 경영분석 및 기업진단
다. 컴퓨터 자문업무
라. 기업의 인수합병(M&A)
마. 회사설립시점 계획·조직 및 규정의 검토 및 자문
바. 컨소시엄의 사업계획서 작성 및 재무회계 수립업무 등

세무사는 납세자에게 세금에 대한 검토와 자문업무를 수행하는 전문가이다. 세무사는 단순한 기장대리뿐만 아니라 행정심판의 대리와 종합적인 재테크 상담 등으로 업무 범위를 넓혀가고 있다.

❶ 기장대행
기장대행은 쉽게 말해서 개인이나 사업자의 회계장부를 대신 작성해 주는 것이다. 즉, 세무사에게 회계관리와 세금신고에 대비한 장부기장을 맡기게 되는데, 주로 회사내에 회계 전문부서를 둘 수 없는 개인사업자나 소규모 법인사업자가 세무사를 많이 이용한다.

❷ 세무대행
세무대행은 세무서에 세금을 신고·납부하는 것을 대신해주는 업무로서, 주로 부가가치세, 소득세, 법인세, 상속세 등의 신고서를 작성해 준다.

❸ 세무 상담·자문
복잡하고 수시로 바뀌는 세금에 대해 납세자에게 상담과 자문업무를 수행한다.

❹ 행정심판 대리
세무당국의 세금부과에 이의가 있을 경우, 납세자의 대리인으로 국세청에 심사청구를 요청하거나 국세심판소에 심판청구를 요청할 수 있다.

10 사업자가 내야 하는 세금에는 어떤 것이 있나요?

○ 사업자는 어떤 세금을 내나?

사업자가 납부해야 하는 세금은 크게 3가지로 볼 수 있다. 즉, 주식회사 등 법인이 납부하는 법인세와 자영업자인 개인사업자가 납부하는 소득세 그리고 법인과 자영업자 모두가 부담하는 부가가치세로 나누어 볼 수 있는데, 이는 사업의 업종이나 종류에 따라 약간씩 차이가 있으나 위 3가지 세금을 어떻게 운영·관리를 하느냐가 기업의 성패를 좌우하는 세테크가 된다.

구 분	납부해야 하는 세금
개인	부가가치세 + 소득세 + 급여세금 + 기타세금
법인	부가가치세 + 법인세 + 급여세금 + 기타세금

○ 개인사업자가 내야 하는 세금

개인사업자가 알아야 하는 가장 중요한 세금은 소득세와 부가가치세이다.

1. 소득세
① 소득세란 어떤 세금인가?

소득세는 개인사업자가 사업을 통해 얻은 소득에 대하여 내는 세금을 말한다. 여기서 소득은 1년간 총수입금액에서 수입을 얻기 위하여 들어간 원가 등 필요경비를 공제한 금액을 말한다.

> 소득금액 = 연간 총수입금액 - 필요 경비

② 소득세할 주민세의 납부

소득세할 주민세는 소득세와는 별도로 소득세액의 10%를 과세하는 지방세이다. 소득세할 주민세는 매년 소득세 신고·납부기일인 5월 31일까지 소득세와 함께 신고·납부해야 한다.

2. 부가가치세

부가가치세란 물건값에 부가가치세가 포함되어 있어 물건을 팔 때 받은 세금에서 물건을 살 때 지불한 세금을 차감한 차액을 납부하는 것이다.

> 부가가치세 = 판매시 징수한 부가가치세 - 구입시 지급한 부가가치세

소득세는 사업 결과 얻어진 소득(이익)에서 내는 세금으로 소득이 없으면 세금을 내지 않을 수 있지만, 부가가치세는 소비자가 부담한 세금을 잠시 보관했다가 국가에 내는 세금이므로 소득이 없어도 물건을 팔면 내야하는 세금이다.

3. 급여세금

매월 급여를 지급할 때마다 간이세액표에 의해 소득세를 떼어 다음달 10일까지 신고·납부하고, 다음해 2월분 급여를 지급할 때(미지급시는 2월 말일까지 지급한 것으로 봄) 연말정산을 해

서 3월 10일까지 신고·납부해야 한다.

　연말정산이란 1년간 지급한 급여총액에 대하여 내야할 소득세를 계산하여 매월 원천징수한 소득세의 합계금액과 비교하여 남거나 모자라는 세액을 돌려주거나 더 떼는 절차로서, 근로소득만 있는 경우 종합소득세 신고는 안해도 된다.

◯ 법인사업자가 알아야 하는 세금

　법인은 개인의 소득세에 해당하는 법인세를 납부하며, 부가가치세와 급여세금은 개인사업자와 같다.

1. 법인세란?

①　법인세란 어떤 세금인가?

　법인세는 주식회사와 같이 법인 형태로 사업을 하는 경우 그 사업에서 생긴 소득에 대해서 내는 세금이다.

각 사업연도 소득 = 총익금 - 총손금

　가. 익금 : 사업에서 생기는 수익금액 외에 사업과 관련하여 발생하는 자산의 양도금액, 자산의 평가차익, 무상으로 받은 자산의 가액 등도 익금에 포함된다.

　나. 손금 : 제품의 원가 및 인건비 외에 사업과 관련하여 지출한 접대비, 복리후생비 등을 포함하며, 세법에서 특별히 인정하는 특정손금이 있다.

· 익금과 수익

세무회계에서 익금이란 재무회계에서의 수익이라는 용어와 거의 유사하다. 따라서 재무회계에서 수익(매출액이나 이자수익 등)으로 계상하는 항목은 대부분 세무회계의 익금에 해당되어 법인세가 과세된다. 그리고 익금산입이란 재무회계에서는 수익으로 보지 않아 당기순이익을 늘리지 않았지만, 세무회계에서는 익금(수익)으로 보아 법인세를 과세하는 항목을 말한다.

따라서 세무회계상 익금산입에 해당되는 항목은 당기순이익에 가산되어 사업연도 소득을 증가시키게 된다. 반면에 익금불산입(益金不算入)이란 재무회계에서는 수익으로 보아 당기순이익을 늘리지만, 세무회계에서는 익금(수익)으로 보지 않아 법인세를 과세하지 않는 항목을 말한다. 따라서 세무회계상 익금불산입에 해당되는 항목은 당기순이익에서 차감되어 사업연도 소득을 감소시키게 된다.

경리업무를 겸직하는 사장이 꼭 알아야 할 창업회계

② 법인세할 주민세의 납부

개인사업자와 달리 사업연도 종료일로부터 4월내에 법인세액의 10%를 사업장소재지를 관할하는 시·군·구에 신고·납부해야 한다.

2. 부가가치세

개인사업자와 같다. 다만, 개인사업자의 경우 간이과세를 적용 받을 수 있고 예정신고 의무가 없으나 법인은 있다.

· 손금과 비용

세무회계에서 손금이란 재무회계에서의 비용이라는 용어와 거의 유사하다. 따라서 재무회계에서 비용(재료비, 인건비, 이자비용 등)으로 계상하는 항목은 대부분 세무회계의 손금에 해당되어 법인세가 과세되지 않는다. 그리고 손금산입이란 재무회계에서는 비용으로 보지 않아 당기순이익을 줄이지 않았지만, 세무회계에서는 손금(비용)으로 보아 법인세를 과세하지 않는 항목을 말한다.

* Tip 기장료를 내면서 별도로 세무조정수수료는 왜 내야 하나?

세무조정수수료는 세법에 의거 재무제표를 작성·공시함에 있어서 각종 회계적인 요소를 전문가가 올바르게 조정·기표하고, 작성한 재무제표에 대해서 세무사나 회계사가 확인받는 대가로 보면 된다.

만약, 회사 자체적으로 결산을 하고 조정을 거친다 하더라도 '세무조정'은 반드시 세무사나 회계사의 조정을 거쳐야 한다는 것이다. 다시 말해, 세무사나 회계사의 도장을 받아야 되는 것이다.

이때, 지급하는 '세무조정수수료'에 대해서는 예전에는 세무사나 회계사의 사무규정에 의하여 매출액에 따라 세무조정수수료가 구분되어 있었으나 최근 규제개혁위원회에서 이를 폐지하여, 현재는 세무조정수수료에 대해서 별다른 규정을 두고 있지 않다.

그러므로 자율적으로 세무조정수수료를 책정할 수 있기는 하지만 관례에 따라 세무조정수수료를 아직도 채택하는 것이라고 이해하면 된다.

11. 창업 준비 과정에서 지출한 비용은 장부에 어떻게 반영하나요?

◎ 기업회계상 창업비의 처리

창업 준비 과정에서 발생하는 법무사비용과 설립등기비용 등은 종전에는 창업비라고 하여 모든 금액을 창업비라는 계정과목으로 장부에 기록을 하였다. 그러나 개정기준에서는 모든 창업 준비 비용을 창업비에 포함하여 일괄적으로 처리하지 않고 각각 지출내역에 따라 처리하도록 하고 있다.

예를 들어, 발기인의 보수 및 설립사무종사자의 인건비는 급여로, 창업기간 중의 전화료나 전기는 통신비 및 수도광열비로, 법무사수수료는 지급수수료, 설립등기비용은 세금과공과 등으로 그 지출내역에 따라 각각의 계정과목을 사용해서 장부에 기록한다.

◎ 세무상 창업비의 처리

세법상 창업비는 회사가 부담할 설립비용과 발기인이 받을 보수액, 설립등기를 위하여 지출한 세액 및 등기수수료이다. 단, 회사가 부담할 설립비용과 발기인이 받을 보수액은 정관에 구체적으로 기재해야만 인정되고, 정관의 기재가 없이 주주총회 등에 포괄적으로 위임하여 지출한 비용은 창업비로 인정하지 않는다.

또한, 설립등기를 위하여 지출한 세액 및 등기수수료란 설립등기시에 지출하는 등록세·공증료 및 법무사수수료 등을 말한다. 이렇게 세법상의 창업비는 기업회계기준상의 창업비보다 인정되는 범위가 좁다.

따라서 세법상 창업비가 아니거나 그 범위를 초과하는 금액은 세무상 손금을 인정되지 않으므로 세법상의 창업비로 인정받기 위해서는 반드시 회사가 부담할 설립비용과 발기인이 받을 보수액은 정관에 구체적으로 기재해야 한다.

· 공증료
공증료는 공증의 대가로 지급하는 금액을 말한다.

· 법정증빙
법정증빙은 흔히 실무상 지출증빙, 법정지출증빙, 적격증빙 등 이라는 용어로 사용이 되며, 세금계산서, 계산서, 신용카드매출전표, 현금영수증 등 법적으로 인정하는 증빙을 말한다.

● 창업 준비 과정에서 발생한 비용의 증빙

창업 준비 과정에서 비용의 지출은 대다수 사업자등록 이전의 지출이 많을 것으로 예상된다. 즉, 개업에 앞서 모든 물품의 구입이 완료된 후 사업자등록을 하는 것이 일반적이기 때문이다. 이 경우 사업자등록증의 발급 전에 지출한 비용이 문제가 될 수 있는데, 사업자등록증이 없으므로 인하여 세금계산서 등 증빙을 사업자등록번호를 기입하고 발급받을 수 없기 때문이다.

이와 같은 문제를 해결하기 위해서 세법에서는 사업자등록 전 20일 전의 지출에 대해서는 사업자등록번호 대신 주민등록번호를 기입해서 증빙을 발급받는 경우 비용으로 인정을 해주고 있으므로 창업 준비 후 20일 안에는 반드시 사업자등록을 해야 나중에 창업비를 지출하고도 비용으로 인정받지 못하는 사태가 발생하지 않는다. 그리고 창업비의 지출과 관련해서는 인건비를 제외하고는 모든 비용의 지출 시 3만원미만의 경우 영수증을, 3만원초과의 경우 세금계산서 등 법정증빙을 반드시 수취해야 한다.

12 회사 설립 후 최소한 갖추어야 할 장부는 무엇이 있나요?

- **매출장**
매출장은 매출에 따른 판매처, 품목, 수량, 단가, 금액 등을 정리한 장부를 말한다.
- **매입장**
매입장은 매입에 따른 구입처, 품목, 수량, 단가, 금액 등을 정리한 장부를 말한다.

장부는 전표, 현금출납장, 급여대장, 어음기입장 정도만 작성하면 되며, 추가적으로 매출장이나 매입장을 작성하면 된다.

장부는 회계처리상 반드시 작성해야 하는 주요장부와 회사 실정에 맞게 작성하는 보조장부가 있다.

주요장부는 분개장(전표)과 총계정원장을 말한다.

① 분개장 : 거래 발생시 차변과 대변으로 구분하여 계정과목과 금액을 거래발생 순서로 기입하는 장부이다. 보통 회사에서는 전표를 작성하여 분개장을 대신하고 있다.

② 총계정원장 : 전표와 일계표 등을 집계하여 각 계정과목을 집합시킨 장부이고, 회사에서는 결산시 이를 이용하여 재무제표를 작성한다.

보조장부는 총계정원장만으로는 계정과목별 자세한 내용을 알 수 없으므로 회사실정에 맞춰 작성하는 장부이고, 일반적으로 다음의 장부는 비치·기장 해야 한다.

① 현금출납장 : 현금의 수입과 지출을 기록
② 매출처원장 : 매출채권 거래처와 그 금액을 기록
③ 받을어음 수불부 : 받을 어음의 변동을 기록
④ 재고수불부 : 재고 자산의 입고, 출고를 기록
⑤ 고정자산대장 : 고정자산 현황을 기록
⑥ 매입처원장 : 매입채무 거래처와 그 금액을 기록

⑦ 지급어음수불부 : 지급어음의 변동을 기록
⑧ 매출장 : 매출 품목, 수량, 단가 등 기록
⑨ 매입장 : 매입 품목, 수량, 단가 등 기록
⑩ 판매비와 관리비 명세장 : 발생 비용을 기록

참고적으로 장부는 격식이나 형식이 중요한 것이 아니라 사실대로 기록하였는지의 여부가 중요하다.

· 어음

어음은 발행하는 사람이 일정 기간 후 일정한 금전의 지급을 약속하거나 또는 제3자에게 그 지급을 위탁하는 유가증권이다.

전표 발행

1. 전표의 사용

전표는 회계 및 세법에서 요구하는 복식부기의 원리에 가장 기초적이면서도 적합한 장부이다. 따라서 전표를 기초장부로 하여 작성을 하는 것이 좋다. 그리고 전표를 적음에 있어서는 입금, 출금, 대체 전표의 3장을 적는 3전표제를 사용하든, 분개전표 하나만을 사용하는 1전표제를 사용하든 관계는 없으며, 실무자가 편한 전표를 사용하면 된다.

또한 전표는 특별한 형식이 있는 것은 아니다. 다만, 시중에서 판매하는 양식을 많이 사용하므로 이것이 절대적인 것처럼 느껴지는 것뿐이다. 따라서 거래의 기장이 많지 않은 경우에는 문구점에서 판매하는 것을 이용하는 것도 괜찮으나 대량으로 사용을 하는 경우에는 회사 자체적으로 제작하여 이를 지출결의서와 겸해서 사용을 하는 것도 좋은 방법이다.

① 입금전표 : 현금의 입금 내용만 작성(예 : 보통예금 현금인출, 상품 현금매출)
② 출금전표 : 현금의 출금 내용만 작성(예 : 소모품비 현금지불, 외상대 현금지불)

③ 대체전표 : 현금 이외의 모든 거래 내용을 작성(예 : 상품 외상매입, 외상대 보통예금입금)

분개전표는 위 3가지 전표 모두를 분개전표 하나에 작성한다. 그리고 전표 작성시에는 계정과목이 중요하므로 우선 사용할 계정과목을 분류 한다.

기업회계기준에 의한 계정과목을 분류 시 그 성질이나 금액이 중요하지 아니한 것은 유사한 계정과목에 통합하여 기재하여도 된다.

① 자산
- 유동자산 : 현금, 보통예금, 유가증권, 외상매출금, 받을어음, 미수금, 선급금, 상품, 저장품
- 비유동자산 : 임차보증금, 전화가입권, 차량운반구, 비품, 시설장치, 영업권, 창업비

② 부채
- 유동부채 : 외상매입금, 미지급금, 지급어음, 예수금, 부가세예수금, 단기차입금
- 비유동부채 : 장기차입금, 퇴직급여충당금

③ 자본 : 자본금, 자본잉여금, 이익잉여금

④ 수익 : 매출액, 이자수익, 잡이익

⑤ 비용 : 매출원가, 급여, 상여금, 퇴직급여, 복리후생비, 여비교통비, 접대비, 통신비, 수도광열비, 세금과공과, 지급임차료, 수선비, 보험료, 차량유지비, 도서인쇄비, 사무용품비, 소모품비, 지급수수료, 광고선전비, 잡비, 이자비용, 잡손실

2. 현금출납부의 작성

전표에 의하여 현금 입·출금 사항만을 기재(부(-)수가 발생하여서는 아니됨)한다.

- 자산

자산은 남에게 빌린 돈과 기업이 자체적으로 가지고 있는 재산의 총액을 말한다. 그리고 이는 성격에 따라 크게 유동자산과 고정자산으로 나누어지고 유동자산은 다시 당좌자산과 재고자산으로, 고정자산은 투자자산과 유형자산, 무형자산으로 구분이 된다.

- 부채

부채는 기업이 가지고 있는 총재산 중에서 남으로부터 빌려온 재산을 말한다.

- 자본

자본이란 기업이 가지고 있는 총재산(자산)에서 남에게 빌린 재산(부채)을 차감한 금액을 말한다.

- 수익

수익은 영업 활동의 결과 자본의 증가를 가져오는 것을 말한다.

- 비용

비용은 수익창출활동과 관련하여 발생하는 자산의 유출액 또는 부채의 증가액을 말한다. 즉 수익을 얻기 위하여 들어간 자산의 유출액 또는 부채의 증가액을 말한다.

참고적으로 보통예금 즉, 예금과 관련한 거래 내용까지 기입해야 하냐고 질문하는 경우가 많은데 순수 현금의 입·출금 사항만을 기입하는 것이 현금출납장이다.

3. 급여대장의 작성

매월 급여 지급일 이전에 작성하여 갑근세 등을 공제 후 급여일에 지급한다.

① 비과세 급여 : 현금 지급 식대 10만원 이내, 자가운전보조금 20만원 이내 등
② 갑근세, 주민세의 공제 : 간이세액에 의하여 원천 공제하여 익월 10일까지 원천징수이행상황신고서를 작성, 신고 및 세액 납부
③ 고용보험, 산재보험가입 및 고용보험료의 공제
④ 건강보험가입 및 보험료의 공제 : 1인 이상 사업장만 당연 적용
⑤ 국민연금가입 및 보험료의 공제 : 1인 이상 사업장만 당연 적용

4. 어음기입장의 작성

어음기입장은 어음의 발행과 수취내역을 기입하는 보조장부이다. 어음의 수취 및 발행내역이 적은 경우에는 어음기입장상에 발행과 수취를 구분해서 날짜순으로 적으면 되나, 많은 경우에는 수취한 어음은 받을어음기입장을, 발행어음은 지급어음기입장을 구분해서 작성하는 것이 좋으며, 어음을 수탁하는 경우 수탁어음통장과 별도로 수탁어음기입장 등을 만들어 사용하는 것도 하나의 방법이다.

증빙관리

1. 영수증이 없는 비용의 처리

교통비/출장비 등 객관적으로 영수증을 구비하기 힘든 항목은 지출결의서를 작성하여 내부 결재를 득한 후 지출결의서를 영수증으로 사용한다. 최근 지출증빙과 관련하여 세제상 제약이 많으므로 우선적으로는 법적증빙을 갖추어야 하며, 왠만하면 신용카드를 사용하는 것도 좋은 방법이다.

2. 세금계산서 등 법적증빙 관리

세금계산서의 발행, 회수는 일반적으로 영업부에서 많이 하므로 영업부 직원은 세금계산서를 수불하는 경우 즉각 경리부 직원에게 주어야 나중에 세무상 불이익을 당하는 일이 없으므로 이점을 항상 영업부 직원에게 인식시켜야 한다. 또한 개인회사의 경우 사장이 귀찮아서 지출을 하고도 세금계산서를 잘 챙기지 않는 경우가 있는데, 이는 결국 자기 손해이므로 주의를 하여야 한다.

참고로 말하자면 세금계산서를 받으면 부가가치세 매입세액 공제가 커지고 나중에 소득에 대한 세금을 낼 때에도 비용으로 인정을 받을 수 있다. 그러나 그렇지 않은 경우에는 오히려 가산세를 부담하여야 한다.

내부관리

1. 입금표의 관리

입금표는 외상 또는 위탁거래시 상대방으로부터 대금을 받을 때 상대방에게 돈을 받았음을 확인시켜주는 증표이다. 따라서 입금표는 일련번호를 기재하여 출납담당자가 보관하여야 한다. 출납담당은 영업부에서 입금표를 갖고 가면 반드시 회수 여부를 묻도록 하여야 한다.

2. 영수증도 돈이다.

영수증이 있어야 세금이 절세된다.

증빙이 없이는 절대로 자금이 지출되어서는 안된다. 영수증이나 법적증빙을 가지고 오지 않으면 경리부 직원은 상대방에게 절대 대금을 주어서는 안된다. 이를 위하여 다음과 같이 관리를 하는 것이 좋다.

① 소액의 교통비 등은 담당자가 사전지출 후 영수증을 구비하여 청구하도록 한다.

② 비품구입 등 비교적 큰 금액은 지출결의를 득하여 지출하거나 구매담당자가 구매를 하여 배분을 한다.

③ 3만원초과(경조사비는 10만원) 지출은 반드시 신용카드나 세금계산서, 계산서, 현금영수증을 받아오도록 한다. 3만원초과 지출액 중 신용카드나 세금계산서로 증명되지 아니하는 금액은 지출금액의 2%의 가산세를 물기 때문이다.

④ 3만원초과 접대비 지출은 반드시 신용카드나 세금계산서를 받아야 한다. 여기서 신용카드는 법인의 경우 법인카드와 법인개별카드를 사용하도록 한다. 단 개인회사인 경우 개인카드도 가능하다.

⑤ 접대비의 지출은 반드시 법인카드를 사용해야 한다. 만일 법인카드를 사용하지 않는 경우 전액 비용으로 인정을 받을 수 없다. 다만 일반 비용의 경우 법인카드를 사용하지 않고 개인카드를 사용하더라도 업무 관련성이 입증되는 경우 비용으로 인정을 받을 수 있다.

· 영수증
영수증이란 채권자가 채무자로부터 채무 변제를 증명하기 위하여 채무자에게 교부하는 증서를 말하며 수취서 또는 수취증이라고도 한다. 영수증은 특별한 방식은 없으나 일자, 목적물 및 상대방의 표시, 수령문구, 수취인의 서명 등이 필요하다. 채무를 변제한 사람은 상환받은 사람에 대해 변제의 교환에 따른 수취증서 교부를 청구할 수 있는데, 이는 채권소멸의 증거가 된다.

· 세법상의 영수증
소득세법상 계산서를 발행해야 하는 사업자 중 사업의 규모나 종류에 따라 계산서의 작성능력이 부족하거나 또는 그 작성의 필요성이 크게 요구되지 않는 경우에 사용할 수 있도록 계산서보다 좀더 간편하게 만든 서식이다. 영수증을 교부할 수 있는 사업자는 소득세법에 열거되어 있고, 그 이외의 사업자는 영수증을 교부할 수 없다. 한편, 부가가치세법에서도 간이과세자 및 재화 등을 주로 최종 소비자에게 공급하는 사업을 영위하는 사업자는 영수증을 교부하도록 규정하고 있다. 따라서 영수증에는 일반적 영수증과 세법에 따른 영수증 두 종류가 있는데, 이 책에 나오는 영수증은 대부분 세법에 따른 영수증을 말한다.

· 갑근세 납부영수증을 분실한 경우

갑근세와 주민세의 경우 납부서가 총 3장(징수기관용, 수납기관용, 납세자용)이 있으므로 갑근세와 주민세를 납부한 은행에 방문하여 '수납기관용' 사본을 요청하여 증빙으로 처리하면 된다. 다만, 실무적으로는 납부를 한 사실을 객관적으로 입증이 가능한 서류로 입증하면 설사 납부서(영수증)를 분실했다 하더라도 아무런 문제가 없다.
이때 갑근세 및 주민세를 납부했다는 객관적인 입증서류는 다음과 같다.
① 원천징수이행상황신고서
② 원천징수이행상황신고확인(세무사나 회계사 등 세무대리인 확인)
③ 납세사실완납증명서(갑근세를 내지 않았다면 체납으로 나옴)
④ 보통예금 통장사본(통장에서 갑근세와 주민세 납부를 위하여 인출한 경우)

3. 인건비의 처리

① 정규급여 : 근로소득에 해당하므로 갑종근로소득세를 원천징수한다.

② 영업수당 : 실적에 따라 일정한 비율로 지급하는 수당은 사업소득에 해당한다. 따라서 회사는 사업소득원천징수 규정에 따라 지급액의 3.3%(주민세포함)를 원천징수 하여 사업소득원천징수 신고를 하여야 하며, 직원 본인은 5월에 종합소득세 신고를 해야한다.

4. 접대비 관리

접대비로 회계처리 되는 것은 업무와 관련하여 특정 관계에 있는 사람에게 금품 등을 제공하는 것으로 거래처 식사, 거래처 선물 등이 이에 해당한다. 그리고 거래처 지급용 선물 등을 구입 시 신용카드로 구입하던지 세금계산서를 받아야 한다.

또한 접대비의 지출에 있어서 신용카드를 일정비율 사용을 하여야 하며, 매출액 대비 접대비의 사용 금액이 비용으로 인정이 되므로 자사의 수입 금액에 맞는 접대비 지출을 하여야 한다.

5. 기부금의 인정

법정기부금은 전액 인정을 받으므로 별도의 증빙은 필요가 없으나 사회 단체 기부 시는 세법상 기부금 손금인정대상 단체인가를 확인하여야 하고, 법인명의로 종교헌금시 유지재단명의의 영수증을 받아와야 한다.

6. 업무무관경비

회사가 지출한 경비 중 업무와 무관한 경비는 비용으로 인정을 받을 수 없다. 예를 들어 가사비용 등은 비용으로 인정하지 않을 뿐만 아니라 대표자의 소득으로 간주하여 소득세가 부과된다. 따라서 그런 영수증은 회사의 회계처리에 넣지 않는 것이 유리하다.

7. 증빙불비경비

지출된 경비 중 증빙(영수증 등)을 제대로 갖추지 못한 경비는 역시 세법상 비용으로 인정하지 않을 뿐만 아니라 대표자의 소득으로 간주하여 소득세가 부과된다. 따라서 지출에 있어 별도로 증빙의 수취가 제외되는 거래를 제외하고는 반드시 증빙을 수취·보관하여야 한다.

정규지출증빙수취의무규정과 간이영수증을 여러 장 나눠서 처리해도 괜찮은지?

간이영수증에 대해서는 2007년 세법 개정으로 거래단위가 3만원을 초과하는 경우 적격증빙(세금계산서, 계산서, 신용카드매출전표 등)을 수취하도록 변경되었다. 기존에 5만원 또는 10만원초과 거래분에 대해 적격증빙을 수취하도록 한 것을, 그 규정을 강화하여 접대비와 마찬가지로 3만원을 초과하는 거래에 대해서 적격증빙을 수취하도록 개정한 것이다.

지출증빙수취의무규정은 법인세법에서는 '거래 건당 3만원이하'로 되어 있고, 소득세법에서는 '거래 건당 3만원초과'로 되어 있어 내용상의 차이가 있으나 결국은 3만원까지는 세금계산서나 계산서, 신용카드매출전표, 현금영수증을 수취하지 않아도 증빙불비가산세를 부과당하지 않으나 3만 1원부터는 가산세를 부과한다는 말이다.

· **적격증빙**
정규증빙은 흔히 실무상 법정증빙, 지출증빙, 법정지출증빙, 적격증빙 등이라는 용어로 사용이 되며, 세금계산서, 계산서, 신용카드매출전표, 현금영수증 등 법적으로 인정하는 적격증빙이다.

· **지출증빙**
위의 적격증빙과 같은 의미이다.

다시 말해, 공급받은 재화 또는 용역의 건당 거래금액(부가가치세 포함)이 3만원이하로써 3만원까지를 포함한다는 의미이다. 따라서 간이영수증 한도는 1원부터 30,000원까지를 의미한다는 것에 유의해야 한다.

이처럼 지출증빙수취의무규정 면제기준금액을 3만원이하로 하향 조정한 목적은 사업자의 경비지출 투명성을 확보하고 거래상대방 사업자의 '과세표준 양성화'를 유도함으로써 공평과세를 실현하려는데 있다. 특히 그동안 과표 현실화에 대한 사회적 요구가 강했던 현금수입 업종과 간이과세자 등에 대하여 거래상대방에게 거래 단위가 3만원을 초과하는 경우 적격증빙을 수취하도록 함으로써 과표를 현실화하는 제도적 장치를 만들어 놓은 것이다.

이러한 영수증의 사용내역에 대해서는 식대 또는 기타 비용의 구분이 없으며, 재화 또는 용역을 제공받은 경우에 해당된다면 적격증빙수취의무가 있는 것이다. 따라서 지출증빙수취의무규정 예외 항목이 아닌 경우에는 반드시 적격증빙(세금계산서, 계산서, 신용카드매출전표, 현금영수증)을 수취해야 한다.

그러나 현실적으로 적격증빙을 수취할 수 없는 거래에 대하여 다음의 예외규정을 두고 있는데, 이를 지출증빙수취의무규정 예외항목이라고 한다.

1. 거래 상대방이 읍·면 지역에 있는 간이과세자이면서 신용카드 가맹점이 아닌 경우
2. 농어민과 직접 거래한 경우
3. 금융, 보험 등의 용역을 공급받는 경우
4. 택시비 등 재정경제부령이 정하는 경우

5. 국가, 지방자치단체와 거래하는 경우
6. 비영리법인과의 거래
7. 입장권 등 전산발매통합관리시스템 가입자의 거래
8. 연체이자 지급분
9. 경비 등 송금명세서 제출 대상
   - 부동산임대 용역
   - 임가공 용역
   - 운송 용역
   - 재활용 폐자원
   - 인터넷, PC 통신 등
   - 우편주문판매

따라서 3만원을 초과하는 물품은 반드시 법인 신용카드로 결제하거나 세금계산서를 수취해야 증빙불비가산세가 부과되지 않으며, 여러 장의 영수증으로 분할하여 교부받는 경우에는 세무조사 적발시 동일한 1건으로 간주한다는데 유념해야 한다.

한편, 사업 초기라 법인신용카드가 없는 경우에는 임직원의 개인 신용카드(접대비 예외)를 사용해도 비용인정을 받을 수 있으므로, 3만원을 초과하는 거래에서는 신용카드로 결제를 하는 것이 좋다.

· 개업식에서 수건을 제작·배포한 경우

회사의 개업식과 관련하여 특정 고객인 주요 거래처 직원에게 회사 홍보용 '수건'을 제작하여 선물했다면 '접대비'로 회계처리해야 한다. 이때 회사를 홍보하기 위하여 불특정 다수에게 수건을 제작하여 돌렸다면 '광고선전비'로 처리해도 무방하나 이 경우에는 '접대비'로 처리하는 것이 일반적이다.

그리고 이 중에서 직원용으로 사용하는 수건은 '소모품비'나 '복리후생비'로 처리해도 무방하나 그 금액이 소액이고 수량이 적고 직원용을 별도로 구분하는 것이 번거로우므로 '접대비'로 계정처리 하는 것이 실무적이다. 단, 이 경우 수건 제작비용을 '접대비'로 처리한다 하더라도 '부가세매입세액'은 공제받지 못한다.

13 회사 설립 후 최소한 갖추어야 할 규정은 무엇이 있나요?

· 국내출장비에 대한 증빙

국내출장비는 통상 숙박비·교통비·식대·잡비 등으로 구성되고, 회사의 출장비규정에 따라 정액으로 지급되며, 일반적으로 지출결의서 등의 출장비 수령인만 받아두는 것이 실무적으로 많다. 출장비는 실비정산을 원칙으로 하며, 법인이 업무와 관련하여 출장을 가는 사용인에게 지급한 교통비, 숙박비, 식대 등이 당해 법인의 여비지급규정 및 객관적인 거래증빙에 의하여 정당함이 입증된 경우에는 소득금액 계산상 손금에 산입되나, 이 경우 당해 사용인이 지출한 경비 중 사업자로부터 거래 건당 5만원을 초과하는 재화 또는 용역을 공급받고 그 대가를 지급한 금액에 대하여 지출증빙미수취가산세가 적용된다. 그러나 정액으로 지급되는 일비는 정규증빙서류의 대상이 아니다.

○ 출장비정산규정

원론상 출장비는 회사내에 사규가 있어서 이에 의하여 사용한 것이라도 모두 거래의 실질에 따라 정산을 하고 증빙을 첨부해야 한다.

실무상 많은 경우에 출장비는 사규 내의 것이면 증빙첨부 없이 바로 출장비 또는 해외출장비의 계정과목에 합산하여 처리하는 것을 볼 수 있으나 이는 각 비목별로 구분하여(예를 들면, 여비·교통비, 숙박비, 회의비, 복리후생비, 접대비 등) 국내일반지출과 같이 처리해야 하는 것이고, 미 사용분을 정산하여 회사에 돌려주어야 한다.

돌려주지 않고 미 사용분을 개인이 갖는 경우 비용인정은 되나 당연히 상여금으로 처리되어 갑근세를 원천징수 해서 신고·납부해야 하며, 임원인 경우 법인세 계산시 손금불산입 되고 갑근세를 원천징수 해서 신고·납부해야 한다.

출장지의 현황에 따라 영수증의 첨부가 되지 않는 지출의 경우(예를 들어, 버스비나 택시비에 대해서 영수증을 주지 않는 지역에 출장을 한 경우) 당해 비용에 대한 증빙은 영수증이 아니라 하더라도 이에 대한 지출결의서 등에 의하여 확인되어야 한다.

품위유지비를 1인당 또는 1일당 지급하기로 사규에 정한 경우 그 금액은 사회통념상 인정되는 범위 내의 것이면 복리후생비로 인정되는 것이므로 이 금액은 비용인정 되고 원천징수 대상에도 해당하지 않는다.

임원퇴직급여규정

퇴직소득에 포함하는 것에 다음과 같은 것들이 있다.

1. 퇴직금 규정에 정한 퇴직위로금

불특정다수의 퇴직자에게 적용되는 퇴직금규정·취업규칙 또는 노사합의에 의하여 지급받는 퇴직수당·퇴직위로금 기타 이와 유사한 성질의 급여는 퇴직소득에 포함한다. 반면, 규정이 없이 임의적으로 지급하는 퇴직위로금은 근로소득에 해당한다.

퇴직위로금의 소득 구분	납부해야 하는 세금
위로금 규정이 있는 경우	퇴직금(퇴직소득)
위로금 규정이 없는 경우	상여금(근로소득)

2. 퇴직금지급 제도 변경에 따른 손실보상

퇴직급여지급규정·취업규칙의 개정 등으로 퇴직금지급제도가 변경됨에 따라 퇴직금정산액을 지급하면서 퇴직금지급제도 변경에 따른 손실보상을 위하여 지급하는 금액은 퇴직소득에 포함한다.

퇴직금규정은 임원에 대한 규정과 사용인에 대한 규정이 다르게 정해지는 바, 특히 임원의 퇴직금규정은 정관에 의해야 하며 퇴직위로금도 불특정 다수에게 적용되는 성질의 것이어야 한다.

· 퇴직위로금
퇴직위로금은 과거 근로제공에 대한 수고의 위로조로 지급하는 금품을 말한다.

· 상여금
상여금은 매월 지급되는 임금이외의 분기별 또는 특정시기에 사용자가 일시금으로 근로자에게 지급하는 금품을 말한다. 상여금은 그 명칭이 다양하고 그 지급방법도 각양각색이므로 일률적으로 판단하기 곤란하다. 또한 상여금을 주어야 할 것인가, 얼마를 주어야 할 것인가 등은 법에서 정함이 없으므로 지급액, 지급대상, 지급방법 등을 취업규칙이나 단체협약에 규정해서 시행하게 된다.

· 퇴직금
퇴직금은 근로자가 상당기간을 근속하고 퇴직하는 경우 근로관계의 종료를 사유로 하여 사용자가 지급하는 일시지급금을 말한다.
퇴직금의 수취요건을 살펴보면 다음과 같다.
1. 상시근로자수가 5인 이상인 사업장에서 근무할 것
2. 계속근로연수 1년 이상일 것
3. 퇴직하는 근로자일 것

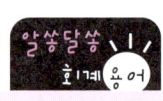

· 갑종근로소득

소득세법은 근로소득을 갑종근로소득과 을종근로소득으로 구분하고 있다. 근로소득 중 근로의 제공으로 인하여 받는 봉급·급료·보수·세비·임금·상여·수당과 이와 유사한 성질의 급여, 법인의 주주총회·사원총회 또는 이에 준하는 의결기관의 결의에 의하여 상여로 받는 소득, 법인세법에 의하여 상여로 처분된 금액, 퇴직으로 인하여 받는 소득으로서 퇴직소득에 속하지 않는 소득을 갑종근로소득으로 한다(소득세법 제20조).

퇴직위로금 규정이 없는 경우에는 상여금에 해당하는 것이고 임원이 받은 것은 비용인정을 받지 못하며, 사용인이 받은 것은 비용인정 되나 이 두 가지 모두 상여인 갑종근로소득에 해당하므로 원천징수를 해야 한다.

법인이 임원에게 지급한 퇴직금 중 다음에 해당하는 금액을 초과하는 금액은 세무상 비용으로 인정되지 않는다.

구분	임원퇴직금 한도액
정관에 퇴직금(퇴직위로금 등을 포함)으로 지급할 금액이 정하여진 경우	정관에 정하여진 금액(정관에서 위임된 퇴직급여 규정이 따로 있는 경우에는 이에 규정된 금액)
그 외의 경우	퇴직하는 날부터 소급하여 1년 동안 당해 임원에게 지급한 '총급여액 × 10% × 근속연수'

위에서 정관에 정한다 함은 정관의 제정이나 개정에 의하여 임원의 퇴직금지급기준을 정하는 것을 의미하는 것이다. 실무상 정관에 임원의 퇴직금산정규정을 구체적으로 정하는 경우가 없고 별도로 주주총회의 결의로 정하도록 위임하는 경우가 많다.

이 경우에는 주주총회의 결의에 의하여 임원의 퇴직에 대하여 범용 가능한 기준을 산정 해야 하는 것이다. 예를 들어, 어느 임원은 얼마를 지급하고 어느 임원의 퇴직시에는 얼마를 지급한다라는 식으로 정한 것은 지급규정이라 할 수 없을 것이다.

또한 주주총회의 결의에 의하여 지급기준을 정하기 전에 이미 퇴직한 자에 대하여 그 결의규정을 소급적용 할 수 있는가가 문제일 것인 바, 이 또한 주주총회결의에서 언급해야 할 사항이라고 본다.

퇴직위로금의 경우도 범용인 퇴직위로금의 규정이어야 하고 특정인에 대한 퇴직위로금 지급을 주주총회에서 결의한 것은 퇴직금지급규정의 결의를 한 주주총회의 결의에는 해당하지 않는다. 규정에 의하지 아니한 임원 퇴직급여나 한도 초과한 퇴직급여 또는 규정에 의하지 아니한 퇴직위로금은 모두 법인의 손금부인(=비용불인정)되는 것이고 상여로써 갑근세를 원천징수 하는 것이 타당하다.

임원상여지급규정

· 손금부인
기업회계상 재무제표에 비용으로 처리했으나 세무상 비용으로 인정하지 않는 것을 말한다.

· 손금불산입
기업회계에서는 비용으로 인정되어도 세법에 따른 세무회계에서는 손금으로 처리하지 않는 것을 말한다. 위의 손금부인과 같은 의미로 사용이 된다.

법인이 임원에게 지급하는 상여금 중 정관 · 주주총회 · 사원총회 또는 이사회의 결의에 의하여 결정된 급여지급기준에 의하여 지급하는 금액을 초과하여 지급하는 경우 그 초과금액은 비용으로 인정받지 못한다.

임원에게 지급하는 상여금 규정은 이사회의 결의에 의해서도 정함이 가능하다. 퇴직소득규정이 반드시 정관에 정해야 하는 것에 비하면 그 규정이 매우 용이한 것이다.

이사의 보수는 정관에 그 금액을 정하지 않은 경우에는 주주총회의 결의로 이를 정해야 한다고 규정하고 있다. 이에 따라 주주총회에서 결의한 이사의 보수총액이 정해져 있다하더라도 이 결의가 임원의 상여금지급규정에는 해당하지 않는 것이므로 별도로 이사회 등에 의하여 임원의 상여금지급규정을 정해야 한다.

상여금지급규정이 없이 지급한 상여금 또는 상여금지급규정을 초과하여 지급한 상여금은 법인의 손금불산입 대상이다.

주로 임원이 퇴직시에 지급받는 위로금 성격의 돈이 퇴직급여지급 규정에서도 확인되지 않는 경우, 당연히 임원상여금지급규정에 정할 수 없는 것이므로, 법인의 손금부인대상상여금에 해당한다.

대상	손금불산입(비용불인정)
사용인(종업원)	급여지급규정의 금액에 관계없이 전액 비용으로 인정한다.
모든 임원	원칙은 비용으로 인정하나 임원상여금 중 정관·주주총회·사원총회 또는 이사회의 결의에 의해 결정된 급여지급기준에 의해 지급하는 금액을 초과하는 경우에는 비용으로 인정하지 않는다.

복리후생비규정

　복리후생비가 지급받는 자의 원천징수 하지 않는 금액에 해당하는지는 사회통념이 그 기준이다.
　직장체육비, 직장연회비, 경조비 등 복리후생비는 사회 통념의 범위 내인 지출에 대하여 손금인정을 할 것이므로 가능한 한 사내규정을 정하는 것이 유리하다.

성과배분상여금약정

　잉여금처분을 비용으로 처리한 것은 법인의 손금에 산입하지 아니하나 내국법인이 근로자(임원을 제외함)와 성과산정지표 및 그 목표, 성과의 측정 및 배분 방법 등에 대하여 사전에 서면으로 약정하고 이에 따라 그 근로자에게 지급하는 성과배분상여금은 예외로 손금으로 인정한다.

사전 약정에 의하여 지급하는 판매부대비용

　상품·제품판매시의 부대비용 예를 들면, 판매수수료지급, 리베이트, 판매장려금, 경품할인 등은 비용으로 인정되는 것이나 경우에 따라서는 접대비 또는 기부금에 해당하는 경우가 있을 수 있다.

판매부대비용은 상관행에 비추어 정상적인 거래라고 인정될 수 있는 범위 안의 금액만 비용으로 인정받을 수 있으며, 이를 벗어나는 경우에는 일반적으로 접대비로 분류되고 한도 초과시 비용으로 인정받기 힘들다.

종전에는 판매부대비용은 반드시 사전약정에 의하여 정하여진 금액에 대하여만 비용으로 인정하는 것으로 하였었으나 실질과세원칙에 따라 비록 사전약정이 없더라도 사회 통념과 상관행상 정상적이면 비용으로 인정하는 것으로 개정하였다.

실무상으로 판매장려금을 지급하는 경우를 예를 들면, 판매실적에 따라 일정 기준에 의하여 장려금을 지급하는 방식으로 하고, 또한 각 거래처별로 고객, 시장 상황 등을 고려하여 목표를 설정하고 목표 초과시에 실적에 따라 지급율을 정하는 것이 일반적이다. 이러한 경우에는 사회 통념이나 상관행의 개념이 장려금지급약정에 의해서 확인될 수 있는 것이다.

가격인하와 사전약정

정가라고 하는 가격을 정하여 두고 있기는 하나 실제로는 각 판매시마다 그 판매가액이 다른 경우에는 실제의 판매가액이 매출액이 되는 것이다. 따라서 정가는 판촉의 개념 외에 거래의 실질이나 회계상의 자료일 수는 없다.

매출 후 대금회수시에 회수대금의 일부를 할인해주는 매출할인과는 달리 판매시점에 정가보다 낮은 가액으로 판매하는 경우에는 할인이 아니고 실제 판매가액이 세법상 정상가액인 시가에 해당하는 것이다. 따라서 정가보다 낮은 가액으로 두루 판매하는 경우에는 그 가격인하를 약정하거나 할 필요가 없는 것이다.

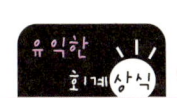

· 실질과세의 원칙

세법의 해석 및 과세요건의 검토 · 확인은 조세공평이 이루어지도록 실질에 따라야 한다는 세법 고유의 원칙으로, 귀속에 관한 실질과세원칙과 거래내용에 관한 실질과세원칙으로 구분된다. 귀속에 관한 실질과세란 과세대상의 귀속자를 판정함에 있어 법률상의 귀속자는 단순히 명의일 뿐이고 사실상의 귀속자가 따로 있는 때에는 사실상의 귀속자를 납세의무자로 하여 조세를 부과한다는 원칙이다.

예컨대 사업자등록증상의 명의자와 사실상의 사업자가 서로 다른 경우에는 사실상의 사업자에게 조세를 부과한다. 또한 거래내용에 관한 실질과세란 세법 중 과세표준의 계산에 관한 규정은 소득 · 수익 · 재산 · 행위 또는 거래의 명칭이나 형식에 불구하고 그 실질내용에 따라 적용한다는 원칙이다. 예컨대 양도담보의 경우 그 형식은 양도이나 재화의 공급으로 보지 않는 것(附法 6 ⑥)은 거래내용에 관한 실질과세원칙을 반영하는 규정이다.

법인고유업무(고유목적사업)의 정관·등기

법인의 업무에 직접 사용하지 않는 부동산을 취득·관리함으로써 생기는 비용은 법인의 비용으로 인정하지 않는다. 이 경우 당해 법인의 업무라 함은 법령에서 업무를 정한 경우에는 그 법령에 규정된 업무를 말하는 것이나 그 밖의 경우에는 각 사업연도 종료일 현재의 법인등기부상의 목적 사업으로 정하여진 업무를 말하는 것이다.

① 등기부기재를 위해서는 사전에 정관의 변경에 의하여 목적 사업을 추가 또는 삭제해야 하는 것이다.

② 정관에 사전에 정하지 아니한 사업을 위하여 취득한 업무무관자산이 있는 경우에는 그 법인은 비용불인정의 불이익을 받게된다.

✱ Tip 기술신용보증기금 보증서 실사시 회사에서 준비해야 하는 사항이 무엇인지?

회사에서 창업투자회사로부터 투자유치를 하거나 은행에서 대출을 받기 위해 기술신용보증기금 등에서 보증서를 발급을 받는 경우 기술신용보증기금이나 창업투자회사는 실제로 해당 기업의 기술력이나 발전가능성, 회사 인력 구성이나 대표자의 역량을 많이 보지만 회사내 관리 구조도 매우 중요한 요소로 신경을 쓰는 추세이다.

기술신용보증기금 실사를 받는 경우 회사의 사업비전에 대해 기술신용보증기금 심사역들이 객관적인 판단을 할 수 있는 다음의 서류들을 비치하여 실사에 대비해야 한다.

경리업무를 겸직하는 사장이 꼭 알아야 할 창업회계

1. 직원명부와 직원 이력서 철
2. 급여대장
3. 갑근세 신고서 철
4. 부가가치세 신고서 철
5. 최근 3개년 결산 재무제표
6. 벤처기업확인 원 - 해당되는 경우
7. 기업부설연구소 인증서 - 해당되는 경우
8. 특허권, 산업재산권, 상표권 등 - 해당되는 경우, 추진 중이라면 관련서류
9. 관계사나 제휴사 소개 - 해당 기업과의 계약서나 제휴문서
10. 인·허가 서류 등 각종 신고서 철
11. 전표 철과 증빙 철
12. 언론이나 방송 보도자료 - 공적조서 및 관련기사 복사 철
13. 각종 수상 내역
14. 사업추진방향 및 추정 재무제표 - 기획부서와 협의
15. 제품개발 계획 및 제품출시에 관한 자료 - 개발부서와 협의

제2장

사장이 알아야 할 세무관리

01 법인 CEO의 기본 세금 지식
02 기업주의 개인비용 지출액은 어떻게 처리를 하나요?
03 세금을 불성실하게 신고한 경우 기업의 손해
04 사장도 개인 현금수지표를 짜라.
05 개인회사 사장도 본인의 급여를 책정하라.

01 법인 CEO의 기본세금지식

· 양도소득
부동산 등 재산의 이전에 따라 발생하는 소득을 말한다.

· 국내원천소득
국내원천소득이란 소득의 발생지가 국내인 소득을 말한다.

법인세

1. 법인세란?

법인세는 개인사업자에게 부과되는 소득세와 같은 성질의 세금으로서 1 사업연도(회계기간) 동안 법인의 사업에서 생긴 소득을 기준으로 내는 세금이다.

[법인 구분별 납세의무 차이]

법인의 종류		각 사업연도소득에 대한 법인세	토지 등 양도소득에 대한 법인세	청산소득
내국법인	영리법인	국내 · 외의 모든 소득	○	×
	비영리법인	국내 · 외의 열거된 수익사업에서 발생하는 소득	○	×
외국법인	영리법인	국내원천소득	○	×
	비영리법인	국내원천소득 중 열거된 수익사업에서 발생한 소득	○	×

주의 법인의 부동산 양도에 따른 특별부가세는 2002. 1. 1 이후 양도분부터 폐지되었으나, 주택에 한하여 2005. 1. 1 이후 양도분(2004. 1. 1 이후 추가 취득한 경우는 2004. 1. 1 이후 양도분)부터 토지 등 양도소득에 대한 법인세가 새로이 과세된다.

2. 법인세의 신고

사업연도 종료일로부터 3월 내에 "법인세 과세표준 및 세액신고서"에 기업회계기준에 의하여 작성된 재무제표(대차대조표, 손익계산서, 이익잉여금처분계산서), 세무조정계산서, 현금흐름표 및 기타 부속서류를 첨부하여 본점 납세지 관할세무서장에게 신고해야 한다.

법인세 전자신고에 의하여 표준재무제표를 전산으로 제출하는 경우에는 기업회계기준에 의한 재무제표를 제출한 것으로 본다.

3. 법인세의 납부

법인세 신고기한 내에 납부할 세액을 가까운 은행 또는 우체국에 납부하거나 인터넷 등에 의해 전자납부하면 된다. 납부할 세액이 1천만원을 초과하는 경우에는 초과금액(2천만원초과시 50% 이하 금액)을 1월(중소기업은 45일) 이내에 나누어 납부할 수 있다.

· 전자신고

납세자 또는 세무 대리인이 세법에 의한 신고 관련 서류를 자신의 컴퓨터에서 작성한 후 인터넷을 통하여 국세전자신고시스템에 신고하는 것을 말한다. 이는 지금까지의 방문신고, 우편신고, 서면작성 후 전산 매체로 변환하여 제출하는 전산매체신고와는 구별되는 새로운 신고 방법으로, 최근 들어 인터넷 인구의 급속한 증가로 전자신고의 필요성이 크게 대두되면서 국세기본법에서도 전자신고에 관한 규정을 명문화하게 되었다.

4. 법인세의 신고 · 납부 절차

1. 결산확정	● 기업회계기준에 따라 재무제표 작성 ● [상법] 절차에 의한 주주총회의 승인
2. 세무조정	● 기업회계기준에 의한 결산상 당기순손익에 세법에 의한 익금(+)과 손금(-)을 가감하여 세무상 과세소득금액 계산 ● 세무상 과세소득금액에서 이월결손금, 비과세소득, 소득공제액을 차감(과세표준) ● 산출세액(과세표준×세율)에서 감면세액, 기납부세액 등을 차감하여 납부할 세액 확정

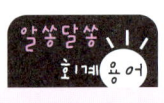

· 기업회계

기업회계는 기업회계기준 등 회계규정에 따라 처리한 회계를 말한다.

· 세무회계

기업의 소득에 대한 과세를 목적으로 하는 세법(법인세법 · 소득세법 등)의 규정에 따라 과세소득을 계산하기 위한 회계실무를 말한다.

· 세무조정계산서

기업회계상의 당기순이익을 기초로 조정적 과정을 통하여 법인세법상의 각 사업연도의 소득을 계산하는 조정절차를 표시한 서식을 세무조정계산서라 한다. 법인세신고시에 필수적 부수서류에 해당하는 세무조정계산서는 법인세법시행규칙 제82조 제1항 제3호의 서류, 즉 법인세과세표준및세액조정계산서만을 의미한다.

3. 과세표준 신고 세액납부		● 대차대조표 ● 손익계산서 ● 이익잉여금처분계산서(또는 결손금처리계산서) ● 세무조정계산서 ● 현금 흐름표 및 기타 부속 서류 첨부
4. 신고내용의 변경 신고	누락 · 오류 사항 수정	
		● 증액수정신고 : 관할세무서장의 경정통지 전까지 ● 감액경정청구 : 신고기한 경과 후 2년 내

5. 법인세 신고시 유의할 사항

① 외부조정 신고대상법인

기업회계와 세무회계의 정확한 조정과 성실한 납세를 위해 필요하다고 인정하여 국세청장이 "외부조정 신고대상법인"으로 고시한 법인은 세무사가 작성한 세무조정계산서를 첨부하여야 한다.

"외부조정 신고대상법인"이 세무사가 작성한 세무조정계산서를 첨부하지 않을 경우 무신고로 보아 가산세가 적용된다.

② 법인세 전자신고 확대 시행

지난해부터 실시된 법인세 전자신고의 제출서식을 대폭 확대하여 모든 서식은 전자신고가 가능하도록 하였다. 다만, 외부회계감사대상법인 등 일부 법인의 경우에는 "감사보고서"를 신고기한 종료 후 10일까지 우편 등으로 제출해야 한다. 전자신고에 관한 자세한 사항은 국세청 홈택스 서비스(www.hometax.go.kr)를 참고한다.

부가가치세

1. 부가가치세란?

기업이 재화나 용역을 공급할 때 구매자로부터 징수한 부가가치세에서 원재료나 상품 등을 공급받을 때 이미 징수당한 부가가치세를 뺀 차액을 납부하는 제도로서 유통 과정에서 생긴 부가가치에 대하여 최종소비자가 부담하는 일반 소비세이다.

· 소비세
재화(財貨)의 소비 또는 화폐의 지출을 기준으로 해서 부과하는 세금이다.

2. 부가가치세 신고 · 납부기간

부가가치세는 6개월을 과세기간으로, 1년에 4번 신고 · 납부한다.

구 분	제1기		제2기	
	신고대상	신고기간	신고대상	신고기간
예정신고	1.1~3.31 사업실적	4.1~4.25	7.1~9.30 사업실적	10. 1~10. 25
확정신고	4.1~6.30 사업실적	7.1~7.25	10.1~12.31 사업실적	다음해 1.1~1.25

3. 납부세액 계산 흐름도

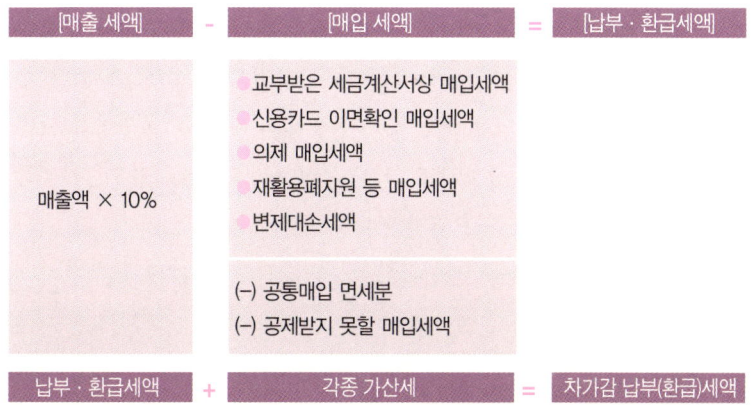

제2장 사장이 알아야 할 세무관리 _95

4. 원천징수 하는 세금

① 원천징수란?

원천징수 대상 소득금액을 지급할 때(원천징수의무자) 이를 받는 사람(납세의무자)이 내야할 세금을 미리 떼어서 국가에 대신 납부하는 제도이다.

② 원천징수 방법

근로소득	매월 급여(상여금 포함)를 지급할 때마다 "간이세액표"에 의해 원천징수 한 후 다음연도 2월분 급여지급시 근로소득자의 각종 공제내역을 제출받아 정산한다.
퇴직, 이자, 배당 기타 사업소득	대상 소득금액 또는 수입금액을 지급하는 때에 해당 소득의 원천징수 세율에 의해 원천징수한다. ※ 법인이 원천징수 당한 세금은 각 사업연도 소득에 대한 법인세 납부시 "기납부 세액"으로 공제 받는다.

5. 법인의 납세협력 의무

① 지출증빙서류는 정규영수증으로

기업이 지출하는 경비의 투명성을 높이고 거래 상대방 사업자의 매출액을 양성화하기 위하여 사업자로부터 건당 3만원을 초과하는 재화나 용역을 제공받는 경우에는 반드시 정규영수증(신용카드매출전표, 직불카드, 기명식선불카드, 현금영수증, 세금계산서, 계산서)을 수취해야 한다.

이를 위반할 경우 미수취한 금액의 2%를 가산세로 부과하게 된다.

· 직불카드

직불카드는 현금카드와 같다고 생각하면 된다. 다만, 직불카드가 현금카드와 다른 점이 있다면 직불카드 가맹점에서 물품 또는 서비스를 구매할 수 있으며, 그 이용대금이 고객계좌에서 자동 인출 되어 다음날 가맹점 계좌로 자동 입금된다는 것이다. 또 직불카드 기능에 현금카드 기능이 포함되어 현금카드를 별도로 발급 받을 필요가 없다.

· 기명식선불카드

이름이 찍혀 있어 특정인만 사용할 수 있는 선불카드를 기명식선불카드라고 한다. 여기서 선물카드란 고객이 사전에 일정금액이 전자적 또는 자기적 방법에 의해 저장된 카드를 카드발행자로부터 구입하여 물품구매 또는 서비스 이용시마다 카드의 잔액범위 내에서 이용금액이 자동 차감 되도록 한 카드이다.

② 세금계산서·계산서 합계표의 제출

법인이 주고받은 세금계산서 및 계산서는 매입처 및 매출처별로 합계표를 작성하여 매 부가가치세 신고시마다(계산서는 1년치를 다음연도 1. 31까지) 세무서에 제출(전자신고)하여야 한다.

세금계산서 등을 주고받지 않거나 영업부서 직원의 부주의 등으로 합계표를 제출하지 않은 경우에는 미제출 금액의 2%(계산서는 1%)를 가산세로 부과하게 된다.

③ 원천징수영수증 등 지급조서의 제출

원천징수 대상소득을 지급하는 법인은 해당세액을 원천징수한 후 그 상대방에게 원천징수영수증을 교부하고 그 부본을 다음연도 2월말까지 세무서에 제출(전자신고)하여야 한다.

※ 기한내 제출하지 않거나 불분명하게 제출한 경우에는 해당 자료 금액의 2%를 가산하여 징수한다.

④ 접대비의 정규영수증 사용 의무

한번에 지출한 접대비가 3만원을 초과(경조사비는 10만원)하는 경우에는 반드시 법인 신용카드(직불카드, 기명식 선불카드, 현금영수증 포함)를 사용하거나 세금계산서·계산서를 받아야만 접대비로 인정받는다.

· 강사료의 원천징수 방법

강사료를 지급하는 경우 원천징수 방법은 2가지 경우를 생각해 볼 수 있다.

첫째, 전문강사처럼 전문적인 강의를 계속 반복적으로 하여 이를 업으로 하는 경우, 해당 강사료는 사업소득에 해당하여 지급액의 3%를 원천징수 해야 한다.

둘째, 전문강사가 아닌 사람이 일시적으로 강의를 하고 강의료를 지급받는 경우로, 지급액의 80%를 필요경비로 인정한 후 필요경비를 차감한 나머지 20%를 기타소득세로 원천징수 해야 한다.

그리고 이러한 소득의 분류는 강사의 직업이나 사업성을 원천징수의무자가 판단하여 원천징수를 해야 한다.

참고로 기타소득금액의 과세최저한이 매건마다 5만원 이하인 때는 원천징수하지 않는다. 따라서 기타소득은 강사의 경우 80%를 필요경비로 차감 한 후에 22%(주민세 포함)를 원천징수 하는 것이므로, 그 지급액이 250,000원 이하인 경우에는 기타소득에 대하여 원천징수를 하지 않는다.

02 기업주의 개인비용 지출액은 어떻게 처리를 하나요?

🌸 창업시 자본금 규모 결정의 중요성

자금인출에 관한 한 법인사업자는 개인사업자에 비하여 많은 제약이 따른다. 법인은 법인 그 자체가 독립된 주체로서 법률상 출자자인 주주나 경영자인 대표자와는 별개의 인격체이다. 따라서 실질적으로 소유와 경영이 분리되어 있지 않은 법인의 경우에도 법인재산과 개인재산은 엄격히 구분하여 관리되어야 한다.

이러한 측면에서 회사의 주금납입 대금이나 기타 업무상 유입된 법인의 자금은 법인의 용도로만 사용되어야 하는 것이며, 대표자 개인 돈과 같이 운영되어서는 안된다.

예를 들어, 법인의 대표자나 임원 또는 주주가 정당한 사유 없이 자금을 인출하여 가면 자금을 인출해 간 사람을 가려서, 대표자나 임원에게는 회사가 그 금액만큼 급여를 준 것으로 보아 근로소득세가 과세되는 경우가 있으며, 주주에게는 배당을 준 것으로 보아 배당소득세가 과세될 수 있다. 따라서 법인이 대표자나 임원, 주주 또는 종업원 등 법인과 특수관계에 있는 자들과 불가피하게 자금거래가 있는 경우에는 회사와 특수관계자간에 문서로 자금대여약정을 체결하여 놓고 원리금 상환 등과 관련한 자금거래를 투명하게 해 두어야 세무상의 불이익을 피할 수 있다.

경리업무를 겸직하는 사장이 꼭 알아야 할 창업회계

　자금대여약정서에는 상환기간과 약정이자율 등을 기재하여 자금의 인출과 상환 및 이자 수수 등에 대한 근거를 명확히 하고 약정이자율은 가능하면 시중이자율에 의하는 것이 좋다. 왜냐하면 법인이 금전 또는 재산을 대표자, 주주, 종업원 등 특수관계자에게 정상적인 이율이나 요율보다 낮게 대부하거나 이용하게 한 경우에는 부당행위로 보아 그 차액에 해당하는 금액 만큼에 대하여 법인과 개인 양자 모두에게 법인세와 소득세가 추가로 과세되기 때문이다.
　이와 같이 법인이 특수관계에 있는 대표자, 임원, 주주, 종업원 등과 거래가 이루어지는 경우에는 세무상의 불이익을 받지 않도록 세심한 주의를 기울여야 한다.
　법인으로 창업을 할 때는 자금인출의 제약성 때문에 특별한 경우를 제외하고는 자본금 규모를 무리하게 키울 필요가 없다. 왜냐하면 주주가 주금을 납입하면 그 자금은 법인의 자금이며 법인의 용도로만 사용되어야 하기 때문이다. 그러므로 주주나 대표자가 법인의 자금을 인출할 때는 급여 또는 배당 형태로 법인의 자금을 가져가거나 차입약정에 의하여 일시적으로 자금을 법인으로부터 빌려쓰는 형태가 되는데, 이런 경우 모두 세금을 내고 법인으로부터 자금을 가져가는 결과가 되는 것이다. 그러므로 법인 창업 시에는 회사의 규모에 맞게 그리고 특별한 경우가 아니면 작게 자본금 규모를 정하는 것이 바람직하다.
　이 경우 창업 후 회사자금이 부족하면 주주나 대표자로부터 일시차입 형태를 취하여 자금을 투입하였다가 자금 여유가 있을 때 다시 인출하면 세금문제는 발생하지 않으며, 자본금 규모를 키울 필요가 있을 때는 증자를 하면 된다.

대표자가 회사 돈을 개인적으로 사용할 경우 세무적으로 어떤 문제가 발생하나요?

회사를 창업한 대표자로서 "과거 회사에 돈이 없을 때 내 돈으로 처리한 적이 있으니 내가 회사 돈을 가져다 쓰는 것이 당연하다"고 생각할 수도 있다. 만일 이와 같이 회사의 대표가 개인적으로 회사의 돈을 빼내 개인적으로 사용하면 기업윤리나 대표자의 도덕성 차원을 떠나 회계와 세무 측면에서 어떤 문제가 발생할까? 이에 대해서는 사업의 형태에 따라 개인사업자와 법인사업자로 각각 구분하여 생각해 볼 수 있다.

먼저, 회사의 대표자가 사업을 개인사업자의 형태로 경영하는 경우에는 사실 별 문제가 없다. 일반적으로 개인사업자는 매출액에서 모든 원가나 비용을 공제한 이익(또는 소득)에 대해 소득세만 신고·납부하면 된다. 그리고 사장이 사업년도 중에 가져간 돈(가지급금)은 소득이나 출자금에서 미리 가져간 것으로 처리하면 된다.

특히 개인사업자는 법인사업자와 달리 출자금의 입·출금이 자유롭기 때문에 돈이 없으면 출자하고, 돈이 남으면 출자금을 회수할 수 있다. 다만 회사의 효율적인 경영관리를 위해서는 회사 자금과 개인 자금을 별도로 구분하여 회계처리 할 필요는 있다. 그러나 회사의 형태가 주식회사와 같은 법인사업자라면 상당히 심각한 문제가 발생한다.

회계나 세무 측면에서는 법인회사의 대표인 개인과 회사를 각각 독립적 실체로 보고 있다. 따라서 법인회사의 대표가 회사의 자금을 인출하면, 일단 회사는 회사 대표 개인에게 빌려 준 것

경리업무를 겸직하는 사장이 꼭 알아야 할 창업회계

(가지급금 또는 대여금)으로, 반대로 회사의 대표가 회사에 자금을 입금하면 회사가 회사 대표로부터 자금을 빌려 온 것(가수금 또는 차입금)으로 간주하게 된다. 그리고 세법에서는 회사가 회사 대표에게 빌려준 가지급금에 대해서는 그것이 이자를 납부하지 않는 조건으로 빌렸다 하더라도, 일정한 이자율을 적용하여 이자를 받는 것(인정이자)으로 계산해야 한다고 규정하고 있다. 따라서 회사는 인정이자에 해당되는 부분만큼 수익으로 간주하여 법인세를 내야하고, 회사의 대표 역시 인정이자에 해당되는 부분만큼 소득세를 신고·납부해야 한다.

그런데 만일 법인회사의 대표가 회사로부터 빌린 가지급금을 전혀 갚을 생각을 하지 않는다면, 회사의 경리실무자 입장에서는 심각한 고민에 빠질 수밖에 없다. 대표에게 돈을 갚으라고 독촉하자니 자기의 직장생활이 위태로울 수 있고, 그렇다고 시간이 지날수록 늘어나는 인정이자와 이에 대한 법인세 및 소득세에 대해 아무런 대책도 없이 방관할 수도 없기 때문이다. 이런 경우 경리실무자 입장에서는 현실적으로 회사 대표의 명시적 또는 묵시적 허락 하에 매출누락이나 가공영수증 등을 활용하여 가지급금을 정리할 수밖에 없다. 이처럼 기업회계기준이나 세법의 규정을 위배하여 회계처리를 하는 것을 바로 '분식회계' 또는 '분식결산' 이라고 한다. 애초에 단순히 가지급금을 정리하려는 차원에서 시작한 분식회계가 시간이 지날수록 그 금액이 커지고, 더 나아가 비자금으로 발전하게 되면 더 큰 문제가 발생한다.

· 비자금

비자금이란 매출누락이나 계약상의 커미션 등을 회사의 공식적인 장부에 기록하지 않고 별도의 장부에 작성·관리하는 자금을 말한다.

세상에 비밀은 없다. 회사가 비자금을 관리하는 장부를 작성하는 경우 회사 대표뿐만 아니라, 이것을 관리하는 경리실무자, 그리고 회사의 각 부문 책임자들 역시 이러한 사실을 알게 될 수밖에 없다. 만약 이를 알고 있는 사람 중 회사에 반감을 가진 직원이 이러한 사실을 국세청에 고발하면, 국세청이나 세무서에서는 해당 회사에 대한 세무조사를 실시하게 되고, 결국 해당 회사는 '과거 5년간의 모든 가지급금'에 대해 세금을 추징 당하게 된다.

03 세금을 불성실하게 신고한 경우기업의 손해

· 가산세

가산세란 세법에서 규정하는 의무의 성실한 이행을 촉구할 목적으로 의무를 위반한 경우에 당해 세법에 의하여 산출한 세액에 가산하여 징수하는 금액을 말한다.

법인이 부담하는 법인세·부가가치세 등은 법인 스스로 세금을 계산하여 납부하는 자진신고·납부방식을 근간으로 하고 있어 이를 불성실하게 이행할 경우 다음과 같은 불이익을 받게 된다.

가산세의 부담

① 법인세 등을 신고하지 아니하거나 적게 신고한 경우에는 납부하여야 할 세액 이외에 무·과소신고 가산세 및 미납부 가산세를 추가로 부담하여야 한다.

예) 법인세 무신고가산세 : 산출세액의 20(40)%와 수입금액의 0.07% 중 큰 금액

② 법인세 미납부가산세 : 미납부세액의 0.03%를 미납일수 만큼 가산 또한 지급조서 제출의무 등 세법에 정해진 각종 납세협력의무를 위반한 경우에도 가산세를 부담하여야 한다.

예) 지급조서제출 불성실가산세미제출(불분명제출) 금액의 2%

③ 계산서 미교부·미제출가산세 : 미교부(미제출, 불성실기재) 금액의 1%

가산금 부담

1. 가산금

국세를 납세고지서에 지정된 납부기한까지 완납하지 아니한 때에는 그 납부기한을 경과한 날로부터 체납된 국세에 대하여 3%에 상당하는 가산금을 가산금항목으로 징수한다.

고지된 국세중 일부가 체납된 경우에도 당해 체납된 국세에 대한 가산금을 징수하며, 각 세법에 의한 중간예납세액과 예정결정고지세액의 체납으로 인한 가산금은 그 확정결정에 의하여 고지할 세액이 없는 경우에도 취소되지 아니한다.

2. 중가산금

체납된 국세가 100만원 이상인 경우에는 납부기한이 경과한 날로부터 매 1월이 경과할 때마다 60개월을 한도로 체납된 국세의 1.2%에 상당하는 가산금을 당초의 가산금에 가산하여 징수한다. 그러나 체납된 국세가 100만원 미만인 때에는 중가산금을 징수하지 아니한다. 체납된 국세가 100만원 미만인지의 여부는 납세고지서의 건별·세목별로 계산한다. 그리고 결손처분을 한 후에 재산을 발견하여 당초의 결손처분을 취소한 때에는 그 결손처분기간도 중가산금 계산기간에 포함한다.

● 기업주의 종합소득세 추가부담

수입금액을 누락시키거나 가공경비를 비용으로 계산함으로써 법인세를 적게 낸 경우 탈루세액(가산세 포함)의 추징은 물론, 법인의 소득을 누락시킨 만큼 이를 가져간 사람(가져간 사람이 불분명할 경우는 대표자)에게 법인이 상여금이나 배당금을 준 것으로 보아 종합소득세를 추가로 징수하게 된다.

· 국세 체납의 경우에도 신용불량자가 되어 금융기관으로부터의 금융거래에 제약을 받게 되나?

국세가 체납되는 경우 세무서장은 국세징수 또는 공익 목적을 위하여 필요한 경우로서 신용정보의 이용 및 보호에 관한 법률에 의한 신용정보업자 또는 신용정보집중기관에서 체납자의 인적사항, 체납액에 관한 자료를 요구한 경우에는 이를 제공할 수 있다. 세무서장이 체납액에 관한 자료를 제공할 수 있는 체납자는 체납발생일부터 1년이 경과하고 체납액이 대통령령이 정하는 금액(5백만원)이상인 자, 1년에 3회이상 체납하고 체납액이 대통령령이 정하는 금액(5백만원)이상인 자이다.

신용정보업자 등이 체납자의 체납액에 관한 자료를 세무서장에게 요구하는 경우에는 요구자의 이름 및 주소와 요구하는 자료의 내용 및 이용 목적을 기재한 문서를 제출해야 한다.

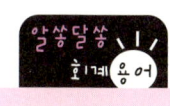

· 결손처분

결손처분이란 일정한 사유의 발생으로 인하여 부과한 조세를 징수할 수 없다고 인정될 경우에 그 납세의무를 소멸시키는 세무서장 또는 지방자치단체의 장(長)이 행하는 행정처분을 말한다.

세무조사 대상으로 선정

법인이 제출하는 각종 신고서와 부속서류의 내용은 각 계정과목별로 분류되어 국세청의 전산조직(TIS)에 입력된다.

국세청에서는 이들 입력자료를 토대로 전 법인을 상대로 전산분석에 의한 신고성실도 평가제를 실시하고 있으며, 평가결과 불성실 신고법인으로 분류될 경우 세무조사 대상으로 선정되어 신고 내용을 정밀 조사하게 된다.

불성실 신고 세금의 징수 절차

납세고지 → 독촉, 납부최고(압류통지) → 체납처분(압류, 매각, 청산)

1. 납세고지

납세고지란 세무서장이 국세를 징수하고자 할 때에는 납세자에게 그 국세의 과세연도, 세목, 세액 및 그 산출근거, 납부기한과 납부장소를 납세자에게 통지하여 납세의무의 이행을 청구하는 것을 말한다. 따라서, 납세고지는 징수 절차의 첫 단계로서 특정 국세의 징수에 관한 과세관청의 내부적인 의사결정, 즉 징수결정을 한 후 이를 외부에 표시하는 행정처분이므로 반드시 문서(납세고지서)에 의하여야 하며, 구술에 의한 납세고지는 그 효력이 없다. 따라서 납세고지는 엄격한 요식행위이다.

2. 독촉, 납부최고

독촉은 납세의무자가 납세고지서에 지정된 납부기한까지 당해 국세를 완납하지 아니하는 경우에 납부를 촉구하는 절차이고, 최고는 제2차 납세의무자(납세보증인)가 체납액을 납부통지서상의 납부기한까지 납부하지 아니하는 경우에 납세의무자 내지 제2차 납세의무자(납세보증인)에게 자주(自主)납부를 한 번 더 촉구하는 절차이다. 이러한 독촉과 최고는 독촉 또는 최고기한까지 납부하지 아니하는 경우에는 체납처분을 집행한다는 체납처분예고로서의 성질을 가지고 있다.

3. 체납처분(압류, 매각, 청산)

체납처분은 독촉 또는 납부최고를 하고 그 독촉 또는 납부최고 후에도 이행이 없을 경우에는 국가의 자력집행권에 의하여 납세자의 재산을 압류, 매각, 청산 등의 절차를 거쳐 국세채권에 충당하는 일련의 강제징수 절차이다.

압류란 체납처분의 1단계로서 국세채권의 강제징수를 위하여 체납자의 특정재산에 대하여 법률상 또는 사실상의 처분을 금지하고 그 재산을 환가할 수 있는 상태에 두는 처분을 말한다.

· 납세보증인

납세보증인이란 국세기본법에 의한 납세담보로 납세보증서를 제공하며, 납세자의 납세의무에 대하여 보증채무를 부담하는 자를 말한다. 납세보증인은 납세자의 납세의무를 보증하는 점에서 민사상의 보증채무(保證債務)와 그 성격이 비슷하다.

납세보증서를 제공받은 국세·가산금과 체납처분비가 기한 내에 납부되지 아니한 경우에는 세무서장은 국세징수법에 따라 납세보증인으로부터 징수한다.

04 사장도 개인 현금수지표를 짜라.

요즘을 신용시대라고 부른다. 신용카드 하나면 어디에서든 통한다고 생각한다. 그러나 꼭 현실은 그렇지만은 않다. 불황이 지속될수록 어떤 신용카드보다 현금이 환영받는다. 어느 어음이나 수표보다도 현금이 더 대접받는다. 그만큼 현금의 유동성이 부족함으로 현금은 여전히 지급 능력이 뛰어나며 그 위력이 강하다. 따라서 현금은 주머니 속으로 잘 들어오지 않는다. 그리고 들어온 현금은 쉽게 새나간다.

현금의 이런 속성을 잘 아는 경영자라면 꼭 지켜야 할 사항이 하나 있다. 현금수지표를 짜야 한다는 것이다. 그리고 경리부에서 짜는 현금수지계획표와는 별도로 사장이 직접 간단한 수지표를 짜는 것이 좋다. 수지표를 짜는 기간은 일반적으로 한달 단위로 짜는 것이 괜찮다.

현금수지표를 짜는 이유는,
첫째, 잔고의 불균형을 막기 위한 것이다.
명색이 기업이라면서 잔고가 하나도 남아 있지 않아 아주 적은 금액까지 외상으로 결제하면 신용에 문제가 생긴다.

둘째, 돈이 다른 곳으로 새나가는 것을 막을 수 있다.

경리업무를 겸직하는 사장이 꼭 알아야 할 창업회계

사장이 현금수지 계획을 파악하고 있으면 구매 부서나 경리부서에서 현금을 함부로 다루지 못한다. 이에 따라 사원 모두가 현금을 아끼는 습성을 가지게 된다. 현금을 아끼면 당연히 원가 부담이 줄어든다.

셋째, 갑작스런 자금난을 방지할 수 있다.

대부분의 일시적인 자금난은 계획의 잘못에서 비롯된다. 경리부서만 믿었다가 큰코다치는 일이 흔하다. 따라서 사장도 나름대로 자금 흐름을 파악하고 있어야 자금난에 휘말리지 않는다. 그래야만 장기적인 자금예산도 정확하게 세울 수 있다.

그렇다면 현금수지계획표는 어떻게 짜야 하나?

현금수지표는 4항목 현금수지표와 6항목 현금수지표가 있는데 4항목 현금수지표를 짜는 것이 좋다. 4항목 현금수지표는 너무나 쉬워 누구든 만들어 볼 수 있기 때문이다. 여기서 4항목이란 현금 흐름을 전월잔액, 현금수입, 현금지출, 다음달이월 등으로 구분한다. 지난달에 남은 돈과 이 달에 들어올 돈을 합한 뒤 이 달에 나갈 돈을 빼면 당연히 이 달의 잔고가 얼마인지 나온다. 다음 달에 넘겨줄 돈이 얼마인지도 계산된다. 여기서 현금수입란에 해당되는 것은 꼭 현금과 수표만 계산해야 하고, 어음을 포함하면 안된다. 수입란에 포함되는 "현금"은 현금매출, 외상회수금, 할인어음, 대출금 등이다. 지출엔 현금매입, 외상금지출, 어음결제, 일반경비, 대출금상환 등을 적는다. 6항목 현금수지표는 금융자금 대출항목과 금융자금상환 항목을 별도로 더 두는 것이다.

현금수지표는 생각보다 간단하지만 이를 계속 짜나가다 보면 예상외의 효과를 얻게 된다. 무엇보다 자기 회사의 돈 흐름을 제

· 대표자가 가입한 클럽에 불우이웃돕기 성금을 냈다면?

불우이웃을 돕기 위하여 지출한 금액은 기부 받은 자의 기부목적, 기부일자, 기부금 등이 기재된 영수증으로 기부사실이 확인되는 경우에만 '기부금'에 해당하는 것이다.

기부금이란 특수관계가 없는 자에게 사업과 직접적 관계없이 무상으로 지출하는 재산적 증여이다.

세법에서는 기부금을 그 구체적인 사용출처에 따라 법정기부금, 특례기부금, 지정기부금, 비지정기부금으로 구분하고 각각 일정한 손금산입한도를 정해두고 있다.

대표자가 가입한 단체(클럽)가 영업자가 조직한 단체로서 법인이거나 주무관청에 등록된 조합 또는 협회라면 해당 기부금은 손금으로 인정되나, 특별회비와 동 규정에 의한 조합 또는 협회 외의 임의로 조직된 조합 또는 협회라면 해당 회비는 지정기부금에 해당된다.

따라서 이러한 기부금을 지출하는 경우에는 대표자가 가입한 단체가 주무관청에 등록되어 있는지 여부를 미리 파악해야 한다.

대로 파악하게 된다. 갑자기 현금 잔고가 낮아진다거나 경비가 늘어나는 경우 등을 파악하게 된다. 이에 따라 자금조달 계획도 여유 있게 짤 수 있다. 경영자가 자금을 조달하는 일에 너무 지치면 마케팅에 힘을 쏟을 수 없다. 그러면 회사의 수익도 떨어질 수밖에 없다. 이제부터 현금수지표란 간단한 기법으로 자금 흐름을 파악해 보자. 결코 후회하지 않을 것이다.

*Tip 자금의 원활한 융통을 위해 어음을 서로 주고받을 수 있나요?

'어음'은 일반적인 상거래에서 발생한 외상 매입대금에 대한 지급수단으로 발행하는 것이나, 아는 거래처나 관계사와의 상거래 관례상 자금의 원활한 융통을 위해 어음을 서로 주고받는 경우가 있는데 이를 '융통어음'이라고 한다. 이러한 융통어음은 실질적인 거래가 존재하는 것이 아니라 단순히 타인에게 자신의 신용을 이용하게 할 목적으로 발행한 어음을 말한다. 즉, 어음할인적격업체의 경우에는 은행 등 금융기관의 신용도가 높기 때문에 이러한 업체가 발행한 어음을 소지하면 어음할인이 용이할 수 있기 때문이다.

이처럼 자금사정에 의해 융통어음을 발행하거나 수취하여 어음을 할인하는 경우에는 정상적인 상거래를 통한 거래가 아니기 때문에 회사 내부적으로 정상적인 상거래에 의해 발생한 지급어음이나 받을어음과는 반드시 별도로 구분하여 관리해야만 나중에 세무조사시 매출누락 등의 오해가 발생하지 않을 것이다.

실무적으로 융통어음은 주로 자금이 없는 자가 원활한 자금조달을 목적으로 교부하거나 수취하는 경우가 많으며, 해당 어음 만기시 제대로 결제되지 않을 가능성이 크기 때문에 융통어음을 교부할 때는 반드시 이에 대한 증빙으로 '차용증'이나 '금전소비대차계약'을 작성하여 비치해야 어음 분쟁을 줄일 수 있다(어음만기일에 상대 거래처에서 어음을 결제하지 않을 경우 분쟁이 발생할 수 있기 때문).

자금조달을 목적으로 발행한 융통어음을 은행 등 금융기관에서 할인할 경우에는 '세금계산서'를 제출해야 하므로, 가공의 세금계산서를 교부·수취하여 은행 등 금융기관에 제출하고 바로 세금계산서를 폐기·처분하게 된다. 즉, 자금조달을 목적으로 융통어음을 발행하는 것은 불법이기 때문에 세금계산서를 폐기하지 않을 경우 가공의 세금계산서로 간주될 소지가 있기 때문이다.

융통어음에 대한 거래는 정상적인 상거래가 아니므로 별도의 회계처리를 할 필요는 없으나 거래 쌍방간의 자금 입·출금에 대해서는 적절하게 회계처리 할 필요가 있다.

개인회사 사장도 본인의 급여를 책정하라. 05

○ 회계처리상의 특징 비교

법인사업자의 경우, 대표이사도 일반 직원과 마찬가지로 매달 일정액의 급여를 책정하여 가져갈 수 있지만, 개인회사 사장의 경우에는 별도로 급여를 책정하지 않고 필요한 경우 수시로 가지고 가는 것이 일반적이다. 물론 개인회사의 사장이 급여를 책정하여 가져간다 하더라도 세금은 주는 것이 아니며, 해당 급여는 회사 운영에 필요한 모든 비용을 공제하고 남은 이익을 가져가는 것으로 간주하여 사업소득세(종합소득세)를 신고·납부해야 한다. 그리고 이 경우 해당 급여는 회계처리상 "급여" 계정으로 처리하지 않고 "인출금" 계정으로 처리해야 한다.

개인회사의 경우, 대표자(사장)가 사업기간 중에 자금사정으로 출자금을 인출하거나 추가로 출자할 경우가 자주 있는데, 이러한 경우 결산 시 인출금 계정의 잔액을 자본금 계정에 대체시키면 된다. 즉 개인회사의 경우 사장이 가져가는 돈은 인출금 회사에 집어넣는 돈은 출자금으로 처리를 하는 것이다.

그러면 개인회사 사장의 급여를 왜 책정해야 하는가?

그 이유는 대부분 사업장 4대 보험 신고와 관련하여 대표자 건강보험료와 국민연금 신고시 기준급여를 산정하기 위해서이다.

· 개인사업자 사장 본인의 건강보험료도 비용 인정이 되나요?

소득세법 시행령 제55조(부동산임대소득 등의 필요 경비의 계산)에 의하면 국민건강보험법에 의한 직장가입자로서 부담하는 사용자 본인의 보험료는 2004년 1월부터 사업소득에서 필요경비로 공제할 수 있다.

단, 직장가입자가 아닌 지역가입자의 건강보험료는 필요 경비로 계산하지 않는 것이며, 참고로 사용자 본인에 대한 국민연금보험료는 직장가입자나 지역가입자나 모두 필요경비에 포함하지 않는 것이다.

사업이 잘되는 경우에는 문제가 없으나 사업의 부진 등으로 사업소득이 적은데도 불구하고 해당 회사에서 급여를 제일 많이 받는 직원과 같이 4대보험을 산정한다면 개인적으로는 손해를 보게 된다.

따라서 이 경우에는 전년도 종합소득확정신고 및 자진납부서를 관할 공단에 제출하여 "종합소득세 확정신고서"상 사업소득 금액을 12개월로 나눈 금액을 기준으로 급여를 책정하고, 이렇게 책정된 급여에 따라 보험료와 연금을 공제하면 보험료를 절감할 수 있다.

*Tip 회사 이전에 따른 각종 변경신고사항은 무엇이 있나요?

법인사업자는 회사 사업장이 이전함에 따라 회사 주소와 전화번호 등 중요한 사항들이 변경된다. 회사 이전에 따른 각종 변경사항이나 기타 준비해야 할 사항은 무엇이 있는지 알아보자.

첫째, 법인사업자인 경우 본사가 이전할 때는 법인등기부등본상의 본점 주소를 새로 이전한 주소로 변경등기를 해야 한다. 법인의 본점 이전과 관련한 등기 업무는 거래하는 법무사사무소에 의뢰하면 된다. 법인이 본사를 이전할 때 주소변경등기를 하기 위해서 준비해야 할 서류는 다음과 같다.

- 법인등기부등본, 법인인감증명서, 법인인감도장, 법인인감카드(비밀번호 포함)
- 이사 과반수 이상 인감증명서, 인감도장
- 이사 · 감사 막도장
- 이전하는 사업장의 임대차계약서 사본
- 대표자 인감증명서, 인감도장

위의 서류들을 준비하여 법무사사무소에 의뢰하면 된다. 이 서류들은 '관내 이전', 즉 서울에서 서울에 있는 사업장으로 이전할 때 준비해야 하는 서류이다. 만약 '관외 이전', 즉 서울에서 인천이나 다른 지역으로 이전할 때는 추가로 다음의 서류도 준비해야 한다.

- 주식 51% 이상 소유주주 인감증명서, 인감도장   - 주주명부

둘째, 법인등기부등본의 본점 주소가 새로 이전하는 주소로 변경되었다면 사업자등록증을 바뀐 주소로 '정정신고'를 해야 한다. 사업자등록증 정정신고시 구비서류는 다음과 같다.

- 사업자등록 정정신고서, 사업자등록증 원본   - 법인등기부등본
- 사업장 임대차계약서 사본

사업자등록 정정신고서를 작성할 때는 반드시 변경사항 항목에 변경된 내용만 기재해야 하므로 정정사항에 '바뀐 주소'만 기재하여 신고해야 한다. 세무서에 사업자등록 정정신고를 할 때는 위임장과 경리실무자 본인의 주민등록증과 법인사용인감을 꼭 지참하여야 한다.

셋째, 사업자등록증 주소를 변경하였다면 다음과 같은 회사 관련 변경사항들을 꼼꼼히 체크해서 신고해야 한다. 특히 인·허가 업종인 경우에는 반드시 변경신고를 해야 한다.

- 주소이전에 따른 4대 보험 사업장 적용 변경신고
- 은행이나 금융기관에 변경 사업자등록증 제출
- 주요 매입·매출처에 변경된 사업자등록증 팩스 보내기
- 인·허가 사업장인 경우 관할 기관에 주소변경 신고
- 회사 소유 차량이 있는 경우 관할 구청에 주소변경 신고
- 정책자금 등 국가기관에서 대출을 받은 경우 주소변경 신고
- 법인신용카드 소지시 신용카드 사용명세서 주소변경
- 회사소유 휴대폰 요금통지서 등 각종 공과금 주소변경 신고
- 전화이전 신고
- 회사 명판, 고무인, 명함 제작
- 회사 레터지나 봉투 제작
- 전 사업장 건물 관리인에게 우편물 수거 부탁
- 새로 이전한 주소 약도 제작

제3장

전표 및 장부의 관리

01 복식부기에 의하여 장부를 작성해야 한다고 하는데 복식부기가 무엇인가요?

02 경리장부의 흐름에 대해서 가르쳐 주세요.

03 전표가 무엇이고, 왜 발행해야 하나요?

04 내가 발행할 전표 선별법

05 전표 작성은 어떻게 하나요?

06 전표 작성시 과목란에 적는 계정과목에는 무엇이 있나요?

01 복식부기에 의하여 장부를 작성해야 한다고 하는데 복식부기가 무엇인가요?

- 차변
분개시 왼쪽을 차변이라고 한다.
- 대변
분개시 오른쪽을 대변이라고 한다.

복식부기가 무엇인가요?

회계를 하다보면 우리는 흔히 복식부기라는 이야기를 많이 듣게 된다. 그러면 복식부기란 무엇일까? 한 마디로 복식부기는 회계상 거래가 발생하면 기록을 차변과 대변 모두에 기록하는 기술을 말한다.

그렇다고 무조건 차변과 대변에 모두 기입을 하는 것이 아니라 거래를 분석하여 원인과 결과를 원인은 차변에 결과는 대변에 또는 원인은 대변에 결과는 차변에 일정한 규칙에 따라 아래와 같이 적절히 기록을 해야 한다. 즉,

① 자산의 증가는 차변에, 감소는 대변에
② 부채의 증가는 대변에, 감소는 차변에
③ 자본의 증가는 대변에, 감소는 차변에
④ 비용의 발생은 차변에, 소멸은 대변에
⑤ 수익의 발생은 대변에, 소멸은 차변에 기록을 한다.

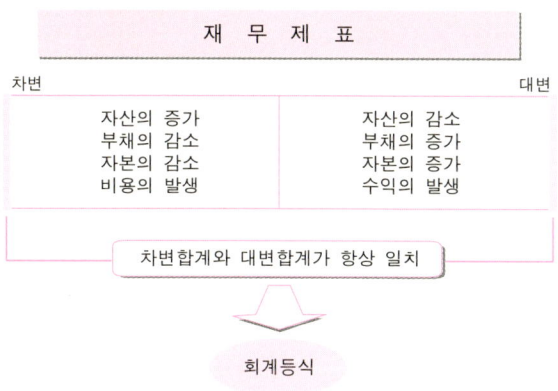

세법에서 정하는 복식부기의무자

세무상 법인은 복식부기에 의해서 장부를 작성해야 하고 개인사업자 중 업종별로 직전연도 수입금액이 다음의 금액에 해당하는 사업자는 복식부기에 의하여 장부를 작성해야 한다.

- 부동산임대업, 사업서비스업, 교육서비스업, 보건·의료업, 사회 및 개인서비스업의 경우는 7천5백만원이상인 사업자
- 제조업, 음식·숙박업, 건설업, 운수·창고 및 통신업, 금융 및 보험업의 경우는 1억5천만원이상인 사업자
- 농·임·광업, 도·소매업, 부동산매매업의 경우 3억원이상인 사업자

위의 일정규모 이상 사업자는 사업의 재산상태와 손익거래의 변동내역을 빠짐없이 거래시마다 차변과 대변으로 나누어 기록한 장부를 기록·보관하고, 이를 기초로 작성된 대차대조표, 손익계산서, 조정계산서 등을 종합소득세과세표준확정신고시 신고서와 함께 제출해야 한다. 복식부기의무자가 복식기장을 하지 않았을 때에는 가산세가 적용되는 등 많은 불이익으로 인하여 더 많은 세부담을 해야 한다.

02 경리장부의 흐름에 대해서 가르쳐 주세요.

- **주요부와 보조부**
1. 주요부
분개장, 총계정원장
2. 보조부
- 보조원장 : 매출처별 원장, 매입처별 원장, 예적금대장, 차입금대장, 계정별 원장
- 보조기입장 : 현금출납부, 매출장, 매입장, 받을어음기입장, 지급어음기입장, 보통예금장, 재고수불장

장부는 회계장부가 주를 이루며, 세무상으로도 회계장부를 기본으로 해서 세금부과기준에 따라 조정을 한 후 세금을 부과하게 된다.

회계장부란 회계에 관한 여러 가지 정보를 기록 계산하는 지면을 말한다.

그리고 회계장부는 이론상 주요부와 보조부로 구분을 하게 되는데 복식부기에 의해서 장부를 작성하는데 가장 기본적인 장부이다.

주요부는 전표, 총계정원장 등이 있으며, 보조부는 주요부에서 지정한 계정에 관한 거래를 상세하게 기록하는 장부로서 주요부의 부족한 점을 보충하여 기록하는 장부이다.

또한 보조부는 우리가 흔히 장부 또는 서식이라고 부르는 현금출납장, 예금기입장, 매입장, 매출장, 재고수불부, 받을어음기입장, 지급어음기입장 등이 여기에 속한다.

경리업무를 겸직하는 사장이 꼭 알아야 할 창업회계

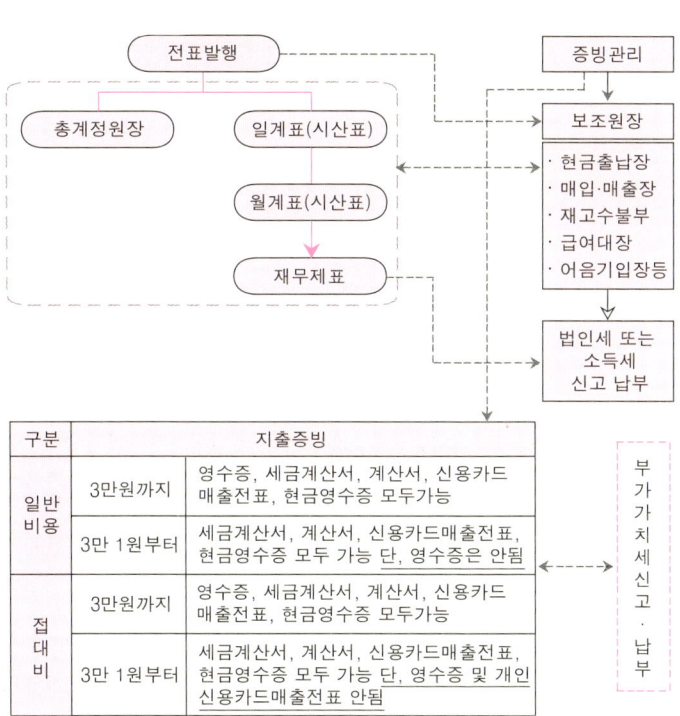

> **주의** 증빙은 별도의 증빙철을 만들어 날짜별로 순서대로 철하여 이를 주 단위 또는 월 단위로 별도로 보관을 하고, 별도의 전산 데이터를 관리하거나 해당 전표의 뒷면에 해당 증빙을 붙여서 기간별로 보관을 한다.

> **주의** 보조원장은 일반적으로 회사에서 관리목적상 편의에 따라 만들어 사용하는 것으로 일정한 형식이나 법적인 제재는 없다.

03 전표가 무엇이고, 왜 발행해야 하나요?

전표는 '전표'라는 글자가 인쇄되어 있는 용지에 불과하다. 전표에는 입금전표, 출금전표, 대체전표가 있지만 꼭 입금전표, 출금전표, 대체전표 등 3가지 전표를 사용해야 하는 것은 아니다. 이는 전통적으로 많이 사용을 하고 있는 전표제도로서 3가지 종류의 전표로 구성이 되어 있다고 하여 3전표제라고 한다.

그러나 현재 실무에서는 종이도 많이 들고 기업 전산화에 따라 일일이 3장의 전표에 그 내역을 적기가 귀찮고 힘들기 때문에 하나의 전표를 많이 사용하고 있다. 이를 1전표제라고 하며, '분개전표' 또는 '○○전표'로서 모든 거래를 하나의 전표에 적어 사용하는데, 그 명칭과 형식에 일정한 틀이 있는 것은 아니다.

 전표는 일정한 형식이 있나?

전표도 세금계산서나 영수증 같이 법으로 정해진 일정한 형식이 있을까? 그렇지는 않다. 전표는 복식부기의 취지에 따라 이를 원활히 하기 위해 실무에서 고안해낸 것으로, 이는 동시다발적인 거래를 여러 사람이 동시에 적을 수 있고 이것이 모이면 장부의 역할이 가능하기 때문에 많은 기업에서 가장 기본적인 장부로 이용하고 있다. 따라서 형식에 제한 없이 회사의 사정에 맞게 전표를 만들어 사용해도 된다.

● 전표는 몇 년간 보관을 하나?

전표는 상법상 상업장부로서 5년간 보관을 하도록 하고 있다.

● 전표는 왜 발행하나?

전표는 거래가 발생할 때마다 일정한 양식에 따라 거래내역을 기재하여 그 내용을 관계자에게 통지하고, 그와 동시에 담당자가 그 거래의 처리에 관한 책임을 명확히 하기 위해 사용하는 양식이다. 즉, 분개내역을 거래별로 각각 분리하여 기록한 종이를 말한다.

전표제도는 다음과 같은 장점으로 인하여 대부분의 회사에서 사용하고 있다.

① 동시다발로 발생하는 거래를 거래의 각 과·계별로 분담하여 처리할 수 있다.

② 전표집계표(일계표 또는 월계표)를 사용하여 전기(장부에서 장부로 옮겨 적는 것)의 횟수를 줄일 수 있다.

③ 전표를 분개장 대신 사용할 수 있어 장부조직을 간소화할 수 있다.

④ 발생한 거래의 내용을 다른 과·계에 쉽게 전달할 수 있다.

⑤ 결제 과정을 통하여 책임 소재를 명확히 하고 장부검사의 수단으로 이용할 수 있다.

그러나 이와 같은 장점에도 불구하고 점차 컴퓨터를 이용한 회계 시스템의 개발로 다수의 거래 내역에 대한 일괄처리가 가능해짐에 따라 다시 분개장이 등장하고 있는 추세이다.

총계정원장과 보조부

총계정원장은 계정과목별로 거래내역을 집계해 둔 장부를 말한다. 예를 들어 현금에 대한 거래내역을 알고 싶을 때 일일이 전표를 뒤지는 것보다 같은 내역을 집계해 놓은 장부를 보는 것이 좋은데, 이 역할을 하는 것이 총계정원장이다.

그리고 보조부는 거래의 내역을 파악하는데 필요하여 보조적으로 작성하는 장부를 말한다. 즉, 현금출납장이나 어음기입장 등 내부적으로 관리 목적상 만든 장부를 말한다.

* Tip 세금계산서를 수취·교부했을 경우 발생주의에 의해 전표처리를 하는 이유

'발생주의'란 기업에서 손익을 월별, 분기별, 반기별로 결산할 때 해당 수익과 비용이 '발생한 시점'을 기준으로 기록·보고하는 것을 말한다. 이때 '발생주의'에 의한 수익은 '현금'을 수반하지 않더라도 반드시 상품·제품의 인도기준 및 용역(서비스) 제공(매출시점)과 동시에 기재해야 한다.

이에 소요되는 '비용'도 마찬가지로 현금 수반과 관계없이 재화·용역을 사용한 시점에 기재해야 한다.

이처럼 회사의 손익을 계산함에 있어서 매출이 발생했지만 현금이 들어오지 않았거나(외상매출), 현금지출이 발생하지 않은 비용(미지급비용, 미지급금, 외상매입금 등)이라도 발생한 시점을 기준으로 기록·보고하는 것을 '발생주의'라고 한다.

반대로 '현금주의'란 해당 회사의 손익을 일정 기간의 현금수입에서 현금지출분을 차감한 금액으로 표시·기록하는 것을 말한다.

내가 발행할 전표 선별법

거래가 발생을 하면 가장 먼저 할 일은 계정과목을 선택하고 전표를 발행하는 일이다.

전표란 거래내용을 요약하여 차변 및 대변의 계정과목과 금액, 거래일자, 거래처, 주요 거래내용 등을 기록하여 내부 결재를 하기 위해 작성되는 서류의 한 종류이다.

전표를 발행하는 종류는 회사마다 다소 차이가 있는데 분개전표 하나만을 사용하는 회사가 있는가 하면, 분개전표 대신 대체전표를 작성하는 회사, 입금전표·출금전표·대체전표 3종류를 작성하는 회사, 매출이나 매입전표를 작성하는 회사 등 그 경우의 수만 해도 여러 가지이다.

이와 같이, 회사마다 전표를 사용하는 방식이 다양한 이유는 전표의 형식이나 작성방법 등이 법적으로 명확히 규정되어 있는 것이 아니라 기업의 실정에 맞게 실무상 편의에 의해 만들어 사용하는 형태를 취하고 있기 때문이다.

이에 실무자들이 가장 많이 사용을 하고 헷갈리는 입금전표, 출금전표, 대체전표 등 3전표를 사용하는 방법에 대해서 그 선별법을 살펴보도록 하겠다.

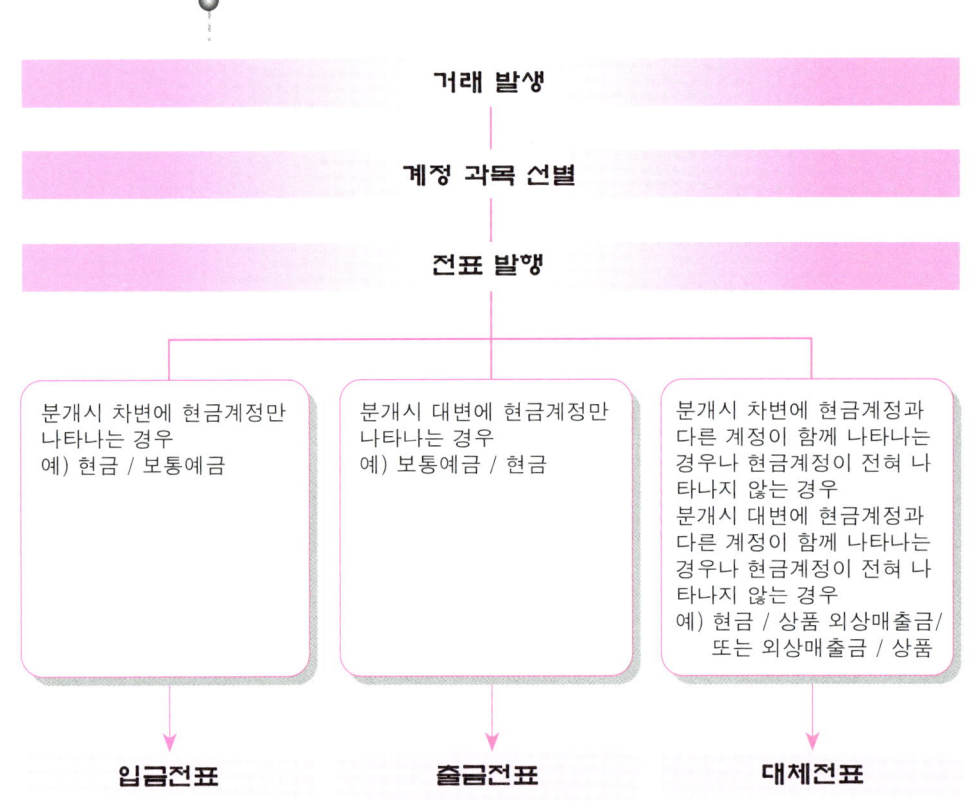

Tip 택배나 퀵 서비스 회사에서 자체 발행한 영수증의 인정 여부

택배비나 퀵 서비스 비용을 지불하는 경우 대부분은 자체적으로 발행하는 영수증을 수취하게 되는데, 이 경우 간이과세자인 운수업자로부터의 운송용역은 정규지출증빙수취의무규정 예외 항목으로서 가산세 문제는 없으나, 퀵 서비스(표준산업분류상 통신업)는 운수업에 해당하지 않으므로 건당 3만원을 초과하면 반드시 세금계산서나 신용카드매출전표를 수취해야 가산세가 없다.

따라서 한국표준산업분류상 소포송달업(코드번호 64120)으로 분류되는 택배업을 영위하는 사업자로부터 용역을 공급받고 그 대가를 지급한 경우 건당 3만원을 초과하여 지출한다면 반드시 세금계산서나 신용카드매출전표를 수취해야 가산세가 없다.

05

전표는 사용하는 전표에 따라 3전표제와 1전표제로 구분되는데 3전표제는 입금전표, 출금전표, 대체전표를 사용하는 것을 말하며, 1전표제는 대체전표 또는 분개전표라는 명칭의 하나의 전표만을 사용하는 것을 말한다.

그리고 전표는 그 명칭이나 양식을 회사의 사정에 맞게 개량하거나 만들어 사용을 해도 법적으로 아무런 문제가 없다.

1전표제

1전표제는 '분개전표' 또는 '○○전표' 라는 하나의 전표를 사용하는 것으로, 분개전표란 거래 내용을 보통 분개장과 같은 형식으로 기입할 수 있도록 고안된 전표로서 하나의 전표에 모든 거래 내역을 기록하게 된다. 그리고 이를 순서대로 철하면 분개장과 같은 역할을 한다.

예를 들어, (주)교학사는 전자부품을 제조·판매하는 회사로서 20XX년 X월 X일 컴퓨터용 부품을 500만원(10,000개 × @500원)에 판매하고 대금 중 200만원은 현금으로 받고 나머지는 3개월 만기 어음으로 받았다(부가가치세는 별도로 현금으로 받음). 이 경우 전표는 다음과 같이 작성한다.

- 현금　　　　2,500,000　　　● 재고자산　　　　5,000,000
- 받을어음　　3,000,000　　　● 부가세예수금　　　500,000

분개전표 20XX년 X월 X일						계	과장	부장
계정과목	원면	금액			계정과목	원면	금액	
현　금		2 5 0 0 0 0 0	재고자산		5 0 0 0 0 0 0
받을어음		3 0 0 0 0 0 0	부가세예수금		5 0 0 0 0 0
합　계		₩ 5 5 0 0 0 0 0	합　계		₩ 5 5 0 0 0 0 0
적　요	컴퓨터용 부품 10,000개(@500원) 판매

[작성 방법]

① 차변의 계정 과목과 금액란에는 거래를 분개한 내용 중 차변 계정 과목과 금액을 기입한다.

② 대변의 계정 과목과 금액란에는 거래를 분개한 내용 중 대변 계정 과목과 금액을 기입한다.

③ 원면란에는 해당 계정의 원장 번호 또는 면 수를 기입한다.

④ 적요란에는 거래 내용을 간단하게 기입한다.

⑤ 일자란에는 거래 발생 날짜를 기입한다.

⑥ 합계란에는 차변과 대변의 합계를 표시하고 빈칸이 있을 경우에는 차후의 분식을 방지하기 위하여 사선을 긋는다.

⑦ No.란에는 거래 발생 순서에 따른 거래 기장순서를 적으며, 이는 전표의 페이지 역할을 하기도 한다.

3전표제

3전표제는 입금전표, 출금전표, 대체전표의 3가지 전표를 사용하는 것으로, 그 내용을 살펴보면 다음과 같다.

1. 입금전표

입금전표는 현금이 들어오는 거래를 기입하는 전표이다. 입금전표의 차변은 항상 현금이므로 입금전표상의 계정 과목에는 대변계정만 적는다.

이때 유의할 사항은 입금의 상대 계정 과목이 두 개이면 두 장의 전표를 작성해야 한다는 점이다.

예를 들어, (주)교학사가 20XX년 X월 X일 컴퓨터용 부품 500만원(10,000개 × @500원)을 (주)경영에 판매하고 대금을 현금으로 받았다고 하자(부가가치세(VAT)는 별도로 현금으로 받음). 이 경우 전표는 다음과 같이 작성한다.

- 현금 5,500,000　　● 부가세예수금 500,000
- 상품 5,000,000

입 금 전 표 20XX년 X월 X일											사 장
과 목	재고자산	항 목	상품								부 장
적 요				금　　　액							과 장
(주)경영 컴퓨터용 부품 10,000개 납품					5	0	0	0	0	0	0
											담 당
합　　계				₩	5	0	0	0	0	0	0

입 금 전 표 20XX년 X월 X일											사 장
과 목	유동부채	항 목	부가세예수금								부 장
적 요				금　　　액							과 장
(주)경영 5,000,000원×10%						5	0	0	0	0	0
											담 당
합　　계				₩		5	0	0	0	0	0

※ 위의 입금전표는 종류를 쉽게 구별할 수 있도록 붉은색으로 인쇄되어 있다.

[작성 방법]

① 일자란 : 판매한 연월일을 기입한다.

② 항목란 : 상대 계정 과목을 기입한다.

③ 적요란 : 정확하게 알 수 있도록 상세한 거래의 내용을 기입한다.
(주)경영이라는 판매처의 상호를 기입한다.

④ 금액란 : 500만원의 공급가액과 50만원의 VAT를 기입한다.

⑤ 합계란 : 상기한 금액의 합계액을 기입한다.

2. 출금전표

출금전표는 현금이 지급되는 거래를 기입하는 전표이며, 출금전표의 대변은 항상 현금이므로 출금전표상의 계정 과목에는 차변 계정만 적는다. 그러나 만일 다음과 같이 대변의 현금에 대응하는 차변의 계정 과목이 두 개가 나온다면 두 장의 출금전표를 발행해야 하며, 세 개의 계정 과목인 경우 세 장의 출금전표를 발행해야 한다. 예를 들어, 20XX년 X월 X일 복사기 한 대를 190만원에 구입하고 현금으로 지급했다고 하자(부가가치세는 별도로 현금으로 지급함). 이 경우 전표는 다음과 같이 작성한다.

- 비품   1,900,000   • 부가세대급금   190,000
- 현금   2,090,000

과 목	유형자산	항 목	비 품						
적 요			금 액						
복사기 구입				1	9	0	0	0	0
합 계			₩	1	9	0	0	0	0

출금전표
20XX년 X월 X일

사장 / 부장 / 과장 / 담당

과 목	유동자산	항 목	부가세대급금					
적 요			금 액					
복사기 구입 부가가치세				1	9	0	0	0
합 계			₩	1	9	0	0	0

출 금 전 표
20XX년 X월 X일

※ 위의 출금전표는 종류를 쉽게 구별할 수 있도록 청색으로 인쇄되어 있다.

[작성 방법]

① 일자란 : 매입한 연월일을 기입한다.

② 항목란 : 상대 계정 과목을 기입한다.

③ 적요란 : 정확하게 알 수 있도록 상세한 거래의 내용을 기입한다. 이때 매입처의 상호를 기입한다.

④ 금액란 : 매입가액과 VAT를 기입한다.

⑤ 합계란 : 상기한 금액의 합계액을 기입한다.

3. 대체전표

대체전표는 현금의 수입과 지출 등의 변동이 없는 거래(대체거래)를 기입하는 전표이다. 대체거래는 전부대체거래(=전부비현금거래)와 일부대체거래(=일부현금거래)로 분류된다. 그리고 상품을 판매하고 일부는 현금으로 받고 일부는 외상으로 하는 등의 거래(일부 현금거래)를 기록하기도 한다.

예를 들어, (주)교학사가 20XX년 X월 X일 (주)경영에게 상품을 400만원에 매출하고 어음을 받은 경우(부가가치세 별도) 전표는 다음과 같이 작성한다.

경리업무를 겸직하는 사장이 꼭 알아야 할 창업회계

- 받을어음　　4,400,000
- 재고자산　　4,000,000
- 부가세예수금　400,000

대 체 전 표 20XX년 X월 X일								계		주임		과장	
계정 과목	금　　액						계정과목	금　　액					
받을어음		4	4	0	0	0	0	0	재고자산	4	0	0	0	0	0	0
								부가세예수금		4	0	0	0	0	0
합　계	₩	4	4	0	0	0	0	0	합　계	₩	4	4	0	0	0	0	0
적　요	(주)경영에게 상품 4,000,000원 매출												

[작성 방법]

① 차변의 금액과 계정 과목란에는 거래를 분개한 내용 중 차변 계정 과목과 금액을 기입한다.

② 대변의 금액과 계정 과목란에는 거래를 분개한 내용 중 대변 계정 과목과 금액을 기입한다.

③ 적요란에는 거래 내용을 간단하게 적는다.

④ 일자란에는 거래 발생 날짜를 적는다.

⑤ 합계란에는 차변과 대변의 합계를 표시하며, 빈 칸이 있을 경우에는 차후의 분식을 방지하기 위하여 사선을 긋는다.

⑥ No.란에는 거래 발생 순서에 따른 거래기장 순서를 적으며, 이는 전표의 페이지 역할을 한다.

06 전표 작성시 과목란에 적는 계정과목에는 무엇이 있나요?

· 통화대용증권
통화대용증권이란 현금과 같이 사용할 수 있는 유가증권을 말한다.

· 당좌예금
당좌예금은 운영자금을 은행에 예입하고 은행으로 하여금 영업상의 지급을 맡게 하여 현금지급의 착오나 도난을 방지하기 위한 예금으로써 이자가 붙지 않는 것이 특징이다. 즉, 은행과의 당좌약정계약에 의하여 당좌차월약정액 범위내에서 당좌수표 또는 어음을 발행하고, 수표·어음의 대금은 은행이 지급하게 되는 예금이다.

· 보통예금
보통예금은 가장 일반적인 예금으로서 예입과 인출을 자유로이 할 수 있는 통장식 은행예금이다. 기업에 있어서는 영업상의 입금이나 소액자금의 거래계좌로써 이용된다.

 대차대조표 계정과목

대차대조표	
Ⅰ. 유동자산	Ⅰ. 부채
1. 당좌자산	1. 유동부채
2. 재고자산	2. 비유동부채
Ⅱ. 비유동자산	Ⅱ. 자본
1. 투자자산	1. 자본금
2. 유형자산	2. 자본잉여금
3. 무형자산	3. 자본조정
4. 기타 비유동자산	4. 기타포괄손익누계액
	5. 이익잉여금(또는 결손금)

1. 자산

자산은 자신(또는 기업)이 가지고 있는 재산의 총액을 말한다. 즉 자신의 돈(자본)과 남에게 빌린 돈(부채)의 합계액을 말한다. 기업회계기준상 자산은 유동자산과 비유동자산으로 분류하도록 하고 있다.

① 유동자산

유동자산이란 1년 또는 정상적인 영업주기 내에 현금화 또는 실현될 것으로 예상되는 자산으로서 당좌자산과 재고자산으로 분류된다.

㉠ 당좌자산

당좌자산은 유동자산으로 분류되는 자산 중 재고자산에 속하지 아니하는 자산으로 기업이 원할 경우 즉각적인 현금화가 이루어질 수 있는 자산을 말하며, 그 종류는 다음과 같다.

· 사채
사채란 주식회사가 거액의 자금을 다수인으로부터 조달하기 위하여 발행하는 채권을 말한다.

· 국 · 공채
국공채란 국가나 지방정부도 민간기업과 같이 자금조달이나 정책집행 을 위해 만기가 정해진 채무증서이다.

구분	내용
현금 및 현금 성자산	1. 현금 및 현금성자산 현금 및 현금성자산은 통화 및 타인발행수표 등 통화대용증권과 당좌예금, 보통예금 및 큰 거래비용 없이 현금으로 전환이 용이하고 이자율 변동에 따른 가치변동의 위험이 중요하지 않은 금융상품으로서 취득당시 만기일(또는 상환일)이 3개월 이내인 것을 말한다. 예) 통화 및 타인발행수표, 보통예금, 당좌예금, 우편환증서, 기일도래공사채 이자표, 배당금지급통지표, 지점전도금, 가계수표, 송금환, 자기앞수표, 타인이 발행한 당죄수표 2. 보통예금 보통예금은 가장 일반적인 예금으로서 예입과 인출을 자유로이 할 수 있는 수시입출금식 은행예금이다. 기업에 있어서는 영업상의 입금이나 소액자금의 거래계좌로 이용된다. 예) 보통예금 통장에서의 입출금, 받을어음 만기나 할인시 보통구좌 입금액, 보통예금 통장에서의 이자수익 발생액 3. 당좌예금 당좌예금은 운영자금을 은행에 예입하고 은행으로 하여금 영업상의 지급을 맡게 하여 현금지급의 착오나 도난을 방지하기 위한 예금으로써 이자가 붙지 않는 것이 특징이다. 즉, 은행과의 당좌약정계약에 의하여 당좌차월 약정액 범위내에서 당좌수표 또는 어음을 발행하고, 수표 · 어음의 대금은 은행이 지급하게 되는 예금이다. 예) 당좌예금 통장에서의 입출금, 당좌수표 결제(당좌차월 약정이 없는 경우)

	4. 외화예금 외화예금은 자국통화 이외의 외국통화를 대상으로 하는 외국환거래를 처리하기 위하여 설정하는 계정이다. 즉 자국통화에 의한 예금을 처리하는 계정으로서 주로 외국과의 무역거래에 대한 지급수단으로 이용되고 있다. 외화통화에도 당좌예금, 보통예금 등 여러 종류의 예금이 있으므로 외국화폐별로 계정과목을 설정해도 된다. 그리고 회계처리에 있어서는 일반적인 당좌예금 또는 보통예금과 같이 앞에 외화자만 붙여서 외화보통예금/수출매출 등으로 분개를 하면 된다.
단기투자자산	단기투자자산은 기업이 여유자금의 활용 목적으로 보유하는 단기예금, 단기매매증권, 단기대여금 및 유동자산으로 분류되는 매도가능증권과 만기보유증권 등의 자산을 포함한다. 1. 단기예금 : 금융기관이 취급하는 정기예금·정기적금·사용이 제한되어 있는 예금 및 기타 정형화된 상품 등으로 단기적 자금운용 목적으로 소유하거나 기한이 1년 내에 도래하는 것을 말한다. 이때 사용이 제한되어 있는 예금에 대해서는 그 내용을 주석으로 기재한다. 예) 정기예금, 정기적금, 양도성 예금증서(CD), 예금관리계좌(CRM), 기업어음(CP), 환매체(RP), 사용이 제한되어 있는 예금 1-1. 정기예금 정기예금은 일정기간 예를 들어 6개월, 1년, 2년 단위로 예금자의 희망에 따라 미리 정하여 예금하고 그 기간 중에는 지급하지 않는다는 내용의 예금이다. 이는 은행측에서 안심하고 해당 기간 동안에 자금을 운영할 수 있으므로 대체로 다른 예금에 비하여 이자율이 높다. 1-2. 정기적금 정기적금은 예금주가 일정한 기간을 정하여 매월 납입하기로 한 일정한 금액을 예금하는 것을 말한다. 2. 단기매매증권 : 단기매매증권은 단기적인 매매차익을 목적으로 매수와 매도가 적극적이고 빈번하게 이루어지는 유가증권을 말한다.

3. 단기대여금 : 상대방에게 차용증서나 어음을 받고 금전을 빌려준 경우로서 그 회수가 1년 이내에 가능한 경우를 말한다.

예) 주주·종업원·임원 단기대여금, 주택자금단기융자

4. 매도가능증권 : 매도가능증권은 매도가 목적은 아니지만 매도를 할 수도 있는 유가증권을 말한다(일반적으로 투자자산). 다만, 1년 내에 만기가 도래하거나 또는 매도 등에 의하여 처분할 것이 거의 확실한 매도가능증권은 유동자산으로 분류한다.

매도가능증권은 주로 회사에서 법인명으로 일반 주식을 사는 경우 많이 사용한다.

회사에서 자금을 놀리기 아까워서 삼성전자 주식을 사고 자금이 필요할 때 언제든지 팔겠다고 생각하고 있으면 이것이 "매도가능증권"이다. 매도가능증권은 주로 주식 등과 같이 시장이 형성되어 언제든지 팔 수 있는 증권이 많다.

5. 만기보유증권 : 만기보유증권은 주로 만기까지 보유할 목적으로 사는 주식이나 채권 등의 유가증권을 말한다(일반적으로 투자자산). 다만, 1년 내에 만기가 도래하거나 또는 매도 등에 의하여 처분할 것이 거의 확실한 만기보유증권은 유동자산으로 분류한다.

만기보유증권은 주로 국공채가 많다. 주택공사에서 발행하는 주택기금채권이라든지, 지자체에서 발행하는 지역개발기금채권이라든지 이런 채권은 만기까지 가야 약정 금리로 지정은행에서 매입을 해주기 때문에 만기까지 가져가는 경우가 대부분이다. 그래서 이러한 채권을 구입할 경우 만기보유증권 계정에 넣는다.

[참고] 유가증권 : 주식, 국·공채, 사채 매입대금 및 수수료, 수익증권, MMF

매출채권	매출채권은 일반적 상거래에서 발생한 외상매출금과 받을어음으로 한다. 1. 외상매출금 외상매출금이란 거래처와의 일반적 상거래에서 발생한 영업상의 미수금을 처리하는 계정이다. 일반적으로 거래처가 다양한 경우 거래처별로 외상매출금을 기록·집계하여 매월 일정한 날에 마감하여 청구서를 발송, 대금을 회수하

· 특허권
특허권이란 새로운 제품이나 제조비법 등의 발명이 특허법에 의하여 등록되어 일정기간 독점적·배타적으로 이용할 수 있는 권리를 말한다.

· 실용신안권
실용신안권은 "자연법칙을 이용한 기술적 사상의 창작"으로 물품의 형상구조, 조합을 대상으로 특허청에 출원해 등록함으로써 부여받는 배타적인 전용권이다. 즉, 공업소유권(工業所有權)의 일종으로서 특허(特許)의 목적으로 되지 않는 정도의 발명·고안으로 실용신안법에 의한 등록(登錄)에 의해 그 효력이 생긴다.

· 상표권
상표권이란 동종의 타인상품과 구별하기 위하여 특정상품에 문자, 도형, 기호, 색채 등에 의하여 표상하는 상표의 전용권(專用權)을 말하며, 상표법에 의하여 등록상표·서비스표·단체표장 및 업무표장에 관해 이를 일정기간 독점적·배타적으로 이용할 수 있는 권리이다.

	고 있다. 따라서 다량의 거래처를 효과적으로 관리하기 위해서는 거래처별로 보조부를 별도로 작성하여 관리하는 것이 좋다. 또한 거래처와 수시로 잔액조회를 실시하여 원인불명의 채권이 발생하지 않도록 해야겠다. 예) 신용카드매출, 할부판매채권 2. 받을어음 받을어음이란 일반적 상거래에서 발생한 채권을 어음으로 받고 차후에 동 어음으로 재화나 용역을 수취할 수 있는 권리를 나타내기 위한 계정이다. 어음은 상품이나 제품의 매입이나 매출에 있어서 널리 사용되는데 이렇게 수취한 어음은 수취인의 수중에 만기일까지 보관되어 있는 것이 아니라 할인이나 배서 등에 의하여 현금화 시키는 것이 일반적이다. 즉, 유통성을 가지고 있다. 따라서 어음을 효율적으로 관리하기 위해서는 받을어음기입장 또는 어음기입장 등의 보조기입장을 두어 어음의 관리를 별도로 하는 것이 좋다.
선급비용	선급비용은 아직 제공되지 않은 용역에 대하여 지급된 대가로서 일정기간 동안 특정서비스를 받을 수 있는 권리 또는 청구권을 말한다. 예) 고용보험료·광고료·보증금·보험료·산재보험료·임차료·지급이자 기간미경과분, 임차자산 도시가스설치비용과 인테리어(임차인이 부담시)비용은 장기선급비용으로 처리 후 임차기간동안 나누어서 임차료로 대체처리한다.
이연법인세자산	이연법인세자산은 다음 항목들로 인하여 미래에 경감될 법인세부담액을 말하며, 유동부채로 분류된 이연법인세부채와 상계한 후의 금액으로 한다. ㉠ 차감할 일시적 차이 ㉡ 이월공제가 가능한 세무상 결손금 ㉢ 이월공제가 가능한 세액공제 및 소득공제 등
기타	기타는 별도 구분표시하지 않는 당좌자산으로 한다. 만약, 상기 예시와 같이 당좌자산을 구분표시하는 경우 '기타'에는 미수수익, 미수금, 선급금 등이 포함될 수 있다. 1. 미수수익 미수수익은 기업이 외부에 용역을 제공하고 그 대가로서 당기에 이

루어져야 하는 수익 중 수취하지 못한 수익을 말한다.

예) 국·공채이자 미수, 국·공채의 보유로 인한 기간경과 이자, 미수수익, 사채이자 미수, 예금·적금이자 미수, 임대료 미수, 정기예금 기간경과로 발생한 이자, 정기적금 기간이자로 발생한 이자

2. 미수금

미수금은 기업의 고유한 사업 이외의 사업에서 발생되는 미수채권을 말한다(비교 : 기업 고유의 사업에서 발생하는 미수채권은 매출채권으로 처리한다).

예) 갑근세(환급받을 갑근세·연말정산 환급액 등), 건강보험료환급액, 건물의 처분 후 대금 미수취액, 계약파기 후 반환받지 못한 계약금, 부가가치세환급액, 공사대금 미수액(공사미수금)

3. 선급금

선급금은 상품이나 제품 등의 재고자산 구입시 납품에 앞서 대금의 일부 또는 전부를 지급하는 금액을 말한다.

예) 계약금, 수입부담금, 임차 계약금

4. 부가가치세대급금

부가가치세대급금은 부가가치세를 부담하는 일반과세자의 경우 물건이나 용역을 구입할 때 상대방에게 지불하는 부가가치세 부담분을 인식하는 계정과목이다.

5. 선납세금

선납세금은 주로 소득세나 법인세의 중간예납세액, 원천징수세액 등 미리 낸 세금을 처리하는 계정과목이다.

6. 가지급금

가지급금은 주로 임직원의 가불 등 그 내용이 명확하지 않은 가지급금액으로서 이는 그 계정이 밝혀지면 해당 계정으로 대체를 해야 하며, 밝혀지지 않을 경우에는 가져간 사람의 단기대여금이 된다.

7. 전도금

전도금은 사업장이 다수인 경우 사업장의 운영비와 관련하여 지급하는 금액을 처리하는 계정이다(공장, 사무소, 대리점 등 운영비).

자산 중 중요한 항목은 대차대조표 본문에 별도 항목으로 구분하여 표시한다. 중요하지 않은 항목은 성격 또는 기능이 유사한 항목에 통합하여 표시할 수 있으며, 통합할 적절한 항목이 없는 경우에는 기타항목으로 통합할 수 있다. 즉, 중요한 경우에는 위와 같이 각각의 계정과목으로 표시를 하나 중요하지 않은 경우에는 6번 항목의 경우 기타(미수금+미수수익+선급금)로 통합하여 표시할 수 있다.

ⓛ 재고자산

재고자산은 기업의 정상적인 영업과정에서 판매를 위하여 보유하거나 생산과정에 있는 자산 및 생산 또는 서비스 제공과정에 투입될 원재료나 소모품의 형태로 존재하는 자산을 말하며, 재고자산 내에 별도 표시하는 항목의 예는 다음과 같다.

구분	내용
상품	상품은 판매를 목적으로 구입한 상품·미착상품·적송품 등으로 하며, 부동산매매업에 있어서 판매를 목적으로 소유하는 토지·건물 기타 이와 유사한 부동산은 이를 상품에 포함하는 것으로 한다. 1. 미착상품 미착상품은 외국 등 먼 곳에서 상품을 매입해서 수송 중에 있는 상품을 수중에 있는 상품과 구별하기 위해 사용하는 계정으로 주로 무역업에서 사용하는 계정과목이다. 2. 적송품 적송품은 위탁판매를 위해 먼 지방의 상인이나 회사에 상품을 보냈을 경우 동 상품을 처리하는 계정과목이다.
제품	제품은 판매를 목적으로 제조한 생산품·부산물 등으로 한다. 1. 부산물 부산물은 기업이 판매를 목적으로 생산하는 주요제품의 생산과정에서 필연적으로 파생하는 것으로 제품에 비하여 그 판매가치나 중요성이

	떨어지는 것으로 그대로 또는 가공한 다음 판매하거나 이용할 수 있는 것을 말한다. 2. 작업폐물 작업폐물은 제품의 제조과정에서 소비된 재료로부터 발생하는 폐물로서 경제적 가치가 있는 것을 말한다.
반제품	반제품은 자가 제조한 중간제품과 부분품 등으로 한다. 즉, 반제품은 제품이 2개이상의 공정을 거쳐서 완성되는 경우에 1개 또는 수개의 공정을 종료하였으나 아직 미완성제품의 단계에 있는 중간생산물을 처리하는 계정이다. 완성품은 아니지만 그대로 매각되든지 또는 다음의 공정에 투입할 수 있는 물품을 처리하는 것이다.
재공품	재공품은 제품 또는 반제품의 제조를 위하여 재공 중 또는 가공과정에 있는 것을 말한다.
원재료	원재료는 원료 · 재료 · 매입부분품 · 미착원재료 등으로 한다. 1. 매입부분품 매입부분품은 타기업으로부터 구입한 부품을 가공하지 않고 구입한 상태 그대로 제품 또는 반제품에 부착하는 물품을 말한다.
저장품	저장품(또는 소모품)은 생산과정이나 서비스를 제공하는데 투입될 소모품, 소모공구기구, 비품 및 수선용 부분품 등의 저장품을 말한다.
기타	기타는 별도 구분표시하지 않는 재고자산으로 한다.

② 비유동자산

비유동자산은 유동자산에 속하지 않는 자산으로 1년 또는 정상적인 영업주기 내에 현금화 또는 실현될 것으로 예상되지 않는 자산을 말한다.

㉠ 투자자산

투자자산은 기업이 장기적인 투자수익이나 타기업 지배목적 등의 부수적인 기업활동의 결과로 보유하는 자산을 말하며, 투자자산 내에 별도 표시하는 분류 항목의 예는 다음과 같다.

구분	내용
1. 투자부동산	투자부동산은 영업활동에 사용하지 않는 토지와 설비자산으로 한다.
장기투자증권	장기투자증권은 비유동자산으로 분류되는 매도가능증권과 만기보유증권으로 한다. 장기투자증권은 금액이 중요하지 않은 경우 기타로 공시한다. 1. 장기금융상품 유동자산에 속하지 아니하는 금융상품으로 사용이 제한되어 있는 예금에 대해서는 기타로 처리한다. 2. 매도가능증권 매도가능증권은 매도가 목적은 아니지만 매도를 할 수도 있는 유가증권을 말한다(일반적으로 투자자산). 다만, 1년 내에 만기가 도래하거나 또는 매도 등에 의하여 처분할 것이 거의 확실한 매도가능증권은 유동자산으로 분류한다. 매도가능증권은 주로 회사에서 법인명으로 일반 주식을 사는 경우 많이 사용한다. 회사에서 자금을 놀리기 아까워서 삼성전자 주식을 사고 자금이 필요할 때 언제든지 팔겠다고 생각 하고 있으면 이것이 "매도가능증권"이다. 매도가능증권은 주로 주식 등과 같이 시장이 형성되어 언제든지 팔수 있는 증권이 많다. 3. 만기보유증권 만기보유증권은 주로 만기까지 보유할 목적으로 사는 주식이나 채권 등의 유가증권을 말한다(일반적으로 투자자산). 다만, 1년 내에 만기가 도래하거나 또는 매도 등에 의하여 처분할 것이 거의 확실한 만기보유증권은 유동자산으로 분류한다. 만기보유증권은 주로 국공채가 많다. 주택공사에서 발행하는 주택기금채권이라든지, 지자체에서 발행하는 지역개발기금채권이라든지 이런 채권은 만기까지 가야 약정 금리로 지정은행에서 매입을 해주기 때문에 만기까지 가져가는 경우가 대부분이다. 그래서 이러한 채권을 구입할 경우 만기보유증권 계정에 넣는다. [참고] 유가증권 : 주식, 국·공채, 사채 매입대금 및 수수료, 수익증권, MMF
지분법적용투자주식	지분법적용투자주식은 피투자회사에 대하여 중대한 영향력을 행사할 수 있는 지분증권으로 한다.

구분	내용
장기대여금	장기대여금은 기업의 여유자금을 타인에게 대여하는 경우에 그 회수기간이 대차대조표일로부터 1년 이내에 도래하지 않는 것을 말한다.
기타	기타는 별도 구분표시하지 않는 투자자산으로 한다. 만약, 상기 예시와 같이 투자자산을 구분표시하는 경우 '기타'에는 설비확장 및 채무상환 등에 사용할 특정목적의 예금이 포함될 수 있다.

ⓒ 유형자산

유형자산은 재화의 생산이나 용역의 제공, 타인에 대한 임대 또는 자체적으로 사용할 목적으로 보유하는 물리적 형체가 있는 자산으로서 1년을 초과하여 사용할 것이 예상되는 비화폐성 자산을 말하며, 유형자산 중 별도표시 하는 분류 항목의 예는 다음과 같다.

구분	내용
토지	토지는 기업이 자신의 영업목적을 위하여 영업용으로 사용하고 있는 부지로서 대지, 임야, 전답, 잡종지 등을 말한다. 예) 공장, 사무소, 주차장, 사택, 운동장 등의 부지 및 개발부담금
설비자산	설비자산은 생산 및 판매활동을 위해 보유하고 있는 건물(건물, 냉난방, 전기, 통신 및 기타의 건물부속설비 등을 말한다), 구축물과 기계장치로 한다. 1. 건물 건물이란 토지위에 건설된 공작물로써 지붕이나 둘레 벽을 갖추고 있는 사무실, 점포, 공장 및 냉난방, 전기, 통신, 조명, 통풍 및 이에 부수되는 설비도 포함한다. 예) 공장, 사무실, 영업소, 기숙사, 사택, 차고, 창고, 건물 부속설비, 점포 등과 건물 본체 이외에 이에 부수되는 전기시설, 배수, 급수, 위생 세면대, 가스설비, 냉난방 보일러, 승강기 및 감리료, 건설기간 중의 보험료, 건설자금이자, 등록세, 취득세 등 2. 구축물 구축물은 토지위에 정착된 건물 이외에 선거, 교량, 안벽, 부교, 궤도,

	저수지, 갱도, 굴뚝, 정원설비 및 기타의 토목설비 또는 공작물 등으로 한다. 예) 화단, 가로등, 다리, 정원, 철탑, 포장도로, 가스저장소, 갱도, 건물 취득시 내부인테리어 비용(임차인), 교량, 굴뚝, 궤도 3. 기계장치 기계장치는 동력 등의 힘을 이용하여 물리적 화학적으로 원·부재료를 가공제품으로 변환시키는 각종 제조설비 또는 작업장치를 말한다. 예) 가반식 컨베어, 공작기기, 기중기, 디젤파일햄머, 배사관, 베처플랜트, 아스팔트플랜트, 측량용 카메라, 콘베어(컨베이어)
건설중인자산	건설중인자산은 유형자산의 건설을 위한 재료비, 노무비 및 경비로 하되, 건설을 위하여 지출한 도급금액을 포함한다. 또한, 유형자산을 취득하기 위하여 지출한 계약금 및 중도금도 유동자산 중 당좌자산의 '선급금'이 아닌 비유동자산 중 유형자산의 "건설중인자산"으로 계상하여야 함에 유의한다.
기타	"기타"는 별도 구분표시하지 않는 유형자산으로 한다. 만약, 상기 예시와 같이 유형자산을 구분표시하는 경우 '기타'에는 차량운반구, 선박, 비품, 공기구 등 기타자산이 포함될 수 있다. 1. 차량운반구 철도차량, 자동차 및 기타의 육상운반구 등을 말한다. 2. 선박 선박이란 일반적으로 여객선이나 화물선 및 어선 등의 수상운반구로서 사람이나 물건 등을 실어 해상에서 운반하는 것들을 총칭한다. 3. 비품 비품계정은 내용연수가 1년 이상이고 일정금액 이상의 사무용 비품의 증감변동상황을 처리하는 계정으로서 유형자산에 속한다. 그러나 그 금액이 소액인 경우에는 이를 소모품비로 처리를 한 후 기말에 남은 것에 대하여는 저장품 계정으로 대체해야 한다. 4. 공기구 공기구계정은 기업이 소유하고 있으면서 자기의 경영목적을 위하여 사용하고 있는 내용연수 1년 이상인 제조용 제공구와 제기구를 처리하는 계정이다.

ⓒ 무형자산

무형자산은 재화의 생산이나 용역의 제공, 타인에 대한 임대 또는 관리에 사용할 목적으로 기업이 보유하고 있으며, 물리적 형체가 없지만 식별가능하고, 기업이 통제하고 있으며, 미래 경제적 효익이 있는 비화폐성자산을 말하며, 무형자산 중 별도표시 하는 소분류 항목의 예는 다음과 같다.

구분	내용
영업권	합병·영업양수 및 전세권취득 등의 경우에 유상으로 취득한 것으로 한다(구기준 제20조 제1호). 즉 매수원가 중 매수일 현재 피매수회사로부터 취득한 식별가능한 순자산의 공정가액에 대한 매수회사의 지분을 초과하는 부분을 말한다.
산업재산권	일정기간 독점적·배타적으로 이용할 수 있는 권리로서 특허권, 실용신안권, 디자인권, 상표권, 상호권 및 상품명 등으로 한다.
개발비	개발단계에서 발생한 지출로 다음 조건을 모두 충족하는 것으로 한다. ① 무형자산을 사용 또는 판매하기 위해 그 자산을 완성시킬 수 있는 기술적 실현가능성을 제시할 수 있다. ② 무형자산을 완성해 그것을 사용하거나 판매하려는 기업의 의도가 있다. ③ 완성된 무형자산을 사용하거나 판매할 수 있는 기업의 능력을 제시할 수 있다. ④ 무형자산이 어떻게 미래 경제적 효익을 창출할 것인가를 보여줄 수 있다. 예를 들면, 무형자산의 산출물, 그 무형자산에 대한 시장의 존재 또는 무형자산이 내부적으로 사용될 것이라면 그 유용성을 제시하여야 한다. ⑤ 무형자산의 개발을 완료하고 그것을 판매 또는 사용하는 데 필요한 기술적, 금전적 자원을 충분히 확보하고 있다는 사실을 제시할 수 있다. ⑥ 개발단계에서 발생한 무형자산 관련 지출을 신뢰성 있게 구분하여 측정할 수 있다.

	[개발비 취득원가] 개발비의 취득원가는 그 자산의 창출, 제조, 사용준비에 직접 관련된 지출과 합리적이고 일관성 있게 배분된 간접 지출을 모두 포함한다. 취득원가에 포함되는 항목과 포함되지 않는 항목의 예는 다음과 같다. 1. 취득원가에 포함되는 항목의 예 ① 무형자산의 창출에 직접 종사한 인원에 대한 급여, 상여금, 퇴직급여 등의 인건비 ② 무형자산의 창출에 사용된 재료비, 용역비 등 ③ 무형자산의 창출에 직접 사용된 유형자산의 감가상각비와 무형자산(특허권, 라이센스 등)의 상각비 ④ 법적 권리를 등록하기 위한 수수료 등 무형자산을 창출하는 데 직접적으로 관련이 있는 지출 ⑤ 무형자산의 창출에 필요하며 합리적이고 일관된 방법으로 배분할 수 있는 간접비(건물 등 유형자산의 감가상각비, 보험료, 임차료, 연구소장 또는 연구지원실 관리직원의 인건비 등) ⑥ 자본화대상 금융비용 2. 취득원가에 포함될 수 없는 항목의 예 ① 판매비, 관리비, 기타 간접 지출(다만, 무형자산의 사용준비에 직접 기여하는 경우는 제외함) ② 무형자산이 계획된 성과를 달성하기 전에 발생한 명백한 비효율로 인한 손실 및 초기단계의 운용손실 ③ 무형자산을 운용하는 직원의 훈련과 관련된 지출
4.기타	기타는 별도 구분표시하지 않는 무형자산으로 한다. 만약, 상기 예시와 같이 무형자산을 구분표시하는 경우 기타에는 라이센스와 프랜차이즈, 저작권, 컴퓨터소프트웨어, 임차권리금, 광업권, 어업권 등이 포함될 수 있다. 다만, 이들 항목이 중요한 경우에는 개별 표시한다. 1. 라이센스와 프랜차이즈 라이센스 사용에 대한 대가와 프랜차이즈운영에 따른 권리 등을 말한다. 즉, 다른 기업의 제품을 독점적으로 사용할 수 있는 권리를 말한다. 2. 저작권 출판이나 음반 등 저작권법에 의해 보호되는 저작자의 권리를 말한다.

즉, 저작자가 자기 저작물이 복제·번역·방송·상연 등을 독점적으로 이용할 수 있는 권리를 말한다.

3. 컴퓨터소프트웨어

소프트웨어 구입을 위해 지출한 비용을 말한다. 주의할 점은 소프트웨어의 개발비에 준하여 처리를 한다.

4. 임차권리금

점포 등의 임차시 지급하는 권리금을 말한다. 즉, 토지나 건물 등을 임차할 때 그 이용권을 갖는 대가로 빌려 준 사람에게 보증금 이외에 지급하는 금액을 말한다.

5. 광업권

광업법에 의하여 등록된 일정한 광구에서 등록을 한 광물과 동 광상 중에 부존하는 다른 광물을 채굴하여 취득할 수 있는 권리를 말한다.

6. 어업권

수산업법에 의하여 등록된 일정한 수면에서 어업을 경영할 권리를 말한다.

ⓒ 기타비유동자산

기타비유동자산은 투자자산, 유형자산 및 무형자산에 속하지 않는 비유동자산으로, 별도 표시할 항목의 예는 다음과 같다.

구분	내용
이연법인세자산	기타비유동자산에 포함되는 이연법인세자산은 법인세회계에 관한 기업회계기준에 따라 유동자산으로 분류되는 이연법인세자산을 제외한 부분이다.
기타	기타는 별도 구분표시하지 않는 기타비유동자산으로 한다. 만약, 상기 예시와 같이 기타비유동자산을 구분표시하는 경우 장기매출채권, 보증금(전세권·전신전화가입권·임차보증금 및 영업보증금 등으로 한다), 장기선급비용, 장기미수수익, 장기선급금 및 장기미수금 등이 포함될 수 있다. 이들 자산은 투자수익이 없고 다른 자산으로 분류하기 어려워 기타로 통합하여 표시하되, 이들 항목이 중요한 경우 별도 표시한다.

1. 장기성매출채권

장기성매출채권은 유동자산에 속하지 아니하는 일반적 상거래에서 발생한 장기의 외상매출금 및 받을어음을 말한다. 즉, 어음의 만기일이 대차대조표일로부터 1년 이후에 도래하는 채권을 말한다.

2. 보증금

보증금은 전세권, 전신전화가입권, 임차보증금 및 영업보증금 등을 계상하는 계정이다.

3. 장기선급비용

선급비용은 아직 제공되지 않은 용역에 대하여 지급된 대가로서 일정기간 동안 특정서비스를 받을 수 있는 권리 또는 청구권으로서 유동자산 중 당좌자산에 속하지 않는 선급비용을 말한다.

4. 장기미수수익

기업이 외부에 용역을 제공하고 그 대가로서 당기에 이루어져야 하는 수익 중 수취하지 못한 수익으로서 유동자산 중 당좌자산에 속하지 않는 선급비용을 말한다.

5. 장기선급금

장기선급금은 상품이나 제품 등의 재고자산 구입시 납품에 앞서 대금의 일부 또는 전부를 지급하는 금액으로서 유동자산 중 당좌자산에 속하지 않는 선급금을 말한다.

6. 장기미수금

장기미수금은 기업의 고유한 사업이외의 사업에서 발생되는 미수채권으로서 유동자산 중 당좌자산에 속하지 않는 미수금을 말한다.

2. 부채

부채는 기업이 가지고 있는 총재산 중에서 남으로부터 빌려온 재산을 말하며, 유동부채와 비유동부채로 구분한다.

① 유동부채

유동부채는 대차대조표일로부터 1년 또는 정상 영업주기 내에 상환 등을 통하여 소멸할 것이 예상되는 부채를 말하며, 별도

표시할 소분류 항목의 예는 다음과 같다.

구분	내용
단기차입금	단기차입금은 금융기관 등으로부터 돈을 빌려오고 사용 후 1년 이내에 갚아야 하는 돈과 금융기관으로부터의 당좌차월액을 말한다. 예) 금융기관 차입금, 주주·임원·종업원의 단기차입금, 어음 단기차입금, 당좌차월, 신용카드 현금서비스, 마이너스 통장 마이너스 사용액, 대표자 가수금 등
매입채무	매입채무는 일반적 상거래에서 발생한 외상매입금과 지급어음으로 한다. 1. 외상매입금 외상매입금이란 일반적 상거래에서 발생한 매입처에 대한 채무로써 회사가 재고자산을 구입하고 동 대금을 일정기간 후에 주기로 한 경우를 말한다. 예를 들어 두부를 제조하여 판매하는 회사가 두부 제조용 원재료인 콩을 구입하면서 대금을 1달 후 지급하기로 하였다면 동 대금이 외상매입금이 되는 것이다. 2. 지급어음 지급어음이란 일반적 상거래에서 발생한 어음상의 채무로써 상품 또는 원재료 등의 재고자산을 구입하고 그 대금을 약속어음 등의 어음으로 지급한 경우 이를 말한다. 즉, 위의 외상매입금 예에서 매입 콩대금을 어음을 발행하여 지급한 경우 지급어음으로 처리를 한다.
미지급법인세	미지급법인세란 회계연도말 현재 법인세 등의 미납부액을 말한다. 즉, 회계연도말 현재 당해 회계연도에 부담하여야 할 법인세와 소득할주민세로서 미납부된 금액을 말한다. 미수법인세환급액과 상계한 후의 금액으로 한다. 그리고 기납부한 중간예납세액이나 원천징수세액은 실무상 선급법인세 계정이나 법인세비용 계정으로 처리한다.
미지급비용	미지급비용이란 이미 발생된 비용으로서 아직 지급되지 않은 것을 말한다. 즉 일정한 계약에 따라 계속적으로 용역을 제공받고 있는 경우에 이미 제공받은 용역에 대하여 결산일 현재 아직 그 대가의 지급이 끝나지 않은 경우 동 계정을 처리하는 계정이다. 예) 미지급이자, 미지급사채이자, 미지급급여, 미지급임차료, 미지급보험료 등

· 특별이익
비경상적·비반복적 사건으로 인하여 발생한 이익을 말한다.

· 특별손실
특별손실은 비경상적·비반복적 사건으로 인하여 발생한 손실을 말한다.

이연법인세부채	이연법인세부채는 일시적 차이로 인하여 미래에 부담하게 될 법인세부담액을 말하며, 유동자산 중 당좌자산으로 분류된 이연법인세자산과 상계한 후의 금액으로 한다.
기타	기타는 별도 구분표시하지 않는 유동부채로 한다. 만약, 상기 예시와 같이 유동부채를 구분표시하는 경우 미지급금, 선수금, 선수수익, 예수금, 유동성장기부채, 단기충당부채 등이 포함될 수 있다. 1. 미지급금 미지급금이란 상품이나 제품이 아닌 물품의 구입, 용역의 제공, 개별소비세, 광고료 등과 관련된 지출로서 기업의 일반적 상거래 이외에서 발생한 채무(미지급비용을 제외한다)를 말한다. 2. 선수금 선수금이란 수주공사, 수주품 및 기타 일반적 상거래에서 발생한 선수액을 말한다. 즉, 거래처로부터 상품 또는 제품을 주문받고 제공하기 전에 미리 수취한 대금을 말한다. 3. 선수수익 선수수익은 계약에 따라 대금을 수령하고 결산기말 현재 용역을 제공하지 않은 경우 동 금액에 대하여 처리하는 계정이다. 4. 예수금 예수금이란 일반적 상거래 이외에서 발생한 일시적 제예수액을 말한다. 즉, 예수금은 부가가치세예수금과 같이 기업이 타인으로부터 일단 금전을 받아 수취하고 그 후 타인을 대신하여 제3자에게 금전으로 반환해야 할 채무를 말한다. 5. 유동성장기부채 유동성장기부채란 비유동부채 중 1년 내에 상환될 부채를 말한다. 즉, 장기부채 중 결산일로부터 1년 이내에 상환기간이 도래하는 부채는 유동성장기부채로 대체해야 한다. 6. 단기충당부채 단기충당부채는 과거사건이나 거래의 결과에 의한 현재의무로서 지출의 시기 또는 금액이 불확실하지만 그 의무를 이행하기 위하여 자원이 유출될 가능성이 매우 높고 또한 당해 금액을 신뢰성 있게 추정할 수 있는 "충당부채" 중 대차대조표일로부터 1년 이내에 소멸될 것으로 추정되는 금액으로 한다.

	7. 미지급배당금 미지급배당금은 이익잉여금처분계산서상에 현금배당액으로써 기말에 주주 등으로부터 배당금지급청구가 없어 미지급 상태로 남아 있는 배당금이다. **8. 가수금** : 일시적인 운영자금의 부족으로 임직원에게 자금을 빌리는 경우 이를 처리하는 계정이다.
기타	기타는 비유동부채로서 다른 항목으로 분류하기 어려운 성격의 부채를 모두 통합한 금액으로 한다. 만약, 상기 예시와 같이 비유동부채를 구분표시하는 경우 장기미지급금, 장기선수금, 장기선수수익 등이 포함될 수 있다. 이들 항목이 중요한 경우 개별 표시한다. **1. 장기미지급금** 장기미지급금이란 상품이나 제품이 아닌 물품의 구입, 용역의 제공, 개별소비세, 광고료 등과 관련된 지출로서 기업의 일반적 상거래 이외에서 발생한 채무(미지급비용을 제외한다)를 말하며, 유동부채에 속하지 않는 미지급금을 말한다. **2. 장기선수금** 장기선수금이란 수주공사, 수주품 및 기타 일반적 상거래에서 발생한 선수액을 말한다. 즉, 거래처로부터 상품 또는 제품을 주문받고 제공하기 전에 미리 수취한 대금 중 유동부채에 속하지 않는 선수금을 장기선수금처리한다. **3. 장기선수수익** 장기선수수익은 계약에 따라 대금을 수령하고 결산기말 현재 용역을 제공하지 않은 경우 동 금액에 대하여 처리하는 계정으로 유동부채에 속하지 않는 선수수익을 장기선수수익으로 처리한다.

② 비유동부채

비유동부채는 부채 중 유동부채에 해당되지 않는 부채를 말하며, 별도 표시할 소분류 항목의 예는 다음과 같다.

구분	내용
사채	주식회사가 거액의 자금을 조달하기 위하여 일정액(권당 10,000원)을 표시하는 채권을 발행하여 다수인으로부터 조달한 부채를 말한다.
신주인수권부사채	신주인수권부사채는 유가증권의 소유자가 일정한 조건 하에 신주인수권을 행사할 수 있는 권리가 부여된 사채를 말하며, 대차대조표일로부터 1년 후에 상환되는 사채의 가액으로 한다.
전환사채	전환사채는 유가증권의 소유자가 일정한 조건 하에 전환권을 행사할 수 있는 사채로서, 권리를 행사하면 보통주로 전환되는 사채를 말하며, 대차대조표일로부터 1년 후에 상환되는 사채의 가액으로 한다.
장기차입금	장기차입금은 금융기관 등으로부터 돈을 빌려오고 사용 후 1년이 지나서 갚아도 되는 돈을 말한다.
퇴직급여충당부채	퇴직급여충당부채는 회사가 회계연도말 현재 퇴직금제도 및 확정급여형퇴직연금제도에 의해 퇴직급여를 지급해야 하는 종업원이 일시에 퇴직할 경우 지급하여야 할 퇴직금에 상당하는 금액으로 한다.
장기제품보증충당부채	장기제품보증충당부채는 판매 후 품질 등을 보증하는 경우 그 의무를 이행하기 위해 발생하게 될 것으로 추정되는 충당부채 금액으로 한다.
이연법인세부채	이연법인세부채는 일시적 차이로 인하여 미래에 부담하게 될 법인세부담액으로 유동부채로 계상된 금액을 제외한 부분을 말하며, 비유동자산 중 기타비유동자산으로 분류된 이연법인세자산과 상계한 후의 금액으로 한다.

3. 자본

자본이란 기업이 가지고 있는 총재산(자산)에서 남에게 빌린 재산(부채)을 차감한 금액을 말한다.

자본은 변동원천과 법률적 요구를 기준으로 자본금, 자본잉여금, 자본조정, 기타포괄손익누계액 및 이익잉여금(또는 결손금)으로 구분한다.

① 자본금

자본금은 주주들이 납입한 법정자본금을 말하며, 반드시 보통주자본금과 우선주자본금으로 구분하여 표시한다.

자본금이란 주식회사의 경우 발행주식의 출자총액을 말하고, 개인회사의 경우 개인이 납입한 총액을 말한다.

구분	내용
보통주자본금	보통주발행에 의한 자본금을 말한다. 보통주는 보통 일반회사들이 발행하고 있는 주식의 대부분을 차지하고 있는 것으로 우선주나 후배주와 같은 특별한 권리내용이 정해지지 않은 일반주식을 말한다.
우선주자본금	우선주발행에 의한 자본금을 말한다. 우선주는 보통주에 대해 배당이나 기업이 해산할 경우의 잔여재산의 분배 등에서 우선권을 갖는 주식을 말한다. 우선주에는 일정액의 배당을 받은 후에도 역시 이익이 충분히 있을 경우에는 이것을 받을 수 있는 것과 보통주로 전환할 수 있는 것 등 여러 가지 종류가 있다. 확정이자의 배당수입을 얻을 수 있는 사채에 가까운 성격의 것도 있을 수 있다. 안정 성장시대의 자금조달의 방법으로 우선주를 발행해서 기업이 자기자본의 충실을 도모하려는 움직임이 나타나고 있다.

② 자본잉여금

자본잉여금은 증자나 감자 등 주주와의 거래에서 발생하여 자본을 증가시키는 잉여금을 말하며, 주식발행초과금과 기타자본잉여금으로 구분해서 표시한다.

구분	내용
주식발행초과금	회사가 신주를 발행하는 경우 발행의 방법에는 액면발행, 할인발행(발행가액보다 낮은 가액), 할증발행(발행가액보다 높은 가액) 등이 있는데, 이 중 할증발행시 주식발행가액이 액면가액을 초과하는 금액을 주식발행초과금이라고 한다.

기타자본잉여금	기타자본잉여금에는 자기주식처분이익에서 자기주식처분손실을 차감한 금액으로 한다. 감자차익 등이 포함된다. 1. 감자차익 자본감소의 경우에 그 자본금의 감소액이 주식의 소각, 주금의 반환에 소요된 금액과 결손의 보전에 충당한 금액을 초과한 때에 그 초과금액으로 한다. 다만, 자본금의 감소액이 주식의 소각, 주금의 반환에 소요된 금액에 미달하는 금액(즉 감자차손)이 있는 경우에는 동 금액을 차감한 후의 금액으로 한다.

③ 자본조정

자본조정은 당해 항목의 성격으로 보아 자본거래에 해당하나 최종 납입된 자본으로 볼 수 없거나 자본의 가감 성격으로 자본금이나 자본잉여금으로 분류할 수 없는 항목을 말하며, 자기주식은 별도항목으로 표시하고 기타 항목은 기타자본조정으로 구분하여 표시할 수 있다.

구분	내용
자기주식	회사가 이미 발행한 주식을 주주로부터 취득한 경우 그 취득가액을 말한다. 이익으로 상환하기로 하여 취득하는 상환주식도 포함된다. 즉, 자기회사가 발행한 주식을 말한다.
기타자본조정	기타자본조정에는 주식할인발행차금, 주식매수선택권, 출자전환채무, 감자차손, 자기주식처분손실 및 배당건설이자 등이 포함된다. 1. 주식할인발행차금 주식발행가액이 액면가액에 미달하는 경우 그 미달하는 금액으로 한다. 즉, 주식을 액면가액 이하로 발행하는 경우 액면가액과 발행가액의 차이를 말한다. 2. 주식매수선택권 회사의 임직원 또는 기타 외부인이 행사가격으로 주식을 매입하거나 보상기준가격과 행사가격의 차액을 현금 등으로 받을 수 있는 권리를

말한다. 다만, 자본조정으로 계상되는 주식매수선택권은 주식교부형주식매입선택권[2006. 12. 31. 이후 시행되는 기업회계기준서 제22호 "주식기준보상"에서는 이를 "주식결제형 주식기준보상거래"라 한다]을 부여한 경우 보상원가를 약정기간 동안 안분하여 인식함에 따라 발생하는 과목이다.

3. 출자전환채무

채무자가 채무를 변제하기 위해 채권자에게 지분증권을 발행하는 출자전환을 합의하였으나 출자전환이 즉시 이행되지 않는 경우 출자전환을 합의한 시점(출자전환으로 인해 발행될 주식수가 결정되지 않은 경우에는 주식수가 결정되는 시점)에 발행될 주식의 공정가액(시장성 없는 지분증권의 경우 조정대상 채무의 장부가액)을 자본조정의 '출자전환채무'로 대체하고 조정대상채무와의 차액은 채무조정이익으로 인식한다.

4. 감자차손

자본금의 감소액이 주식의 소각, 주금의 반환에 소요된 금액에 미달하는 금액을 말하며, 감자차익과 상계한 후의 금액으로 한다.

5. 자기주식처분손실

자기주식을 처분하는 경우 발생하는 손실로서 자기주식처분이익을 차감한 금액으로 한다.

6. 배당건설이자

회사는 그 목적인 사업의 성질에 의하여 회사의 성립 후 2년 이상 그 영업의 전부를 개시하기가 불능하다고 인정한 때에는 정관으로 일정한 주식에 대하여 그 개업 전 일정한 기간 내에 일정한 이자(이율은 연 5분을 초과하지 못함)를 그 주주에게 배당할 수 있음을 정할 수 있으며(상법 제463조 제1항), 배당금액은 개업 후 연 6분 이상의 이익을 배당하는 경우에는 그 6분을 초과한 금액과 동액 이상을 상각해야 한다

7. 미교부주식배당금

미교부주식배당금이란 이익잉여금처분계산서상의 주식배당액을 말하며, 주식교부시에 자본금계정에 대체된다.

8. 신주청약증거금

신주청약증거금이란 청약에 의한 주식발행시 계약금으로 받은 금액을 말하는데 이는 주식을 발행하는 시점에서 자본금으로 대체된다.

④ 기타포괄손익누계액

포괄이익은 기업실체가 일정 기간 동안 소유주와의 자본거래를 제외한 모든 거래나 사건에서 인식한 자본의 변동을 말하고, 기타포괄손익누계액은 포괄이익 중 손익계산서상 당기순이익에 포함되지 않은 포괄이익을 말하며, 대차대조표일 현재의 매도가능증권평가손익, 해외사업환산손익, 현금흐름위험회피 파생상품평가손익 등의 잔액으로 구분하여 표시한다.

구분	내용
매도가능증권 평가손익	매도가능증권평가손익은 단기매매증권이나 만기보유증권으로 분류되지 아니한 유가증권을 공정가액으로 평가함에 따라 발생한 미실현보유손익을 말한다.
해외사업환산 손익	해외사업환산손익은 영업·재무활동이 본점과 독립적으로 운영되는 해외지점, 해외사업소 또는 해외소재 지분법 적용대상 회사의 외화자산·부채를 당해 자산·부채는 대차대조표일 현재의 환율을, 자본은 발생당시의 환율을 적용하며, 손익항목은 거래발생당시의 환율이나 당해 회계연도의 평균환율을 적용하여 일괄 환산함에 따라 발생하는 환산손익을 말한다.
현금흐름위험 회피 파생상품 평가손익	현금흐름위험회피 파생상품평가손익은 파생상품이 현금흐름 위험회피 회계에 해당되는 경우 당해 파생상품을 공정가액으로 평가함에 따라 발생하는 평가손익을 말한다.

⑤ 이익잉여금(또는 결손금)

이익잉여금은 손익계산서 항목의 거래로 인하여 발생하는 이익을 말한다.

이익잉여금(또는 결손금)은 손익계산서에 보고된 손익과 다른 자본항목에서 이입된 금액의 합계액에서 주주에 대한 배당, 자본금으로의 전입 및 자본조정 항목의 상각 등으로 처분된 금액을 차감한 잔액을 말하며, 법정적립금(이익준비금과 기타법정적립금을 동 기준서에서는 법정적립금으로 표시하고 있다. 임의 적립금 및 미처분이익잉여금(또는 미처리결손금) 등의 잔액으로 구분하여 표시한다.

구분	내용
법정적립금	상법 등 법령의 규정에 의하여 적립된 금액으로 한다. 1. 이익준비금 상법은 자본금의 2분의 1에 달할 때까지 매결산기의 금전에 의한 이익배당액의 10분의 1이상의 금액을 강제적으로 기업내부에 유보하도록 하고 있는 데 이 규정에 의하여 적립한 준비금을 말한다. 이익준비금은 결손금을 보전하거나 자본금으로 전입할 수 있다. 2. 재무구조개선적립금 재무구조개선적립금은 유가증권의발행및공시등에관한규정에 의한 법정적립금으로서 결손금을 보전하거나 자본금으로 전입할 수 있다.
임의적립금	임의적립금은 법률이 아닌 회사가 임의적으로 일정한 목적을 위하여 정관 또는 주주총회의 결의로 적립된 금액으로서 사업확장적립금, 감채적립금, 배당평균적립금, 결손보전적립금 및 세법상 적립하여 일정기간이 경과한 후 환입될 준비금 등으로 한다.
미처분이익잉여금(또는 미처리결손금)	당기 이익잉여금처분계산서(또는 결손금처리계산서)의 미처분이익잉여금(또는 미처리결손금)으로 한다. 이때, 미처분이익잉여금(또는 미처리결손금)은 다음과 같이 구성된다. [미처분이익잉여금] ① 전기이월미처분이익잉여금(또는 전기이월미처리결손금) ② 회계정책변경누적효과 : 회계정책 변경에 따른 누적효과 중 비교표시재무제표의 최초회계기간 직전까지의 금액을 말한다. ③ 전기오류수정 : 중대한 오류에 해당되어 발생한 누적효과 중 비교표시 재무제표의 최초회계기간 직전까지의 금액을 말한다. ④ 중간배당액 ⑤ 당기순이익(또는 당기순손실)

손익계산서 계정과목

손익계산서	
중단사업손익이 있을 경우	중단사업손익이 없을 경우
매출액	매출액
- 매출원가	- 매출원가
Ⅰ. 매출총손익	Ⅰ. 매출총손익
- 판매비와관리비	- 판매비와관리비
Ⅱ. 영업손익	Ⅱ. 영업손익
+ 영업외수익	+ 영업외수익
- 영업외비용	- 영업외비용
Ⅲ. 법인세비용차감전계속사업손익	Ⅲ. 법인세비용차감전순손익
- 계속사업손익법인세비용	- 법인세비용
Ⅳ. 계속사업손익	Ⅳ. 당기순손익
Ⅴ. 중단사업손익(법인세효과 차감 후)	Ⅴ. 주당손익
Ⅵ. 당기순손익	
Ⅶ. 주당손익	

1. 매출총손익

매출총손익은 매출액에서 매출원가를 차감하여 산출한다. 이하 매출액과 매출원가에 대해 살펴보기로 한다.

매출총손익 = 매출액 - 매출원가

① 매출액

매출액은 기업의 주된 영업활동에서 발생한 제품, 상품, 용역 등의 순매출액으로 한다. 즉 총매출액에서 매출할인, 매출환입,

매출에누리 등을 차감한 금액이다.

기업의 주된 영업활동에서 발생하지 않은 기타의 수익은 영업외수익이나 영업외비용에 포함한다. 이와 같이 구분하는 이유는 기업의 주된 영업활동이 아닌 활동에서 발생한 수익이 기업의 매출액에 포함되는 경우 기업의 주된 영업활동에 의한 경영성과가 적절하게 표시되지 않기 때문이다.

② **매출원가**

매출원가는 제품, 상품 등의 매출액에 대응되는 원가로서 판매된 제품이나 상품 등에 대한 제조원가 또는 매입원가이다. 매출원가는 기초제품(또는 상품)재고액에 당기제품제조원가(또는 당기상품매입액(상품의 총매입액에서 매입할인, 매입환출, 매입에누리 등을 차감한 금액으로 한다)를 가산하고 기말제품(또는 상품)재고액을 차감한 금액으로 하되, 제품이나 상품에 대하여 생산, 판매 또는 매입 외의 사유로 증감액이 있는 경우(이에는 관세환급금, 재고자산평가손실, 재고자산평가손실환입, 정상감모손실 등이 있다.)에는 이를 매출원가의 계산에 반영한다.

> 1. 제품매출원가
>   = 기초제품재고액 + 당기제품제조원가 − 기말제품재고액
>   ± 생산, 판매 또는 매입 외의 사유로 증감액
> 2. 상품매출원가
>   = 기초상품재고액 + 당기상품매입액 − 기말상품재고액
>   ± 생산, 판매 또는 매입 외의 사유로 증감액

2. 영업손익

영업손익은 매출총손익에서 판매비와관리비를 차감하여 산출한다. 영업이익은 매출총이익에서 판매비와관리비를 차감한 금액이 (+)인 금액을 말한다. (-)인 경우는 영업손실이다.

① 판매비와 관리비

판매비와 관리비는 제품, 상품, 용역 등의 판매활동과 기업의 관리 및 유지활동에서 발생하는 비용으로서 매출원가에 속하지 아니하는 모든 영업비용을 포함한다. 즉, 판매비와 관리비는 제품의 판매 또는 관리를 위하여 사용된 비용을 말한다.

판매비와 관리비는 당해 비용을 표시하는 적절한 항목으로 구분하여 표시하거나 일괄표시할 수 있다.

구분	내용
급여(임원급여, 급료, 임금 및 제 수당 포함)	급여란 특정인에게 근로를 제공하고 이에 대한 대가로써 지급받는 제 금액으로서 임원급여, 급료와 임금 및 제수당을 포함한다. 예) 임직원에게 지급을 하는 기본급, 제수당, 상여금, 아르바이트 비용 (잡급) 등
퇴직급여	퇴직급여란 영업기간 중 또는 영업연도말 임원 또는 직원이 퇴사하는 경우에 자사의 퇴직금지급규정에 의하여 지급하는 금액을 처리하기 위한 계정이다.
명예퇴직금	명예퇴직금은 일정기간 이상 근속자나 임원 또는 회사에 공로가 있는 자 등 특정요건을 충족한 임직원에게 지급하거나 조기퇴직의 대가로 지급하는 인센티브 등을 말한다.
복리후생비	복리후생비란 종업원의 복리후생을 위하여 지출하는 비용으로서 작업능률의 향상을 기하기 위하여 간접적으로 부담하는 시설, 경비 등을 말한다. 예) 간식비(직원), 경조사비(직원), 고용보험료 회사부담분, 국민건강보험료 회사부담분, 건강진단비 회사부담액, 자가운전보조수당, 식비보조액, 사내 동호회(써클) 활동비 지원액 등

임차료	임차료는 부동산 또는 동산의 임대차 계약에 따라 지급하는 비용을 말한다. 예) 사무실 임차료, 복사기·팩스 임차료, 차량렌탈비, 창고·주차장임차료
접대비	접대비란 일반적으로 회사의 영업과 관련하여 타인에게 금전을 제외한 재화나 기타 서비스를 제공하는 데 소요되는 비용을 말한다. 예) 주대, 차대, 선물비용, 경조사비, 대리운전(거래처), 방문고객 주차요금 등
감가상각비	유형자산이 시간이 지남에 따라 그 가치가 점차 감소되는 것을 그 자산의 내용연수에 따라 비용화 시켜주는 것을 말한다.
무형자산상각비	무형자산상각비는 내용연수 동안 무형자산의 상각과 관련해서 발생하는 감가상각비용을 말한다.
세금과공과	세금과공과는 기업에 대하여 국가 또는 지방자치단체가 부과하는 조세와 공공적 지출에 충당할 목적으로 동업조합, 상공회의소 등의 각종 공공단체가 부과하는 부과금 및 벌금, 과료, 과태료 등의 특정행위의 제재를 목적으로 하는 과징금을 처리하는 계정과목이다. 예) 회사 명의의 자동차세, 재산세, 사업소세, 적십자사회비, 상공회의소회비, 국민연금 회사부담분, 벌금, 인지대, 교통유발부담금, 안전협회비 등
광고선전비	광고선전비란 재화 또는 용역의 판매촉진이나 기업이미지 개선 등의 선전효과를 위하여 불특정다수인을 대상으로 지출하는 비용을 말한다. 예) 광고물 구입비, 광고제작의뢰비, 광고물배포비, 간판제작비, 법인결산공고료 등
연구비	연구비는 신제품·신기술의 연구활동과 관련하여 지출한 비용으로서 미래에 경제적 효익을 제공할 수 없는 비용을 말한다. 그러나 미래에 확실한 경제적 효익을 제공할 가능성이 있는 경우에는 무형자산 중 개발비로 처리한다. 여기서 연구라 함은 과학적, 기술적 지식이나 이해를 얻기 위하여 독창적이고 계획적인 조사활동을 말하는 바 연구활동의 일반적인 예는 다음과 같다. ① 새로운 지식을 얻고자 하는 활동 ② 연구결과 또는 기타 지식의 응용가능성을 탐구하는 활동

		③ 제품 등의 대체안을 탐구하는 활동
		④ 신제품 등으로 선택가능한 안들을 형성, 설계, 평가 및 산정하는 활동
	경상연구개발비	경상연구개발비란 경상적으로 발생하는 연구개발비로서 여기서 연구개발비란 신제품·신기술의 연구 또는 개발활동과 관련하여 지출한 비용을 말한다.
	대손상각비	대손상각비란 거래처의 파산, 행방불명 등의 사유로 채권의 회수가 불가능하게 된 경우 회수불능채권을 비용으로 처리하기 위한 계정이다.
	기타의 판매비와 관리비	1. 여비교통비 여비교통비라 함은 판매 및 관리 활동에 종사하는 종업원 및 임원에 관한 여비 및 교통비를 처리하는 계정이다. 예) 고속도로 통행료, 교통비, 국내출장여비, 버스승차권, 부임여비, 선박운임, 숙박료, 일시적인 주차료, 입장권, 전근여비, 정기승차권, 주차료, 지하철 회수권, 지하철요금, 철도운임, 출입국 관리비용, 교통카드 구입액, 철도 비즈니스 카드 2. 차량유지비 차량의 유지·관리와 관련해서 발생하는 세차비, 정기주차료, 차량검사비, 차량수선비, 차량안전협회비, 타이어 교체비용, GPS설치비용, 차량주유비용, 면책금(자가부담금), 차량도색비, 검사비, 통행료 등을 말한다. 3. 통신비 통신비는 전화료, 등기우편료, 우표, 엽서 등의 사용·유지를 위하여 지출되는 비용을 처리하는 계정이다. 4. 교육훈련비 임직원의 교육을 위하여 지출한 비용을 처리하는 계정으로 간부수련회비용, 강의참여비, 견학비, 사원연수비, 수강료, 연수원임차료, 위탁교육훈련비, 초청강사료, 학원비, 해외연수비용, 사외교육비, 사설 영어학원, 학회 학술대회 참가비 등이 이에 해당한다. 5. 수선비 유형자산의 원상회복을 위해서 또는 기능유지를 위해서 지출하는 비용을 말한다. 예) 건물 내외벽의 도장, 건물 외벽청소비, 건물 수선비, 공기구수선비, 기계수선비, 벽의 페인트공사, 비품수선비, 파손된 유리 대체, 면책금

(자가부담금)(수선비 또는 차량유지비 또는 보험료 중 아무거나 사용)

6. 수도광열비

수도광열비는 수도료, 전기료, 가스비 등 연료비에 소요되는 비용 중 판매관리부문에 사용되는 금액을 통틀어 말한다.

예) 가스대금, 기름값, 난방용 유지대, 도시가스료, 상하수도요금, 수도료, 전기요금, 전력비(료), 전력기금

7. 도서인쇄비

도서인쇄비는 도서나 인쇄비용을 처리하는 계정이다.

예) 관보구독료, 도서 구입대금, 명함인쇄비용, 번역료, 복사대금, 사진 현상대금, 신문구독료, 인터넷 정보이용료, 잡지 구독료, 제본비, 코팅비, 팜플렛 인쇄대금, 사보 제작비(도서인쇄비 또는 광고선전비), 다이어리 인쇄비용, 탁상용 달력구입비

8. 포장비

상품이나 제품 등의 포장과정에서 발생하는 비용으로 외주포장비, 박스 비용 등이 이에 해당한다.

9. 소모품비

소모자재대금으로서 이에는 복사기·팩스 부품 교체비, 건전지, 전구 등의 구입비용이 이에 해당한다.

10. 지급수수료

지급수수료는 용역을 제공받고 이에 대한 대가로 지불하는 비용을 말한다.

예) 감정수수료, 경비용역비, 경영컨설팅 자문료, 계좌이체수수료, 세무기장료, 도메인 등록수수료(소액의 경우), 송금수수료, 등기부등본 발급수수료, 청소용역비(용역회사), pg사 결제대행 수수료, 무인경비 이용료, iso 인증비용 및 갱신비용

11. 보험료

기업이 소유하는 건물, 기계장치 등의 고정자산과 상품, 제품, 원자재 등의 재고자산에 대하여 화재보험, 기타의 각종 손해보험, 보증보험, 산재보험에 가입한 경우에 보험계약에 의하여 일정기간 단위로 보험자에게 지급하는 비용을 처리하는 계정이다.

예) 산재보험료, 자동차보험료(종합보험, 책임보험), 보증보험료, 고용보험료(건강보험은 해당하지 아니함)

12. 보관료

보관료란 상품, 제품, 원재료, 부산물 등을 창고에 보관하는데 소요되는 비용을 처리하는 계정이다.

13. 견본비

견본비란 상품, 제품 등의 품질향상을 알리기 위하여 해당 상품을 시험 삼아 사용시킬 목적으로 제공하는 데 따르는 비용을 말한다.

14. 운반비

운반비란 판매와 관련하여 회사의 상품이나 제품을 거래처에 운반해주는 과정에서 발생하는 비용을 말한다.

예) 배달비, 상·하차비(판매비), 퀵서비스 비용, 택배비용, 용달비

15. 회의비

회의비는 법인의 사업목적상 회의를 하면서 지출하는 다과, 음식물 제공(회의 전에 근처 음식점을 이용한 식사를 포함한다) 등을 포함한 회의개최를 위하여 통상적으로 지출하는 비용을 말한다.

16. 판매수수료

판매수수료란 판매활동과 관련하여 거래처 등에게 지급하는 수수료를 말한다.

17. 외주비

외주비는 주로 제조활동과 관련한 용역비를 처리하는 계정으로 외주용역비와 외주가공비를 말한다.

외주용역비는 제조업체나 건설업체의 경우 외부에 하도급을 주어 자사 제품의 일정부분의 공정을 맡기고 지급하는 경비를 말한다.

18. 협회비

협회비는 기업의 영업활동과 관련하여 조직된 단체나 협회에 지급하는 회비를 말한다.

19. 잡비

잡비란 오물수거비, 방범비 등과 같이 비용항목 중에서 빈번하게 발생을 하지 않고 금액적으로 중요성이 없는 것 또는 다른 계정과목에 포함을 시키는 것이 적절하지 않은 비용을 처리하는 계정과목이다.

3. 법인세비용차감전계속사업손익

법인세비용차감전계속사업손익은 영업손익에 영업외수익을 가산하고 영업외비용을 차감하여 산출한다. 이하 영업외수익과 영업외비용에 대해 살펴보기로 한다.

> 법인세비용차감전계속사업손익[주] = 영업손익 + 영업외수익 − 영업외비용

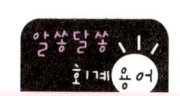

주) 중단사업손익이 없는 경우 "법인세비용차감전순손익"으로 한다.

① 영업외수익

영업외수익은 기업의 주된 영업활동이 아닌 활동으로부터 발생한 수익과 차익으로서 중단사업손익에 해당하지 않는 것으로 한다.

기업회계기준서에서는 영업외수익에 대한 표시원칙에 대해 구체적인 언급은 없다. 따라서, 영업외수익 중 중요한 항목은 재무제표의 본문이나 주석에 구분표시하나, 중요하지 않은 항목은 성격이나 기능이 유사한 항목과 통합하여 표시하면 될 것이다. 예를 들어 다음과 같이 할 수 있다.

구분	내용
이자수익	이자수익은 돈을 빌려주고 받는 이자를 말한다. 예) 예금이자, 국채·공채 이자수입, 단기대여금 이자, 대표이사 가지급금 이자, 유가증권이자, 정기예금·정기적금이자, 결산이자
배당금수익(주식배당액 제외)	배당금수익은 기업의 주식을 보유함으로써 받게 되는 현금배당 등을 말한다. 예) 현금배당, 건설공제조합 배당금
임대료	임대료는 부동산 또는 동산을 임대하고 타인으로부터 지대, 집세, 사용료 등의 대가로 수취하는 금액을 말한다.

단기투자자산 처분이익	단기투자자산(일반적으로 단기매매 유가증권)을 살 때 지불한 돈보다 더 많은 돈을 받고 판 경우 그 차액을 말한다. 예) 주식처분이익, 국·공채처분이익, 사채처분이익
단기투자자산 평가이익	단기투자자산(일반적으로 단기매매 유가증권)은 결산시 현재의 시가로 평가하도록 되어 있는데 이때의 시가가 취득시 또는 전기에 평가한 시가보다 상승한 경우 그 차액을 말한다.
외환차익	외환차익은 외화자산을 상환 받을 때 원화로 받는 수취가액이 외화자산의 장부가액보다 큰 경우와 외화부채를 원화로 상환하는 금액이 외화부채의 장부가액보다 작은 경우 동 차액을 처리하는 계정을 말한다. 예) 수입대금지급시 환이익, 외환 결제로 인한 이익
외화환산이익	외화환산이익은 기업이 외국통화를 보유하고 있거나 외화로 표시된 채권·채무를 가지고 있는 경우에 이것을 기말결산시 원화로 환산 평가함에 있어서 그 취득당시 또는 발생당시의 외국환시세와 결산일에 있어서의 외국환시세가 변동하였기 때문에 발생하는 차익을 말한다. 예) 외환평가로 인한 이익
지분법이익	지분법이익은 피투자 회사의 순이익(내부거래 제외)에 대한 투자회사의 지분 취득시점의 피투자 회사의 순장부가액과 취득원가의 차액을 상각한 금액 투자회사의 내부거래에 따른 손익을 말한다.
장기투자증권 손상차손환입	장기투자증권손상차손환입은 투자주식 또는 채권의 공정가액이 하락하여 회복할 가능성이 없어 장기투자증권손상차손으로 처리한 것이 순자산가액이 회복된 경우에는 감액된 장부가액을 한도로 하여 회복된 금액을 처리하는 계정을 말한다.
투자자산처분 이익	투자자산의 처분시 투자자산의 처분가액이 장부가액을 초과하는 경우 동 차액을 말한다.
유형자산처분 이익	유형자산의 처분시 유형자산의 처분가액이 장부가액(취득가액 – 감가상각누계액)을 초과하는 경우 동 차액을 말한다.
사채상환이익	사채의 상환시 사채의 장부가액에 미달하여 상환가액을 지급하는 경우 동 차액을 처리하는 계정을 말한다.
전기오류수정 이익	전기오류수정이익은 전기이전에 발생한 회계처리상의 오류로서 순이익을 과소계상한 경우 중대한 오류가 아닌 경우를 말한다.
법인세환급액	법인세환급액은 법인세의 납부액이 정부의 경정 또는 결정에 의한 법인세액을 초과하게 되는 경우에 납세의무자에게 돌려주는 금액을 말한다.

구분	내용
잡이익	잡이익은 영업외수익 중 금액적으로 중요하지 않거나 그 항목이 구체적으로 밝혀지지 않은 수익을 말한다.
자산수증이익	자산수증이익은 대주주나 대표이사 등 외부로부터 자산을 무상으로 증여받는 경우 생기는 이익을 말한다.
채무면제이익	채무면제이익은 채권자로부터 채무를 면제받음으로써 생긴 이익을 말한다.
보험차익	보험차익은 재해 등 보험사고시 수령한 보험금액이 피해자산의 장부가액보다 많은 경우 그 차액을 말한다.

② 영업외비용

영업외비용은 기업의 주된 영업활동이 아닌 활동으로부터 발생한 비용과 차손으로서 중단사업손익에 해당하지 않는 것으로 한다.

기업회계기준서에서는 영업외비용에 대한 표시원칙에 대해 구체적인 언급은 없다. 따라서, 영업외비용 중 중요한 항목은 재무제표의 본문이나 주석에 구분표시하나, 중요하지 않은 항목은 성격이나 기능이 유사한 항목과 통합하여 표시하면 될 것이다. 예를 들어 다음과 같이 할 수 있다.

구분	내용
이자비용	이자비용은 남에게 돈을 빌려 쓰고 지불하는 이자를 말한다. 예) 단기차입금 이자, 당좌차월이자, 사채이자, 수입이자와 할인료, 신주인수권 조정계정 상각액, 차량할부금 연체료, 환가료, 대출이자
기타의 대손상각비	기타의 대손상각비는 기업의 주요 영업활동 이외의 영업활동으로 인하여 발생한 채권에 대한 대손상각을 처리하는 계정이다. 즉, 매출채권 이외의 채권인 대여금, 미수금, 미수수익, 선수금 등에 대한 대손액을 처리하는 계정이다.
단기투자자산 처분손실	단기투자자산(일반적으로 단기매매 유가증권)을 팔 때 취득할 때의 돈보다 더 적은 돈을 받고 판 경우 그 차액을 말한다.

단기투자자산 평가손실	단기투자자산(일반적으로 단기매매 유가증권)은 결산시 현재의 시가로 평가하도록 되어 있는데 이때의 시가가 취득시 또는 전기에 평가한 시가보다 낮은 경우 동 차액을 말한다.
외환차손	외환차손이란 외화자산을 상환받을 때 원화로 받는 수취가액이 외화자산의 장부가액보다 작은 경우와 외화부채를 원화로 상환하는 금액이 외화부채의 장부가액보다 큰 경우 동 차액을 처리하는 계정을 말한다. 예) 수입대금지급시 환차손, 외환 결제로 인한 손실
외화환산손실	외화환산손실이란 기업이 외국통화를 보유하고 있거나 외화로 표시된 채권채무를 가지고 있는 경우에 이것을 기말결산시 원화로 환산평가함에 있어서 그 취득당시 또는 발생당시의 외국환시세와 결산일에 있어서의 외국환시세가 변동하였기 때문에 발생하는 차손을 말한다.
기부금	기부금이란 기업의 정상적인 영업활동과 관계없이 금전, 기타의 자산 등의 경제적인 이익을 타인에게 무상으로 제공하는 경우 당해 금전 등의 가액을 말한다. 예) 불우이웃돕기 성금, 수재의연금, 장학재단기부금, 후원금, 경로잔치 지원금(기부금 또는 광고선전비)
지분법손실	지분법손실은 피투자회사의 순이익(내부거래 제외)에 대한 투자회사의 지분 취득시점의 피투자회사의 순장부가액과 취득원가의 차액을 상각한 금액 투자회사의 내부거래에 따른 손익을 말한다.
장기투자증권 손상차손	장기투자증권손상차손은 투자주식 또는 채권의 공정가액이 하락하여 회복할 가능성이 없는 경우 당해 투자주식의 장부가액과 공정가액의 차액을 말한다.
매도가능증권 처분손실	매도가능증권처분손실은 매도가능증권을 처분하는 경우 취득원가보다 싸게 판 금액을 말한다.
유형자산처분 손실	유형자산의 처분시 유형자산의 처분가액이 장부가액(취득가액-감가상각누계액)에 미달하는 경우 동 차액을 말한다.
사채상환손실	사채상환손실이란 사채의 상환시 사채의 장부가액을 초과하여 상환가액을 지급하는 경우 동 차액을 처리하는 계정을 말한다.
전기오류수정 손실	전기오류수정손실은 전기이전에 발생한 회계처리상의 오류로서 순이익을 과대계상한 경우 중대한 오류가 아닌 경우를 말한다.
매출채권처분 손실	매출채권처분손실은 가지고 있는 매출채권을 금융기관이나 다른 거래처 등에 할인하여 매각하여 발생하는 손실을 말한다. 즉, 일반적으로 어음을 할인하면 어음의 금액보다 적게 현금을 받으니까 그 금액만큼

	은 매출채권처분손실로 처리하는 것이다.
재고자산감모손실	재고자산감모손실은 상품을 보관하는 과정에서 파손, 마모, 도난, 분실, 증발 등으로 인하여 회계기말에 재고수불부에 기록된 장부상의 재고수량보다 실제 재고수량이 적은 경우에 발생하는 손실을 말한다. 재고감모손실 중 상품의 보관중에 정상적으로 발생하는 것은 이를 매출원가에 포함을 시키고 비정상적으로 발생하는 감모손실은 영업외비용으로 처리를 한다.
법인세추납액	법인세추납액은 납부해야할 세액이 신고·납부할 세액에 미달하는 경우 동 금액을 말한다.
잡손실	영업외수익 중 금액적으로 중요하지 않거나 그 항목이 구체적으로 밝혀지지 않은 바용을 말한다. 예) 가산금, 가산세, 건물철거비용, 경미한 도난사고, 계약위반배상금(지급액), 교통사고배상금, 보상금 지불, 연체료, 위약금

재고자산평가손실 : 재고자산을 기말에 저가법에 의해 평가하는 경우 취득시의 원가보다 시가가 더 하락한 경우 동 차액을 말한다. 기업회계기준에서는 재고자산평가손실을 매출원가에 가산하도록 규정하고 있으며, 평가손실만큼 재고자산의 취득원가에서 차감하는 형식으로 기재하도록 하고 있다. 예를 들어

매출원가   ××× / 재고자산평가충당금 ×××
(재고자산평가손실) ×××   ×××

4. 계속사업손익

계속사업손익은 기업의 계속적인 사업활동과 그와 관련된 부수적인 활동에서 발생하는 손익으로서 중단사업손익에 해당하지 않는 모든 손익을 말하며, 법인세비용차감전계속사업손익에서 계속사업손익법인세비용을 차감하여 산출한다.

계속사업손익[1] = 법인세비용차감전계속사업손익[2] － 계속사업손익법인세비용[3]

주1) 중단사업손익이 없는 경우 "당기순손익" 으로 한다.
주2) 중단사업손익이 없는 경우 "법인세비용차감전순손익" 으로 한다.
주3) 중단사업손익이 없는 경우 "법인세비용" 으로 한다.

① 계속사업손익법인세비용

㉠ 의의

계속사업손익법인세비용은 계속사업손익에 대응하여 발생한 법인세비용으로「법인세회계」에 의해 산출된 법인세비용을 기간 내 배분하여 계산한 계속사업손익법인세비용으로 한다.

㉡ 표시원칙

계속사업손익법인세비용은 반드시 구분표시하며, 계속사업손실이 발생하여 이에 대응하여 발생하는 법인세효과가 음수인 경우 부수(−)로 표시한다.

5. 당기순손익

당기순손익은 계속사업손익에 중단사업손익을 가감하여 산출한다. 따라서, 중단사업손익이 없을 경우에는 계속사업손익과 일치하게 되며, 이 경우에는 법인세비용차감전순손익에서 법인세비용을 차감한 금액으로 한다.

> 1. 중단사업손익이 있을 경우
>   당기순손익 = 계속사업손익 − 중단사업손익
> 2. 중단사업손익이 없을 경우
>   당기순손익 = 법인세비용차감전순손익 − 법인세비용

① 중단사업손익

중단사업과 관련된 기업회계기준서 제11호「중단사업」은 2006년 12월 31일 이후 최초로 개시하는 회계연도부터 적용된다. 중단사업손익은 중단사업으로부터 발생한 영업손익과 영업

외손익으로서 사업중단직접비용과 중단사업자산손상차손을 포함하며, 법인세효과를 차감한 후의 순액으로 한다.

중단사업은 기업의 일부로서 경영관리와 재무보고 목적상 별도로 식별할 수 있고, 주요 사업별 또는 지역별 단위로 구분할 수 있으며, 사업의 중단을 목표로 수립된 단일계획에 따라 기업의 일부를 일괄매각방식 또는 기업분할방식으로 처분하거나, 해당 사업에 속한 자산과 부채를 분할하여 처분 또는 상환하거나, 또는 사업자체를 포기하는 경우를 말한다.

6. 주당순익

주당순익은 주당계속사업손익과 주당순손익을 말하며, 주당계속사업손익은 기본주당계속사업손익 및 희석주당계속사업손익, 주당순손익은 기본주당순손익 및 희석주당순손익을 말한다.

① 산정방법

주당순익의 산정방법은 다음과 같다.

$$기본주당계속사업손익 = \frac{보통주\ 계속사업손익}{유통보통주식수}$$

$$기본주당순손익 = \frac{보통주\ 당기순손익}{유통보통주식수}$$

$$희석주당계속사업손익 = \frac{희석\ 계속사업손익}{유통보통주식수 + 희석증권의\ 주식수}$$

$$희석주당순손익 = \frac{희석\ 당기순손익}{유통보통주식수 + 희석증권의\ 주식수}$$

② 표시원칙

주당순익은 손익계산서 본문에 별도 표시한다.

제 4 장

증빙관리

01 세무서에서 인정해주는 증빙이 따로 있나요?
02 거래명세서와 입금표, 지출결의서는 법정증빙으로서 효력이 있나요?
03 세금계산서, 계산서, 영수증의 차이는?
04 세금계산서를 주고받을 때 조심해야 할 사항?
05 현금영수증과 간이영수증은 무슨 차이가 있나요?
06 임직원 개인 신용카드 사용분도 회사비용으로 인정받을 수 있나요?
07 증빙이 없는 접대비의 처리
08 판공비에 대하여는 일정지출한도내의 금액을 비용으로 무조건 인정해 주나요?
09 사장님이 판공비를 지출하고 증빙을 안 챙겨 와요.

01 세무서에서 인정해주는 증빙이 따로 있나요?

　판매자와 구매자간의 거래과정에 있어서 가장 많이 보고 사용하는 증명서류가 거래명세서, 입금표, 세금계산서, 계산서, 신용카드매출전표, 현금영수증, 간이영수증 등이다.

　몇 년 전부터 정부에서 증빙서류에 대한 규제를 강화하면서 증빙의 중요성 때문에 종전에는 증빙 없이 거래되던 모든 거래가 증빙이 없으면 거래가 되지 않는 것이 현실이며, 종전에는 증빙에 대한 인식이 없었던 소수의 사장님들도 증빙관리에 상당한 관심을 보이고 있다.

　또한 아직까지 몰지각한 사장님 및 일부임원들의 무자료·무증빙 판공비 지출로 인하여 말 못하는 경리직원들만 증빙을 채우느라 고생하고 있는 것도 작금의 현실이다.

　네이버 지식 검색이나 사이트상에 질문을 올리는 초보 경리실무자들 중에서 "거래명세서나 지출결의서, 입금표 등으로 증빙이 안되느냐고 올리거나 사장님이 골프를 치고 와서 영수증 하나만 주는데 이것으로 증빙이 안되나요"라고 한다.

　이와 같은 초보 경리들을 위해서 현재 세법상으로 흔히 법정증빙으로 인정을 하고 있는 증빙과 그냥 거래관계에서는 통용이 되나 세법에서는 인정이 안되는 비법정증빙을 구분해 보기로 하겠다.

경리업무를 겸직하는 사장이 꼭 알아야 할 창업회계

법정증빙

법정증빙을 흔히 적격증빙, 적격지출증빙이라고도 하는데 세법에서 인정하는 법정증빙은 세금계산서와 계산서, 신용카드매출전표 및 현금영수증이다.

따라서 모든 거래를 할 때에는 이중 하나를 받는 것이 확실한 증빙이 된다. 다만, 3만원이하의 지출에 대해서는 영수증(금전등록기 영수증 포함)도 법정증빙으로 인정을 해주고 있다.

또한 일반 비용과 접대비에 대해서도 다르게 규정을 하고 있으므로, 이를 요약해 정리를 해보면 다음과 같다.

유익한 회계상식

· 5만원이하의 비용일 경우 입금표나 거래명세서를 받아도 증빙으로 인정되는지?

기업체나 개인과의 거래에서 관련 증빙(영수증) 수취는 크게 '법정증빙' 과 '사적증빙' 으로 구분할 수 있다.
법정증빙은 세법에서 정한 증빙으로 수취 여부에 따라 가산세 등 각종 제재가 뒤따르게 된다.
사적증빙은 세법에서는 인정받을 수 없으나 거래 상대방과의 거래 사실을 객관적으로 입증하고 상거래와 관련한 각종 법적 문제가 발생할 때 거래 사실을 확인하는 주요 증빙으로서, 주로 거래 사실을 확인하는 거래명세서 같은 '거래증빙' 과 회사 내부 관리 목적상의 품의서나 기안서 같은 '내부증빙' 으로 구분할 수 있다.
입금표는 주로 세금계산서를 발행한 후 그 대금을 수령한 경우 현금거래에 관한 입금 확인을 하는 거래명세서 같은 거래 증빙으로서, 사적증빙과 마찬가지이므로 세금계산서와 계산서, 신용카드 매출전표, 영수증처럼 법정증빙으로는 볼 수 없다.

[접대비와 일반비용의 법정증빙 범위]

구 분		인정받는 법정증빙	매입세액공제여부	비 고
일반 비용	3만원까지	세금계산서와 계산서, 신용카드매출전표(법인카드+임직원 개인카드) 및 현금영수증, 간이영수증	공제(단, 비업무용소형승용차, 업무무관지출, 면세관련지출 등은 불공제)	슈퍼 등의 금전등록기 영수증도 간이영수증에 포함
	3만1원부터	세금계산서와 계산서, 신용카드매출전표(법인카드+임직원 개인카드) 및 현금영수증	공제(단, 간이영수증 및 비업무용소형승용차, 업무무관지출, 면세관련지출 등은 불공제)	3만원 초과액을 지출하고 간이영수증만 받은 경우 비용으로 인정은 되나 2%의 증빙불비가산세를 부담
접대비	3만원까지	세금계산서와 계산서, 신용카드매출전표(법인카드+임직원 개인카드) 및 현금영수증, 간이영수증	불공제	부가가치세법상 매입세액불공제 항목
	3만1원부터	세금계산서와 계산서, 신용카드매출전표(법인카드만 인정) 및 현금영수증	불공제	간이영수증 수취나 임직원 개인카드로 지출시 비용은 불인정되고, 대표자에 대한 상여처분(대표자 급여)

제4장 증빙관리_171

- 창업 초기 회사에서 비품을 구입할 때 세금계산서 등 법정증빙을 미 수취하였다면 장부처리를 할 수 없나요?

창업 초기 회사에서 자산인 비품이나 기계장치 등 고정자산을 구입할 때 관리시스템이 제대로 정착되지 않거나 피치 못할 사정으로 세금계산서나 계산서, 신용카드매출전표처럼 법정증빙을 수취하지 못할 경우가 있다.
이때 이를 자산으로 장부에 계상하여 감가상각을 통해 비용처리를 할 수 있지 않을까 하고 생각할 수 있을 것이다.
이에 대해 감사원에서는 결정문을 통해 "필요경비의 발생이 명백하지만 세금계산서 등 법정증빙을 미수취하여 해당 자산의 취득가액을 입증이 불충분하다는 이유로 그 감가상각비를 영(零)으로 보는 것은 경험칙에 반하는 것"이라고 밝힌 바 있다.
따라서 피치 못할 사정으로 세금계산서 등 법정증 빙을 미수취하여 증빙불비가산세를 내는 한이 있더라도 장부처리를 해야 한다는 점을 반드시 유념해야 한다.

※ 경조사비는 위의 표에서 3만원이 아닌 10만원을 기준금액으로 한다.

주의 만일 위의 도표에 따라 증빙을 수취하지 않는 경우 구입액의 2%를 증빙불비가산세로 부담한다(단, 접대비는 비용 불인정 - 가산세 없음). 예를 들어, 비용 10만원을 지출하고 간이영수증만 받은 경우 비용으로 인정은 되나 2%의 증빙불비가산세를 부담해야 하고 매입세액공제도 받지 못한다.

1. 세금계산서

일반적으로 가장 신뢰성 있는 증빙으로 모든 세무상 증빙을 세금계산서로 명칭이 통용된다고 보아도 과언이 아니다. 이는 공급가액에 부가가치세가 별도로 붙어 별도 표기되는 형식으로 구매자가 판매자에게 세금계산서를 받기 위해서는 구입 가격에 부가가치세를 별도로 부담을 해야 한다. 따라서 구매자가 부가가치세를 별도 부담하지도 않으면서 세금계산서를 발행해 달라고 판매자에게 요구하는 것은 억지이다. 세금계산서는 과세사업자가 발행을 하며, 간이과세자나 면세사업자는 세금계산서를 발행하지 못한다. 물론 영세율에 대해서는 세율을 0%로 하여 세금계산서를 발행한다.

2. 계산서

계산서는 면세사업자가 발행하는 것으로 공급가액만 표기되고 부가가치세는 별도로 표기되지 않는다. 따라서 면세사업자에게 물품을 구매하는 경우에는 부가가치세를 별도로 부담을 하지 않으며, 따라서 세금계산서의 발행을 요구해도 발행을 해주지 않는다.

3. 신용카드매출전표(또는 현금영수증)

우선 신용카드매출전표와 현금영수증의 차이를 살펴보면 카드를 사용해서 지출을 하고 본사 또는 본인의 신용카드 만기일에 지출액을 결제하기 위하여 받는 전표는 신용카드매출전표이고 비용을 지출하고 현금을 즉시 내면서 본인의 카드나 핸드폰을 제시하고 영수증의 발행을 요구하는 경우 신용카드 단말기에서 발행해 주는 전표는 현금영수증이다. 그러나 세무상으로는 두 증빙에 대하여 일반적으로 동일한 증빙으로서의 효과를 인정하고 있다. 다만, 현금영수증의 경우 증빙으로 인정을 받기 위해서는 현금영수증의 발급시 증빙용으로 발급을 받아야 한다.

또한 신용카드 결제시 일반적으로 매출전표상으로 공급가액과 부가가치세가 별도로 표기가 되는데, 결제시 세금계산서와 달리 부가가치세를 추가로 부담하지 않는 것이 일반적이며, 구입 가격의 100/110은 공급가액이 10/110은 부가가치세가 되므로 부가가치세 신고시 신고서상에 공급가액을 총액으로 적고 총액에 대한 10%를 부가가치세로 적는 실수를 범하지 않아야 한다.

4. 간이영수증

간이영수증은 문방구에서 파는 간이영수증 또는 영수증이라고 쓰여진 용지를 말하며, 슈퍼나 음식점에서 영수증을 대신해서 사용하는 금전등록기영수증 등도 간이영수증에 포함이 된다.

세금계산서와 계산서, 신용카드매출전표 및 현금영수증 또는 영수증을 제외한 거래명세서나 입금표는 거래증빙이라고 하여 판매처와 구매처가 서로 물건을 주고받고 돈을 지불했다는 외부 거래사실을 증명해주는 증빙일 뿐이지 세법에서는 이를 법정증빙으로 인정을 해주지 않는다.

또한 회사마다 지출시 지출청구 및 지출사실을 증명하기 위해서 회사 자체적으로 지출결의서를 작성해서 사용을 하는 경우가 많은데, 이 또한 내부지출증빙일 뿐 법적으로 인정해주는 법정증빙은 되지 못하니 이점에 유의해서 비용의 지출 시에는 반드시 법정증빙을 수취하도록 한다.

[거래증빙과 법정증빙의 구분]

구 분		증빙인정 여부
내부지출증빙	지출결의서	지출 사실을 증명하기 위하여 회사 자체적으로 만들어 사용하는 내부거래증빙이다.
외부지출증빙	거래명세서	거래명세서는 판매자가 구매자에게 구매물품을 이상 없이 제공했다는 사실을 증명하는 외부거래증빙이다.
	입금표	입금표는 판매자와 구매자 또는 기타의 원인으로 인하여 대금의 수불이 정확히 이루어졌다는 사실을 증명하는 돈을 받은 증표이다.
법정증빙	3만1원부터	세금계산서와 계산서, 신용카드매출전표(접대비는 법인카드만 인정) 및 현금영수증
	3만원까지	세금계산서와 계산서, 신용카드매출전표, 현금영수증 및 간이영수증과 금전등록기영수증

거래명세서와 입금표, 지출결의서는 법정증빙으로서 효력이 있나요?

초보자가 증빙으로 생각하는 것은 꼭 앞서 설명한 세금계산서, 계산서, 신용카드매출전표, 현금영수증 등의 법정증빙만을 생각하지는 않는다. 즉, 거래증빙으로 사용하는 거래명세서나 입금표 등도 증빙으로 생각하는 실무자들이 상당한 것이 현실이다. 거래명세서, 입금표, 지출결의서는 앞서 설명한 바와 같이 법정증빙은 되지 못하나 사인간의 거래에 있어 거래사실을 입증하는 서류의 역할을 한다고 하였다. 그러면 거래명세서와 입금표 그리고 지출결의서 등이 별도 법정증빙을 갖추지 않아도 비용으로 인정되는 사례를 예를 들어 살펴보면 다음과 같다.

[입금표 등으로 증빙이 가능한 경우]

구 분	입금표 등으로 증빙이 가능한 경우
건물(부속토지 포함) 구입시	계약서사본과 대금지급사실입증서류(입금표) 등 제출
회비, 제세공과금, 노동조합비 등	입금표, 법인의 사규규정
사업자 아닌 자로부터의 구입	계약서, 거래명세서 등 제반증빙서류 및 대금지급내역(입금표 또는 통장 사본)
농어민으로부터 재화·용역을 직접 공급 받은 경우	입금표, 영수증, 거래명세서 등
토지 또는 주택 구입, 주택임대용역 (법인 제외) 공급받은 경우	영수증, 입금표, 거래명세서 등

구 분	입금표 등으로 증빙이 가능한 경우
계약서에 의한 판매장려금 지급	판매장려금지출명세서
위약금 등 지급	영수증, 입금표, 거래명세서 등
전산발매통합관리시스템운영사업자의 입장권·승차권·승선권	입장권·승차권·승선권, 영수증, 입금표, 거래명세서 등
국가·지자체·비영리법인과의 거래	입금표, 영수증 등
간주임대료에 대한 부가가치세 부담	입금표

거래명세서

1. 거래명세서는 법적으로 정해진 양식이 있나요?

거래명세서는 거래가 발생된 내역을 판매자와 구매자가 확인하고, 상호 이의가 없음을 확인하는 서류로서 재화의 수량, 단가, 거래시기 등이 기록되어지는 것이기 때문에 내부적으로는 중요하게 보관해야 하는 서류 중에 하나이나 법정증빙은 아니다.

이는 물품의 납품 시 판매자면 누구나 발행을 하는 양식으로 법적으로 정해진 것은 아니나 발행 후 한 장은 판매자가 한 장은 구매자가 보관을 한다.

2. 거래명세서에도 인감은 꼭 찍혀 있어야 합니까?

거래명세서를 주고받을 때 간략히 한다고 인감이 찍혀 있지 않는 경우가 종종 있는데, 이는 나중에 분쟁의 소지가 있으므로 꼭 찍혀 있는 것이 정확하다.

하지만 거래명세서에는 법인인감보다는 사용인감이라고 인감도장은 아닌 법인 도장을 찍는다. 이렇게 필요 기재사항 등이 정확히 기재되어 있는 것이 나중에 혹시라도 조사 받을 때 유리하다.

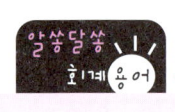

· 법인인감

인감이란 도장의 진짜와 가짜를 감정하기 위해 관공서에 미리 신고되어 있는 도장을 말한다. 법인인감은 법원 등기소에 법인 설립시 신고하는 반면, 개인인감은 읍·면·동사무소에 신고하면 된다. 이때 미리 신고되어 있는 인감과 동일하다는 것을 등기소장 및 읍·면·동장이 증명하는 일을 인감증명이라 하고, 인감증명법에 따라 발급되어 인감을 증명하는 문서를 인감증명서라 한다.

· 사용인감

등기소 및 읍·면·동사무소에 신고된 법인·개인인감도장을 제외한 일반도장을 말한다. 즉, 기업에서 거래 상대방에게 자기 도장임을 증명할 수 있도록 미리 등록해 둔 특정한 도장을 말한다.

특히 인수자 등은 필히 기재되어 있는 것이 좋다. 요즘은 대충 써서 주고받는 경우가 있는데, 정확히 하는 것이 좋다.

3. 거래명세서를 관리하는 방법을 가르쳐 주세요.

거래명세서를 전표와 같이 보관할 필요는 없다. 사실 거래가 끝나고 나면 거래명세서는 별 필요가 없으나 반품 등의 문제가 있을 때나 거래 관계로 인하여 쌍방간에 분쟁 발생시, 세무조사가 나올 때 필요한 경우가 있다.

거래 상대방이나 본사에 세무조사가 나왔을 때 실제 거래인지 아닌지를 증명하기 위해 거래 내역을 요구하는 경우가 있다.

세금계산서에는 목록이 다 안나오고 거의 다 '○○○' 외 이렇게 나오니 믿지 않는 경우가 많으므로 세부 내역을 대라고 하는 경우 거래명세서를 제출하면 된다.

반면, 회사 내부적으로는 잘못된 전표 발행이 있을 경우 거래명세서를 통하여 해당 거래 내역을 확인할 수 있다는 장점이 있다. 거래명세서는 전표의 보관 방법과 같이 거래명세서끼리 일정 기간 단위로 묶어서 보관하면 된다.

입금표

1. 입금표는 법적으로 정해진 양식이 있나요?

입금표는 상대방으로부터 일정액의 돈을 받았다는 사실을 확인해 주는 양식이다. 단, 입금표는 법정증서가 아니다. 따라서 법적으로 정해진 양식이 있는 것도 아니다. 즉, 외상매출대금을 받거나 물건을 판매한 후 현금을 받을 때 받았다는 것을 확인해 주는 사적인 증거 자료이다.

· 이메일로 교부되는 세금계산서는 법적으로 인정받을 수 있는가?

거래처에서 세금계산서를 요청하면 이메일로 세금계산서를 보내기도 할 것이다.

간혹 몇몇 기업체에서 이메일로 보낸 세금계산서는 적합하지 않다며 우편으로 보내달라고 요청하는 경우 과연 이메일로 보낸 세금계산서는 법적으로 인정받을 수 있는지 여부가 궁금해 할 수 있다.

사업자가 세금계산서를 교부함에 있어 그 거래시기에 세금계산서 서식에 세금계산서의 필요적 기재사항과 임의적 기재사항을 기재하여 이를 이메일로 전송하고 공급자와 공급받는 자가 각각 출력하여 보관하는 경우에는 세금계산서를 교부한 것에 해당한다(서 삼 46015-10611, 2002. 4. 15).

따라서 이메일로 보낸 세금계산서를 공급자와 공급받는 자가 각각 출력하여 보관하는 경우에는, 이를 적합한 세금계산서로 인정받을 수 있다.

- 세금계산서가 없이 은행 송금증 만으로도 증빙으로 인정받을 수 있나요?

기업간의 상거래에서 대금지급 증빙으로 입금표를 수취할 경우 서로 왔다 갔다 하는 불편함이 있기 때문에, 이를 해소하기 위해서 은행 등 금융기관을 통하여 송금을 한 무통장입금증(이하 송금증)이 필요하다. 간혹 세무서에서는 자료상을 통한 무자료 가공거래를 적발하기 위하여 매입거래에서 매입세액 부당 공제 혐의가 있다고 판단될 경우 소명자료 제출을 요구한다. 이 경우 입금표보다 송금증이 증거력이 더 크기 때문에 대부분의 회사에서는 은행을 통해 사업자 명의로 송금한 송금증으로 증빙처리를 하고 있다.

그러나 이 경우 송금증만으로는 거래 사실에 대해 충분한 증빙이 되지 못할 수 있다. 즉, 회사가 비용 지출시 그 정당성을 인정받기 위해서는 세금계산서, 계산서, 신용카드 매출전표, 현금영수증 등 법정증빙을 구비해야 하지만 불가피하게 이를 수취하지 못한 경우에는 실질과세 원칙에 따라 송금명세서 등에 의해 거래 사실을 입증하면 비용으로 인정받을 수 있다. 그러나 법정증빙을 수취하지 못하면 세무서로부터 가공매입이나 위장매입 등 조세회피 행위로 추징 당할 수 있다.

은행에서 무통장입금시 작성하는 무통장입금표도 일종의 입금표라 할 수 있다. 일반적인 상거래에서는 보통현금을 받았을 경우 입금표를 써주는데, 경우에 따라서는 신용카드 결제분이나 통장송금분도 입금표를 원하는 경우도 있다.

그럴 경우 입금표 아래 내용을 적는 곳이 있는데, 몇 일자 외상대금 입금액 등 거기에 상세 내용을 기재하고 발행을 해주면 된다. 다만, 실제 받아야 할 사람을 대신해서 타인이 받는 경우에는 받는 사람의 사인도 내용란에 기제를 한다. 통장입금분은 입금통장번호도 같이 적어 두면 더 좋다.

2. 입금표를 받으면 세금계산서는 안 받아도 되나요?

앞서 설명한 바와 같이 입금표는 법정증빙 서류가 아니다. 따라서 입금표를 받았다고 해서 세금계산서를 받지 않아도 되는 것이 아니라 입금표와 별도로 앞서 설명한 바와 같이 세금계산서 등 법정증빙은 반드시 받아야 한다.

3. 현금이 아닌 어음을 받았는데 입금표를 발행해 주어도 되나요?

업종에 따라서는 약속어음이 아닌 문방구어음을 받는 경우 입금표를 발행해주지 않는 경우도 있으나 거래 관계를 지속해 오고 업종의 특성상 문방구어음이 일반화 된 경우에는 입금표를 발행해 주는 것이 통상적인 경우이다.

그러나 처음 거래부터 문방구어음을 받고 입금표를 발행해 주는 것은 신중히 고려해 보아야 한다.

4. 입금표를 관리하는 방법을 가르쳐 주세요.

입금표는 상대방의 지급 사실을 증명하는 것으로 입금표를 제시하고 현금 등을 바로 받는 경우가 대다수이므로 오너가 외상대금 등을 직접 받으러 가는 경우가 아니라 영업사원을 이용하는 경우에는 입금표 관리가 중요하다.

따라서 오너는 입금표에 순번을 매겨 관리를 하고 수금자가 반드시 대금 수취시 사인을 하게 하여 수취·보관을 하도록 한다.

지출결의서

지출결의서는 업무 간소화를 위하여 전표를 발행하지 않고 지출에 관한 내용 및 증빙서류만을 보관하기 위해서 작성하는 것이다. 매출대금 회수 및 금액이 큰 중요 지출에 대해서는 사장 또는 업무총괄자가 집행 및 관리하고, 사무실의 일반경비 지출에 대해서 경리담당자가 관리를 하는 것이 실무상 일반적인데 경리담당자가 관리자에게 결재를 받기 위해서 지출결의서를 작성하고 각종 경비지출 후 그 뒷면에 영수증 등을 첨부해서 보관한다. 즉, 지출결의서는 직원이 많고 적음을 떠나 경비의 처리를 할 때 담당자 임의가 아닌 부서장이나 사장의 허락을 받는 행위의 일종이다. 물론 회사에서 꼭 작성·보관해야 하는 의무는 없지만 업무가 진행되다 보면 상사와 종업원간의 지출행위를 놓고 책임 여부를 가르는 일이 종종 발생한다. 그럴 경우 상사의 지출결의서에 찍힌 도장은 큰 역할을 하기도 한다.

결국 회사에서 의무적으로 지출결의서를 작성할 필요는 없으나 회사 자체적인 내부 관리 목적으로 활용하는 것이라면 잘 활용하는 것도 좋은 방법이다.

· 어음의 분실 또는 도난

어음이나 수표를 수금하면 즉시 어음번호, 수표번호와 지급은행, 지점명 등을 장부 등에 기록해놓는 것이 안전하나 만약 사고가 발생하면 다음과 같은 조치를 취해야 한다.
① 어음·수표의 지급은행 해당 지점에 구두 또는 전화상으로 분실·도난 사실을 신고하고 지급을 정지해 줄 것을 의뢰한다.
② 어음·수표의 발행인에게 연락해 은행에 분실계를 제출하도록 부탁한다. 자신이 발행인인 경우에는 직접 사고신고를 한다.
③ 지급정지를 신청할 때는 어음·수표의 금액을 해당 은행에 별단예금으로 입금해야 한다.
④ 경찰서에 분실신고서 또는 도난신고서를 제출한다.
⑤ 법원에 공시최고 신청을 하여 분실·도난된 어음·수표에 대한 제권판결을 받는다.

03 세금계산서, 계산서, 영수증의 차이는?

세무상 증빙은 크게 현금영수증과 계산서, 세금계산서, 신용카드 매출전표가 있으며, 현금영수증과 신용카드매출전표는 구분이 없는데 계산서와 세금계산서는 사업자의 형태에 따라 구분이 된다는 것을 앞에서 살펴보았다.

위의 내용을 보면 알 수 있듯이 아주 간단하면서도 계산서와 세금계산서의 차이에 대하여 궁금해하고 물어보는 사람들이 상당수에 이르고 있는 것이 현실이다.

따라서 계산서와 세금계산서를 다시 한번 구분해보면 과세사업자는 세금계산서를 발행할 수 있고 면세사업자는 계산서를 발행할 수 있다. 다만, 과세사업자 중 간이과세자는 세금계산서를 발행할 수 없으므로 간이과세자(면세사업자 포함)로부터 물건을 구입하는 사람은 아무리 판매자에게 세금계산서를 발행해 달라고 해도 발행해 주지를 않는다.

또한 상대방에게 세금계산서를 받으면 부가가치세신고 시 매입세액을 공제 받을 수 있는 반면 계산서는 매입세액공제를 받을 수 없다. 따라서 상대방에게 계산서를 받는 경우에는 부가가치세를 부담하지도 않고 구입금액과 부가가치세도 구분하여 표기되지 않는다.

[과세사업자와 면세사업자가 발행 가능한 증빙]

구분		발행 가능한 증빙 종류
과세사업자	일반과세자	영수증, 신용카드매출전표(현금영수증 포함), 세금계산서
	간이과세자	영수증, 신용카드매출전표(현금영수증 포함)
면세사업자		영수증, 신용카드매출전표(현금영수증 포함), 계산서

세금계산서

세금계산서란 부가가치세법상 과세사업자가 물건이나 서비스를 제공하게 부가가치세를 상대방으로부터 받았다는 사실을 증명하기 위하여 상대방에게 발행해주는 세금영수증을 말한다.

세금계산서는 세법에서 규정하는 어느 증빙보다도 그 신뢰도가 높으며, 이에 대한 규정은 세법 중 부가가치세법에서 규정하고 있다.

1. 세금계산서를 발행해야 하는 사업자

① 과세사업자

과세되는 물품 또는 서비스를 판매하는 경우에 일반과세자는 세금계산서를 발행해야 하나, 간이과세자는 세금계산서는 발행할 수 없으며, 대신 영수증을 발해해야 한다. 또한 수입시에는 세관장이 수입세금계산서를 발행하게 되는데 수입세금계산서도 일반세금계산서와 동일시 취급을 하면 된다.

② 영세율 적용 사업자

영세율이 적용되는 경우 특별히 교부의무를 면제한다는 규정이 없는 한 세금계산서를 발행해야 하는 것이 원칙이다.

· 영세율
영세율은 세율이 0%인 세율을 말하는 것으로 대표적인 것이 부가가치세법상의 영세율제도이다. 이는 수출활성화 등 조세정책적 목적으로 이용하는 것으로, 일반적으로 부가가치세율이 10%인 반면 영세율 대상은 세율이 0%가 된다.

참고적으로, 영세율 세금계산서가 일반세금계산서와 다른 점은 세율이 0%로서 부가가치 기재란에도 0원을 기입한다는 점만 다를 뿐 일반세금계산서 양식과 동일하다.

2. 세금계산서 작성 요령

세금계산서는 공급받는 자용(청색) 1매와 공급 자용(적색) 1매를 작성하여 그 중 1매를 구입하는 자에게 주면 부가가치세신고시 매입처별세금계산서합계표에 기재하여 제출하고 매입세액 공제를 받는다.

그리고 나머지 1매는 판매자가 보관하다가 부가가치세신고시 매출처별세금계산서합계표에 기재하여 제출하고 부가가치세를 납부하면 된다.

반면, 아래의 4가지 사항을 세금계산서의 필수 기재 사항이라고 하는데, 기재를 누락하는 경우 세금계산서가 아닌 일반영수증과 같이 취급된다는 점에 유의해야 한다.

① 공급자의 사업자등록번호, 성명 또는 명칭
② 공급받는 자의 사업자등록번호
③ 공급가액과 부가가치세액
④ 작성 연월일

물품 또는 서비스를 공급받는 자가 사업자가 아닌 경우에는 공급받는 자의 등록번호대신 부여받은 고유번호 또는 공급받는 자의 주소, 성명 및 주민등록번호를 기재해야 한다.

위에서 설명한 필수 기재 사항을 제외한 세금계산서 양식상의 항목인 아래 5가지는 잘못 적어도 문제가 없다.

① 공급하는 자의 주소
② 공급하는 자의 상호·성명·주소
③ 품목·규격·수량·단가
④ 공급 연월일
⑤ 영수와 청구 체크

따라서 세금계산서 발행 시 돈은 아직 받지 못했는데 영수로 체크를 해야 할지 청구로 체크해야 할지는 실무상으로는 크게 고민을 안해도 된다. 그러나 일반적으로 돈을 받고 세금계산서를 발행해주는 경우에는 영수로 돈을 받기 전에 미리 세금계산서를 발행해주는 경우에는 청구로 표기를 한다.

계산서

1. 계산서의 작성·교부

사업자가 물품 또는 서비스를 판매하는 때에는 계산서 또는 영수증을 작성하여 공급받는 자에게 주어야 하며, 부가가치세법의 규정에 의하여 세금계산서 등을 작성·교부하는 경우에는 계산서 등을 작성·교부한 것으로 본다. 따라서 부가가치세법상 면세사업자인 경우 세금계산서의 작성·교부 의무는 없으나 소득세법상의 계산서 작성·교부 의무는 있다.

2. 계산서의 교부 방법

사업자가 물품 또는 서비스를 판매하는 때에는 다음의 사항이 기재된 계산서 2매를 작성하여 1매는 공급자가 보관하며, 1매는 공급받는 자에게 주어야 한다.

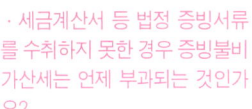

· 세금계산서 등 법정 증빙서류를 수취하지 못한 경우 증빙불비가산세는 언제 부과되는 것인가요?

회사에서 비용을 지출할 때 건당 거래금액이 3만원을 초과했는데, 세금계산서 등 법정증빙을 수취하지 못했다면 증빙불비가산세가 적용된다.

이 경우 증빙불비가산세가 세무조사 적발시 부과되는 것인지 아니면 자진 납부하는 것인지 애매할 수 있다.

증빙불비가산세는 복식부기 의무자(개인, 법인)가 법인세나 종합소득세를 자진 신고·납부하면서 해당 회사 사업과 관련하여 건당 3만원을 초과하는 비용을 지출할 때 거래 상대방으로부터 세금계산서나 계산서, 신용카드매출전표 등 '법정증빙'을 수취하지 못하고 간이영수증이나 입금표, 금전등록기영수증 등을 관련 증빙으로 수취한 경우에 거래금액의 2%에 해당하는 가산세를 법인세나 종합소득세에 합산하여 납부하면, 과세관청(국세청)에서 이를 토대로 법정증빙을 교부하지 않고 과세표준액(매출액)을 누락한 거래 상대방에게서 세금을 징수하는 것을 말한다.

따라서 증빙불비가산세는 결산확정 후 세무조정시 법정증빙을 수취하지 못한 거래금액에 대하여 법인세나 종합소득세를 납부할 때 발생하며 '자진 신고·납부' 해야 하는 것이다.

04 세금계산서를 주고받을때 조심해야 할 사항은?

세금계산서의 발행

세금계산서를 "제대로" 주고받는 회사는 회사의 내부 통제나 경영 관리가 잘되고 있는 회사이다. 세금계산서는 회계처리뿐만 아니라 모든 관리, 영업상의 근본이 되는 동시에 우리 회사의 얼굴이다.

세금계산서는 거래와 관련된 물품 또는 서비스의 실제거래자, 대금결제 받는 자, 세금계산서상 명의자 등 3가지가 모두 일치해야 하며, 하나라도 실제와 다른 경우에는 부실 거래로 분류되어 가산세가 부과되거나 매입세액을 공제 받지 못함은 물론 매입원가도 인정받지 못하는 경우가 많다.

세금계산서를 영업사원이나 현장에서 발행하는 경우에는 경리팀에서 사전에 사용 방법을 교육하고 세금계산서의 일련번호를 부여하여 영업사원 등에게 지급·관리하고 매월 이를 체크하여 부가가치세 신고 전에는 세금계산서 발행 여부를 반드시 세금계산서 지급자별로 확인하도록 해야 한다.

이때 교부받은 세금계산서 수량에 따라 발행처를 확인하고 잘못 발행한 경우에도 반드시 세금계산서 원본을 반납 받아 직접 서손처리하는 것이 좋다.

세금계산서를 경리팀에서 발행하는 경우에도 거래시기, 거래처명, 거래금액을 명확히 확인하여 실거래 내용과 일치하는 지를 확인하고 발행해야 한다.

부가가치세 신고 때에는 이미 발행되었으나 집계에 누락된 세금계산서가 없는 지를 확인하고 제품이 이미 인도되는 등 과세시기가 경과한 거래의 경우에는 세금계산서를 다시 챙겨서 신고·누락되지 않도록 해야 한다.

소매 판매하거나 거래 상대방이 세금계산서를 받지 않으려고 하는 경우, 실제매출처가 아닌 다른 사업자에게 세금계산서를 발행하는 일이 있으나 이때는 최종 소비자인 경우 세금계산서를 발행하지 않고 부가가치세신고시 매출과표에만 포함하면 되고 (신고서상 "기타" 란) 최종 소비자가 아닌 사업자인 경우는 매입세액공제 등 자료 수취의 유리한 점을 알리고 세금계산서를 발행하여 등기우송을 하는 등 자료 거래를 정상적으로 하려는 노력이 필요하다.

상장기업 등 커다란 거래처를 거래하는 경우에도 종속적인 거래인 경우 거래처가 요구하는 시기와 조건으로(특히 연도 말의 경우) 세금계산서를 발행하는 경우가 있는 바 항상 실거래와 일치하는 세금계산서를 발행하고 그 거래처에는 매입세액이 불공제 되어도 우리의 책임이 없음을 알려야 한다.

세금계산서의 수취

최근 국세청에서는 자료상과의 거래를 색출하기 위하여 국세통합전산망을 이용한 자료상과의 거래 자료를 계속 밝혀냄으로써 수많은 기업들이 생각 없이 실거래 자와는 다른 사업자(자료

· 누락
누락은 마땅히 기록되어야 할 사항이 기록되지 않은 경우를 말하는 것으로, 세법에서는 당연히 신고되어야 할 사항이 기록되지 않은 경우를 지칭한다.

상 포함)의 세금계산서를 받았음이 밝혀져 거액의 과세를 당하는 등 사업의 존폐를 걱정할 정도로 세금계산서 받는 문제가 매우 심각한 실정이다.

특히 제조업체와 도매상의 경우 세금계산서를 받는 경우에는 실제로 물건을 공급한 자, 대금지급을 한자와 그 명의가 일치하는지를 반드시 확인해야 한다. 실제로 물건을 공급하고 대금을 지급 받은 자가 중간도매상(속칭 "나카마")이어서 다른 사업자(대부분 자료상임)의 세금계산서를 받는 경우 대부분의 회사에서는 "실물거래하고 대금결제를 했으면 됐지 세금계산서야 무슨 문제가 있겠냐"하는 경우가 많으나, 이 경우 반드시 사후에 세금계산서 때문에 큰 문제가 생긴다.

이러한 위장거래(실물거래는 하였으나 세금계산서를 다른 사업자의 세금계산서를 받은 경우)일 지라도 사후에 부실 세금계산서 자료가 발생하면 그 실거래 사실을 인정받기는 하늘의 별 따기보다 어렵다. 왜냐하면 그런 경우 대부분의 거래는 현금거래이고 그 물품의 입·출고나 객관적인 대금지급증빙은 아무 것도 없기 때문이다.

중간도매상은 엉뚱한 사업자(자료상)명의의 세금계산서, 거래명세서, 입금증, 거래사실확인서 등을 세트로 가지고 다니므로 이런 서류는 자료발생시 객관적인 실거래증빙이 되지 못한다. 이러한 중간도매상과의 거래가 부득이한 경우에는 실거래증빙을 유지하는 것이 관건이므로 대금지급시 금융기관을 통하여 무통장입금(세금계산서명의자에게) 시켜주거나 그것도 힘든 경우 지급하는 수표와 수금자의 주민등록증을 복사하거나 자필서명을 받아놓는 등의 철저한 대비가 필요하다.

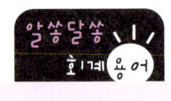

· 수표
수표란 은행 등 발행인이 지급인에 대하여 수취인, 기타 정당한 소지인에게 일정한 금액을 지급할 것을 위탁하는 증권을 말한다.

물론 모든 매입거래 시 이렇게 주의를 할 필요가 없다. 다만, 큰 거래가 성사되어 갑자기 원자재가 필요한 경우, 전혀 거래가 없던 거래처를 영업사원이 조건이 좋다며 거래를 튼 경우, 무조건 현금거래를 요구하는 경우에는 반드시 주의해야 한다.

기타 물건의 실제 공급시기와 다르거나 실제공급물량과 다른 세금계산서를 받아서 매입세액이 불공제 되는 경우도 있으므로 세금계산서를 받는 경우 거래시기와 물량을 확인하여 매입세액이 불공제 되지 않도록 항상 주의를 해야 한다.

세금계산서 주고받을 때 반드시 확인해야 할 사항

세금계산서에는 반드시 기재해야 하는 필요적 기재사항이 있는데, 세금계산서를 발행하거나 받을 때는 아래의 필요적 기재사항이 정확히 기재되었는지를 확인해야 한다.

만약 아래의 사항의 사실과 다르게 기재되면 매입세액을 공제 받지 못하거나 가산세를 물게 되므로 주의해야 한다.

① 공급자의 사업자등록번호, 성명 또는 명칭 → 실제 물건을 판매하는 자와 세금계산서 발행자가 동일한지, 정상적으로 사업 중인 일반과세자 인지 확인
② 공급받는 자의 사업자등록번호 → 공급받는 자의 사업자등록번호가 정확한지 확인
③ 공급가액과 부가가치세액
④ 작성 연월일

· 가산세
가산세란 세법에서 규정하는 의무의 성실한 이행을 촉구할 목적으로 의무를 위반한 경우에 당해 세법에 의하여 산출한 세액에 가산하여 징수하는 금액을 말한다.

1. 물품 또는 서비스의 공급일자와 일치여부 확인

참고로 위의 필요적 기재사항을 적고 이에 대한 확인 도장을 찍어야 한다. 신용카드매출전표도 위의 요건을 갖추면 세금계산서의 기능을 한다.

2. 정상사업자 여부 확인

폐업자가 폐업일 이후에 재고품을 처분하면서 종전의 사업자등록번호를 사용하여 세금계산서를 발행하는 경우가 종종 있으므로 거래 상대방이 의심스러운 경우에는 정상사업자인지 여부를 확인해 보는 것이 좋다.

3. 위장 · 가공 세금계산서

상품 등을 판매하고 실지 공급자가 아닌 다른 사람 명의로 발행한 세금계산서를 위장세금계산서라고 하며, 실물거래 없이 일정액의 수수료를 받고 발행한 세금계산서를 가공세금계산서라고 한다.

통상 자료상이라 불리는 자들이 바로 가공세금계산서를 발행하는 사람들이다. 이러한 위장, 가공 세금계산서를 받거나 교부한 경우에는 매입세액공제를 받을 수 없을 뿐만 아니라 소득금액 계산 시 비용으로 인정받지 못하며, 각종 가산세를 물어야 한다. 또한 그 정도에 따라서는 조세범처벌법에 의해 벌금 및 징역을 선고받을 수 있다.

국세통합전산망이 가동되어 아래와 같은 거래가 적발되어 추징되고 있다. 많은 회사가 사업 부진으로 폐업하면서 불명 자료가 특별히 많이 나오고 있다.

· 위장

위장은 한 개체가 다른 개체처럼 흉내 내는 것으로 세무상으로는 외부로 드러나는 거래내용이 실제의 거래내용과 다른 변칙적인 거래를 말한다. 위장거래에는 실물거래(實物去來)는 있으나 거래품목, 거래상대방 등 거래내용의 일부 또는 전부가 사실과 다른 경우와 실물거래없이 세금계산서만 교부하는 가공거래를 수반하는 경우가 있다. 위장거래에 대하여는 실질과세원칙에 의해 실제내용에 따라 실제거래자에게 과세하여야 한다. 위장거래의 당사자에 대하여는 부가가치세법상 세금계산서불성실교부에 따른 가산세와 매입세액불공제 규정이 적용될 뿐만 아니라 조세범처벌법에 의한 처벌규정도 적용된다.

· 조세범처벌법

조세범처벌법이란 사기 등의 부정한 방법으로 조세를 포탈하거나 조세의 환급, 공제를 받은 자를 처벌하는 법이다.

■ 매입자료 중에서,
① 실제거래처와 매입자료를 받은 거래처가 틀리는 경우
   예) 소개받아서 자료를 다른 곳에서 받는 경우 → 원칙적으로 불법자료이며, 자료상거래로 분류된다.
② 폐업한 거래처와 거래한 자료 → 부도난 회사 등 상대방이 부가가치세신고를 제대로 하지 않은 경우
③ 일시 거액의 거래자료(회사 규모에 비해 일시 거액의 매입인 경우)
   → 실제 거래인가에 대한 증거조사가 실시된다.
   → 증거는 거래사실확인서 어음발행, 무통장입금증 등이 필요하다.
④ 고정 거래처가 아닌데(처음 거래하면서) 일시에 많은 매입자료를 받았을 때
⑤ 업종이 상이한 거래처에서 매입한 자료
⑥ 원자재 투입비율이 맞지 않을 때
   예) 임가공회사가 원자재를 끊은 경우

■ 매출자료 중에서,
① 일시거액의 매출자료(회사규모에 비해 일시 거액의 매출인 경우)
② 고정 거래처가 아닌데 일시에 많은 매출자료를 발생시켰을 때
③ 업종이 상이한 곳에 원재료 매출

05 현금영수증과 간이영수증은 무슨 차이가 있나요?

2005년 1월 1일부터 적용되는 현금영수증 제도는 현금영수증 심의위원회의 심의를 거쳐 국세청장으로부터 현금영수증사업의 승인을 얻은 현금영수증사업자가 대통령령이 정하는 현금영수증 발급 장치 설치 건수 및 신용카드 단말기에 현금영수증 발급 장치를 설치한 사업자(현금영수가맹점)로부터 결제 받은 현금영수증을 말하는 것이다.

① 현금영수증 발행대상 : 제한금액이 없음
② 현금영수증 발급 가능한 카드 : 적립식 카드(OK 캐쉬백, LG 보너스 카드, 굿 보너스 카드), 멤버쉽 카드, 신용카드

따라서 현금을 내고 위의 발급 가능한 카드가 아닌 금전등록기 영수증이나 일정한 형식에 따라 발급 받는 간이영수증은 현금영수증에 포함이 되지 않는다.

또한 조세특례제한법 규정의 현금영수증은 5만원초과의 경우도 법인세법의 지출증빙가산세 적용되지 아니하나, 그러한 영수증이 아닌 일반적인 금전등록기 형식의 영수증이나, 현금영수증가맹사업자가 아닌 자가 발행하는 현금영수증 비슷한 영수증은 5만원초과 지출시 지출증빙가산세 적용된다.

[현금영수증과 간이영수증의 차이]

구 분	현금영수증	금전등록기영수증 및 간이영수증
범위	적립식 카드(OK 캐쉬백, LG 보너스 카드, 굿 보너스 카드), 멤버쉽 카드, 신용카드를 통하여 받은 영수증	현금영수증의 범위에 속하는 카드가 아닌 금전등록기나 문방구 인쇄용지 등을 통하여 발급 받은 영수증
혜택	〈현금영수증 수취자〉 ① 근로소득자 : 근로소득자는 총급여액의 20%를 초과하는 현금영수증 사용금액의 20%를 연말정산시 500만원 한도 내에서 소득 공제 받을 수 있다. ② 사업자 ● 사업자가 발급 받은 현금영수증은 소득세법 제160조의2 및 법인세법 116조에 의거 필요 경비로 인정된다. ● 3만원초과를 접대비로 사용하고 현금영수증을 발급 받은 경우에도 신용카드 매출전표처럼 법정증빙으로 인정된다. ● 사업과 관련하여 현금(지출증빙)이 기재된 현금영수증을 발급 받은 경우 부가가치세법 시행령 제60조 제1항에 의거 부가가치세 매입세액 공제를 받을 수 있다. ③ 현금영수증 가맹점 ● 가맹점이 현금영수증을 발급한 경우 발급 금액의 100분의1(음식, 숙박업 사업자 중 연매출액 4,800만원이하인 간이과세자는 현금영수증 발급 금액의 2%)에 상당하는 금액을 연간 500만원의 한도 내에서 부가가치세 세액공제 혜택을 받을 수 있다(가맹점이 개인사업자인 경우에만 적용되며, 법인사업자에게는 적용되지 않음). ● 매출액이 전년도보다 130% 초과한 현금영수증 가맹점에게는 특별한 혜택이 있다. ● 증가된 수입금액에 대해 부가가치세, 소	혜택 없음

구 분	현금영수증	금전등록기영수증 및 간이영수증
	득세, 법인세 감면 등 세액감면 혜택을 받을 수 있습니다. ● 간편장부대상자는 기장세액공제율을 20%로 적용 받을 수 있습니다.	
법정 증빙 인정여부	3만원이하 및 초과 금액에 대하여도 지출증빙으로 인정이 되며, 개인명의 수취분도 업무 관련성만 입증이 되면 비용으로 인정이 가능하다.	3만원이하 금액에 대하여는 비용으로 인정을 받을 수 있으나 초과 금액에 대하여는 비용으로 인정을 받을 수 없으며, 증빙불비가산세 2%를 부담해야 한다.
증빙불비 가산세 규정적용 여부	적용 안됨	3만원초과 지출시 법정증빙을 수취하지 않으면 증빙불비가산세 2% 적용

임직원 개인 신용카드 사용분도 회사비용으로 인정받을 수 있나요?

신용카드는 크게 법인카드와 개인카드로 구분이 가능하다.

현재 우리나라 기업의 대다수는 법인 형태가 많고 대다수 법인카드의 사용을 권장하고 있기 때문에 실무자들은 법인카드만이 법정증빙이 가능한 카드로 오해하는 경우가 많다.

그러면 개인회사나 신설법인 등 일부 법인의 경우 비용을 지출하고 개인카드 결제 후 받는 신용카드매출전표는 모두 법정증빙의 효력을 발휘하지 못하는 것일까?

회사에서 회식을 하고 급하게 물품을 구입하거나 영세한 법인의 경우 법인카드 한도액 초과로 인하여 어쩔 수 없이 사장이나 직원의 개인카드를 사용하는 경우가 실무상으로 너무나 많이 발생을 한다.

이에 대해서 세무상 규정을 통하여 개인카드와 법인카드 모두 법정증빙으로 인정받는 경우와 법인카드만 법정증빙으로 인정받는 경우를 표를 통하여 살펴보면 다음과 같다.

구 분	증빙인정 여부	매입세액공제여부
접대비	법인은 법인카드만 인정(개인회사는 법인카드가 없으므로 업무와 관련된 접대비인 경우 사업용 계좌와 연결된 개인카드도 인정)	매입세액불공제
일반비용	법인카드, 사업용 계좌와 연결된 개인카드 모두 인정	매입세액공제(개인카드 지출분에 대해서 회사경비 처리 시 개인의 연말정산 시 신용카드 소득공제를 받을 수 없음)

위의 신용카드매출전표에는 현금영수증도 포함이 된다.

그리고 일반비용은 원칙적으로 매입세액공제가 가능하나 접대비 및 다음의 비용은 매입세액 불공제되므로 부가가치세 신고·납부시 반드시 유의해야 한다.

매입세액불공제 항목

① 사업과 직접 관련 없는 매입세액
즉, 회사의 비용으로 처리할 수 있는 경우나 매입세액공제는 회사의 영업을 위해서 지출하는 비용에 한해서 가능한 것이지 개인을 위한 지출은 비용뿐만 아니라 매입세액공제도 불가능하다. 따라서 실무자들은 법인카드로 결제를 하더라도 개인적 지출과 회사관련 지출을 반드시 구분해서 장부를 기장·보관해야 한다.
② 면세사업 및 토지관련 매입세액
③ 비업무용(영업용) 소형승용차의 구입과 유지에 관련된 매입세액(차량수리비, 보험료, 주차비, 세차비 등)
참고적으로, 불공제 요건을 비업무용이라고 하며, 일부 실무자들은 우리 회사는 승용차를 영업용으로 사용을 하므로 업무용으로 공제가 가능하다고 판단을 한다. 그러나 여기서 업무용이란 업종상 운수업과 같이 승용차를 이용해서 돈을 벌어먹고 사는 업종을 말한다. 따라서 운수업을 제외한 대다수의 일반 회사는 비록 승용차를 영업용으로 이용을 해도 비업무용이 된다.
④ 사업자등록 전 매입세액

경리업무를 겸직하는 사장이 꼭 알아야 할 창업회계

◯ 일반비용의 개인신용카드 사용

접대 목적이 아닌 복리후생 목적의 지출에 대해서는 법인카드 뿐만 아니라 종업원 명의의 신용카드 지출도 비용으로 인정되며, 증빙불비가산세와 관련해서는 법정증빙에 해당되어 가산세 등의 불이익을 받지 않는다.

그러나 신용카드의 사용 목적이 업무용 지출임을 증명해야 하며, 비용으로 인정받은 부분에 대해서는 근로소득 연말정산시 신용카드 소득공제를 받을 수 없다.

따라서 업무 관련성을 입증하는데 조금이나마 불편을 해소하기 위해서는 법인카드가 있는 경우 법인카드(개인사업자는 사업용계좌와 연결된 개인카드)를 우선적으로 사용하는 것이 좋다.

◯ 접대비의 개인신용카드 사용

접대비를 법인카드가 아닌 개인신용카드를 사용해서 지출한 경우 3만원미만의 경우에는 영수증을 받아 비용으로 인정받을 수 있으나 3만원초과의 경우에는 전액 비용으로 인정받을 수 없다. 반면 개인회사의 경우 원칙적으로 법인카드를 발급 받을 수 없으므로 사업용계좌와 연결된 개인카드 사용분도 비용으로 인정이 된다.

◯ 해외 거래처 방문시 개인카드 사용분

해외 현지에서 거래처 접대 및 숙박비 등에 대해서 국내 은행 및 카드사에서 발급한 직원 개인카드를 이용해서 결제를 하고

· 국내출장비에 대한 증빙은 어떻게 갖추어야 하나요?
국내출장비는 통상 숙박비·교통비·식대·잡비 등으로 구성되고, 회사의 출장비규정에 따라 정액으로 지급되며, 일반적으로 지출결의서 등의 출장비 수령인만 받아두는 것이 실무적으로 많다.
이 경우 교통비에 대해서는 다음의 증빙을 비치하면 된다.
1. 시외버스, 고속버스, 기차는 승차권
2. 항공기는 항공권
3. 시내버스나 택시비는 여비교통비 지출내역서
4. 숙박비나 식대는 신용카드매출전표나 영수증

회사 접대비 및 출장비로 비용 처리하는 경우 해외에서 지출한 접대비의 경우에도 1회에 3만원초과 지출시에는 신용카드매출전표·계산서·세금계산서를 받아야 접대비로 인정된다.

따라서 해외 현지에서 직원이 지출한 비용 중 출장비의 경우에는 개인명의 신용카드를 사용하더라도 비용 인정이 가능하나, 접대비의 경우에는 법인카드를 사용해야 비용으로 인정이 가능하다.

개인사업자의 개인신용카드 지출증빙

개인사업자는 사업용 계좌와 연결된 대표자 개인명의 카드와 종업원이 개인명의로 발급 받은 신용카드에 의해서 업무와 관련하여 지출한 것으로 확인되는 신용카드매출전표는 지출증빙으로 인정한다. 만약 이러한 법정증빙을 받지 않은 경우 일반적인 재화·용역 거래의 경우 그 거래 금액의 2%를 가산세로 납부해야 하며, 접대비의 경우 한도와 관계없이 필요경비에 산입할 수 없다.

· 개인회사 사장의 신용카드 사용분은 어디까지 비용으로 인정되나요?

법인사업자의 신용카드 사용 분의 경우 회사 업무와 관계없이 지출된 부분을 제외하고는 전액 비용인정이 가능하다. 그러나 개인회사의 경우에는 대부분 사장 개인 명의의 신용카드로 비용을 지출하게 되므로 그 내역 안에 사장의 가계생활비 등 개인 용도의 사용 분이 포함될 수 있다.
따라서 회사 업무와 관련하여 비용 처리할 수 있는 부분(업무 관련 비용)과 그렇지 않은 부분(업무와 무관한 비용)을 나누어 처리할 수 있는지 여부 등에 대한 정확한 이해가 필요하다.
이를 해결하기 위해 사업용 계좌 제도를 시행하고 있으며, 사업용 계좌와 연결된 지출의 경우 특별히 가사용 지출로 판명되지 않는 한 사업용 지출로 보아 비용인정 한다.

증빙이 없는 접대비의 처리

세무상 유의사항

1. 부가가치세 문제

접대비와 관련한 지출액에 대해서는 부가가치세 매입세액불공제 대상에 해당한다. 따라서 세금계산서를 받는 다고 해도 부가가치세매입세액공제는 받을 수는 없다, 따라서 부가가치세대급금으로 별도 분개를 하지 않고 접대비에 포함을 시켜서 분개를 한다.

2. 법인세법상 유의사항

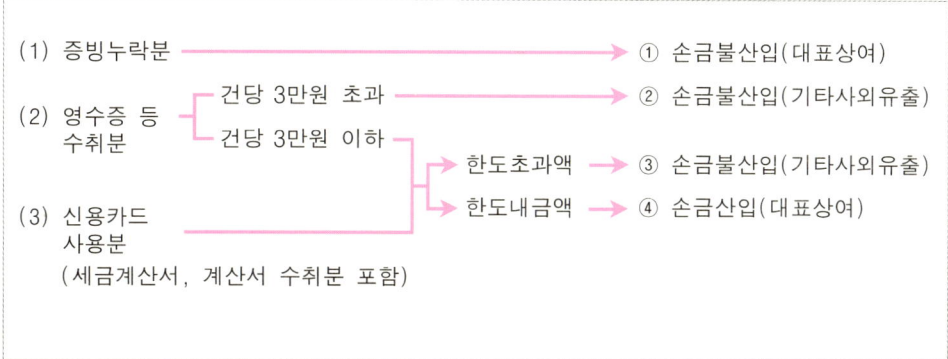

① 세무상 접대비의 범위

접대비의 경우 세무상 제한을 많이 받게 되는 세무상 접대비의 범위를 살펴보면 다음과 같다.

① 법인이 그 사용인이 조직한 법인인 조합 또는 단체에 지출한 복리시설비
② 금융기관 등이 적금·보험 등의 계약이나 수금에 필요하여 지출하는 경비
③ 도서상품권 또는 문화상품권의 발행을 주된 사업으로 하는 법인이 발행한 도서상품권 또는 문화상품권을 그 법인으로부터 직접 구입하여 타인에게 무상으로 제공한 경우 그 가액
④ 업무와 관련하여 거래처 등과 약정에 의하여 정당한 사유 없이 채권의 전부 또는 일부를 포기함으로 인한 금액
⑤ 접대비 관련 부가가치세 매입세액공제액 및 거래처에 대한 현물접대에 따른 부가가치세 매출세액
⑥ 사회 통념상 인정될 수 있는 범위(다과 및 음식물 등)를 초과하여 지출하는 회의비 및 유흥을 위하여 지출하는 비용
→ 접대비와 관련해서는 그 증빙을 갖추지 못한 접대비와 건당 5만원초과 지출을 하면서 신용카드를 사용하지 않은 경우, 접대비 한도초과액, 신용카드 미달 사용액에 대한 세무 조정을 해야 한다.
⑦ 판매장려금 중 사전약정 없이 지급하거나 비정상적으로 사전약정을 초과하여 지급한 금액

② 세무상 접대비 한도액

접대비는 다음의 금액을 한도로 한다. 그리고 접대비 해당 액은 총접대비 중 기밀비·증빙불비접대비, 건당 5만원을 초과하는 접대비로서 세금계산서 등 적격증빙을 갖추지 못한 경우의 접대비를 차감한 금액으로 한다.

접대비 한도액 = ① + ②
① 1,200만원(중소기업의 경우에는 1,800만원) × 당해 사업연도의 월수 / 12
② 수입금액 × 수입금액 적용율

㉠ 수입금액

수입금액이란 매출액에서 매출에누리와 환입 및 매출 할인을 차감한 금액으로 일반적으로 작업 폐물의 매출이나 부산물의 매출 등 그 성격이 영업적인 수입액을 말한다. 따라서 임대업을 주업으로 하지 않는 법인이 임대 수입이 생긴 경우 이것은 영업상의 수입에 해당하지 아니하고 영업외 수입에 해당하므로 이를 수입금액에 포함하지 아니한다.

㉡ 수입금액 적용률

구분		접대비 한도액
일반 수입금액	100억원 이하분	0.2%
	100억원 – 500억원 이하분	20,000,000원 + 100억원 초과액의 0.1%
	500억원 초과분	60,000,000원 + 500억원 초과액의 0.03%

3. 증빙관리 방법

회사가 지출한 접대비 중 그 성격상 지출내역을 밝힐 수 없는 비용이나 증빙을 갖추지 못한 접대비는 이를 손금불산입 한다. 즉, 비용으로 인정을 해주지 않는다.

내국법인 1회 지출한 접대비가 3만원초과인 경우에는 신용카드(직불카드)를 사용하여 지출하거나, 세금계산서 또는 계산서를 교부받고 지출해야 한다. 1회 지출한 접대비가 3만원초과인 경우 영수증을 교부받고 지출하면 그 접대비는 손금에 산입하지 않는다.

그러나 1회 지출한 접대비가 3만원미만인 경우에는 영수증을 받아도 손금불산입하지는 않는다.

· 접대비 업무관련성 입증에 관한 고시에 의해 접대목적 등을 기재한 증빙서류란?

현실적으로 기업은 업무와 관련하여 접대비를 지출할 수밖에 없으므로 업무 관련 접대비는 앞으로도 계속 비용으로 인정받을 수 있다. 단, 지금까지 세법상 한도 내에서 지출하는 접대비는 관행적으로 업무 관련성을 확인하지 않고 비용으로 인정해 주었으나, 접대비는 이를 지출하는 상대방에게 경제적 · 정신적 · 육체적 이익을 주는 것이 많기 때문에 자칫 그 지출이 증가할 수 있다. 또 경영활동에 필요한 접대비가 비자금 조성 등에 악용되거나 기업주나 임직원들이 사적으로 지출한 비용을 회사 비용으로 처리하는 사례가 적지 않으므로 건당 50만원을 초과하여 지출하는 접대비에 대해서는 신용카드 매출전표 등 정규 영수증을 첨부한 용지의 여백이나 별도의 접대비 지출내역서에 접대자와 접대 상대방, 접대목적 등을 기재하거나 '접대비명세서'를 작성해서 보관해야 한다. 단, 이를 세무서에 제출할 필요는 없다.

접대자, 접대목적, 접대 상대방 등 지출내역을 보관해야 하는 '건당 50만원 이상'인 접대비란 부가가치세 및 봉사료 등을 포함한 금액을 의미한다. 예를 들어 식대 460,000원(VAT 별도)을 접대목적으로 지출한 경우 부가가치세를 포함한 금액이 506,000원이므로 반드시 지출증빙을 작성 · 보관해야 한다.

[접대비의 세무상 처리]

구분			처리 방법	소득 처분
기밀비나 증빙이 없는 접대비 등			손금불산입(비용 불인정)	상여
건당 3만원 초과 접대비로서 법정증빙을 수취하지 않은 경우			손금불산입(비용 불인정)	기타사외유출
일반 접대비 한도 계산	한도초과액		손금불산입(비용 불인정)	기타사외유출
	한도내금액	법정증빙미달사용액	손금불산입(비용 불인정)	기타사외유출
		법정증빙미달사용액 이외의 금액	손금산입(비용 인정)	
비고	그리고 접대비로 인정을 받기 위한 비용지출은 다음의 세 가지로 볼 수 있다. ① 법정증빙을 사용한 접대비(세금계산서, 계산서, 신용카드) ② 건당 3만원 이하의 접대비로서 영수증(간이계산서) 등을 수취한 금액 ③ 현물접대비(자사 제품을 거래처에 증정하는 경우 등)			

건당 3만원초과의 지출시에는 반드시 세금계산서, 계산서, 신용카드매출전표 중 하나를 수취해야 한다. 따라서 동 증빙 중 하나를 수취하지 않은 경우에는 동 금액을 손금불산입하고 기타사외유출로 이를 처리한다.

여기서 말하는 신용카드(직불카드와 외국에서 발행한 신용카드를 포함함)는 당해 법인의 명의로 발급 받은 신용카드(법인카드)를 말한다. 따라서 법인의 임원 또는 사용인의 개인신용카드로 결제한 금액은 그 금액이 3만원초과인 경우 이를 손금불산입한다.

또한 매출전표 등에 기재된 상호 및 사업장 소재지가 재화 또는 용역을 공급하는 신용카드 등의 가맹점의 상호 및 사업장 소재지와 다른 경우 당해 접대비 지출액은 신용카드 사용 접대비에 포함하지 않는다.

판공비에 대하여는 일정지출 한도내의 금액을 비용으로 무조건 인정해 주나요?

08

판공비라는 것은 별도로 규정을 하고 있는 것이 아니며, 회사 내부적으로 일정액을 정하여 접대나 기타 목적으로 사용하는 금액을 통틀어 칭하고 있다.

따라서 판공비의 대다수는 접대비적 성격이 강하다고 보여지며, 주로 임원급이나 영업사원이 사용을 한다.

이는 그 지출 내역에 따라 일반 비용지출과 같이 증빙을 첨부해야 비용으로 인정이 가능하며, 무조건 일정한도를 비용으로 인정해 주고 있지는 않다. 예를 들어 대표이사의 급여에 판공비 수당을 별도로 지급을 하는 경우 동 비용을 지출비용으로 인정받기 위해서는 첫째, 판공비를 대표이사의 급여로 보아 갑근세를 원천징수하거나(별도의 증빙 필요 없음) 둘째, 대표이사의 수당으로 처리하지 않고 판공비 지출 내역에 따라 증빙을 붙여 비용으로 인정받는 방법이 있다. 둘째 방법을 채택하는 경우 5만원 초과 지출시 세금계산서 등 법정증빙을 첨부해야 비용으로 인정이 된다.

만일 증빙도 첨부를 안하고 원천징수를 해서 신고 · 납부도 안 한 상태에서 업무 무관 경비로 판정 시 비용으로 인정도 못 받고 결국 갑근세도 납부하는 등 2중고를 겪게 되므로 증빙을 첨부할 수 있으면 증빙을 첨부를 하고 증빙이 없는 경우 솔선수범해서 급여 처리 후 갑근세를 납부하는 것이 보다 현명한 방법이다.

업무추진비와 판공비 및 접대비

업무추진비나 판공비 및 접대비의 차이는 회사에서 사용하는 접대비에 대한 명칭의 차이이다.

회사의 관리자가 회사의 업무경비를 가지고 갈 때 흔히 쓰는 용어로써 업무추진비, 판공비 또는 접대비라는 명칭을 사용을 하며, 이는 주로 접대 목적으로 이용을 한다.

따라서 업무추진비, 판공비, 접대비의 구분 없이 사용 목적에 따라 접대 목적으로 사용을 하는 경우와 접대비로 기타 경비로 사용을 하는 경우 해당 계정과목으로 처리를 하면 된다.

다시 말해 업무추진비, 판공비, 접대비로 딱 명칭을 정해서 사용하지 말고 그 사용 내역이 접대 목적인 경우와 접대비로 그렇지 않은 경우 해당 계정과목을 선정하여 사용하면 된다.

현재는 업무추진비(판공비)라는 명목하에 기업이 쓸 수 있는 비용은 앞서 말한 바와 같이 없다고 할 수 있다. 다만, 회사들마다 약간의 편법을 사용하여 업무추진비를 사용하기는 하나 이는 세법에 위배되므로 이를 언급하지는 않겠다.

그러므로 회사에서 영업사원에게 업무추진비 명목으로 지급하는 영업비는 여비교통비 또는 차량유지비나 접대비, 식대로 처리를 해야 한다. 다만, 여비교통비나 차량유지비의 지급에 있어 주의할 사항을 살펴보면 다음과 같다.

첫째, 차량유지비는 본인 소유 차량을 회사 업무에 사용하는 경우 월 20만원 한도 내에서 비과세 처리된다. 즉 회사는 급여로 처리함으로써 비용으로 인정을 받고 해당 직원은 동 금액에 대하여는 비과세급여로 갑근세를 내지 않아도 된다.

　둘째, 차량유지비 20만원과 별도로 시내출장비를 지급하는 경우 추가로 지급하는 시내출장비는 비용으로 인정되나 비과세급여인 20만원은 과세급여로 본다. 반면 시외출장의 경우에는 20만원 초과분에 대하여 회사에서도 비용으로 처리 가능하고 해당 직원도 갑근세를 추가로 부담하지 않아도 된다.

　셋째, 영업비를 식대로 사용을 하는 경우 회사에서는 비용으로 처리가 가능하다. 그러나 영업사원의 경우 월 10만원 이내의 식대에 대해서만 비과세 처리되므로 10만원 초과금액에 대해서는 해당 직원의 급여로 보아 원천징수를 해야 한다.

　그리고 만일 법정증빙을 갖추지 않아서 비용의 지출에 대한 귀속이 불분명한 경우에는 해당 직원의 급여로 보아 원천징수를 해야 한다. 또한 4대 보험 징수 시에도 동 금액은 포함해야 한다.

유익한 회계상식

· 사무실을 임차하기 위해 공인중개사에게 중개수수료를 지급한 경우 증빙처리는?

사무실을 임차하고 중개수수료를 지급하는 경우 중개업자가 법인 또는 개인사업자로서 일반과세자인 경우는 반드시 세금계산서를 수취해야 한다.

개인사업자로서 간이과세자인 중개업자로부터 부동산임대용역을 제공받았다면, 이는 '경비 등 송금명세서 제출대상' 거래에 해당되므로 금융기관을 통한 송금 사실을 기재한 '송금증'을 법인세과세표준신고서에 첨부하여 세무서장에게 제출해야 한다. 간이과세자의 경우에는 세금계산서 발행능력이 없기 때문에 간이과세자와의 거래에 대해서는 정규증빙을 수취할 수 없다. 따라서 간이과세자와의 거래에 대해서는 신용카드를 사용하여 결제하는 것이 바람직하다. 정규증빙을 수취하지 않을 경우 자칫 증빙불비가산세가 부과될 수 있기 때문이다.

실무적으로 사업자와 거래하는 경우에는 항상 상대방의 사업자등록증으로 '간이〉일반' 또는 '폐업자〉계속사업자 여부' 등을 확인해야 거래의 안정성을 확보할 수 있다.

09 사장님이 판공비를 지출하고 증빙을 안 챙겨 와요.

법인인 경우에는 법인에서 대표이사가 개인적으로 필요해 일시적으로 돈을 가져가거나, 회사 영업상 필요해서 돈을 썼지만 증빙처리를 하지 못하는 경우에 '가지급금' 계정이 주로 발생을 한다. 이는 중소기업의 경우 더욱 많은 금액이 발생할 수 있으며, 경리실무자는 이를 보충하기 위한 증빙처리로 인해서 난처함을 겪을 수밖에 없다.

원칙적으로 처리하자면 회사에서는 대여금 성격으로 대표이사에게 꼬박 꼬박 이자를 받아 이자수익으로 처리를 하거나 대표이사의 급여로 보아 대표이사의 실질 급여와 함께 갑근세를 징수해서 신고·납부를 해야 한다.

그러나 이는 원칙적인 내용일 뿐 경리실무자들은 모자라는 증빙을 챙기는 방법을 궁리하지 않을 수 없다. 따라서 3만원미만 지출의 경우 슈퍼나 음식점에서 백지의 간이영수증을 받아 가라로 증빙을 보충하기도 하고 기타 편법적인 자기만의 방법을 동원해서 절세 아닌 탈세를 하고 있는 것이 현실이다.

반면 개인사업자인 경우에는 사장 개인이 갖고 가는 돈을 인출금(=자본금)으로 처리하면 법인과 달리 이자 문제는 생기지 않으며 회계상·세무상 불이익이 없다.

경리업무를 겸직하는 사장이 꼭 알아야 할 창업회계

또한 가지급금 상태가 장기간 지속될 경우 원칙적으로 경리담당자는 회사와 대표이사 사이에 대여금액, 대여이자율, 상환기간을 포함한 금전소비대차약정서를 작성해 놓아야 한다.

그리고 경리담당자는 대표이사가 가져간 돈의 증빙을 아래와 같이 찾아서 정리한 후 증빙이 없으면 가지급금으로 처리하거나 증빙처리 대책을 신속히 세워야 한다.

[사례별 증빙관리]

거래 유형	증빙 종류	비고
거래건당 3만원초과 금액의 과세재화 용역거래(3만원)	세금계산서, 신용카드매출전표, 현금영수증	3만원이하는 일반 영수증이나 입금증 가능
거래건당 3만원초과 금액의 면세재화 용역거래(3만원)	계산서, 신용카드매출전표, 현금영수증	3만원이하는 일반 영수증이나 입금증 가능
건당 3만원초과 접대비지출(3만원)	세금계산서, 신용카드매출전표, 현금영수증	법인카드에 한함, 개인카드 불가능
건당 3만원이하 접대비지출(3만원)	영수증, 입금증, 신용카드매출전표, 현금영수증	개인카드 가능
외부인 원천징수 대상 거래(인적용역, 원고료, 경품지급 등)	원천징수 영수증, 지급조서	사업소득, 기타 소득 등으로 처리(원천징수 안한 경우 법정증빙 요함)
건물(부속 토지 포함) 구입 시	계약서 사본과 대금지급사실서류 등 제출	법인세신고시(주택 제외)
읍·면 지역 소재 간이과세자(신용카드 가맹점 아님)로부터의 매입	영수증(신용카드 가맹점이라면 신용카드매출전표)	세금계산서 등 의무 없음
회비, 제세공과금, 노동조합비 등	입금증, 법인의 사규규정	재화·용역의 공급거래가 아님
사업자 아닌 자로부터의 구입	계약서, 거래명세표 등 제반증빙서류 및 대금지급내역	사업자등록이 말소된 거래처로부터 원재료를 매입한 경우 등

제4장 증빙관리_205

· 접대비 중 현금 사례분처럼 마땅한 증빙이 없는 경우 처리는 어떻게 해야하나?

접대비는 건당 3만원을 초과하여 지출하는 경우에는 지출증빙 수취의무규정에 의하여 반드시 세금계산서나 계산서, 신용카드 매출전표를 수취해야 한다. 예전에는 이사회에서 일정 한도를 정하여 '기밀비'로 처리하여 세법상으로 비용인정이 가능했지만, 세법 규정이 변경됨에 따라 기밀비가 삭제되고 접대비로 처리하게 되었다.

실무적으로는 사례금으로 지출되는 비용이 자주 발생하고 그 금액 또한 크고 중요하다면 일단 가불금, 가지급금, 전도금 등으로 처리하여 해당 임·직원의 급여에 합산하여 처리하는 경우도 있다. 어차피 세무조사를 당하는 경우 접대비로 지출한 금액에 대해 객관적인 입증을 하지 못하면 상여 처분을 하기 때문이다.

그래서 어떤 회사에서는 임원보수를 다음과 같은 내용으로 하고 있다.
❶ 실질상의 임원 보수
❷ 증빙처리 할 수 없는 접대비, 교제비 상당분
❸ ❷에 의해 증가되는 개인의 소득세 보상분

접대비가 부인된다 하더라도 최소한 증빙으로는 '현금 사례'로 접대비가 지출되는 경위, 즉 '품의서'나 '기안서'를 첨부하여 그 지출이 얼마나 회사 업무에 필요한 것인가를 주장하는 등 최선의 노력을 다해야 한다.

거래 유형	증빙 종류	비고
농어민으로부터 재화·용역을 직접 공급받은 경우	입금증, 영수증, 거래사실 입증서류 등	작물생산업·축산업·복합농업, 임업 또는 어업 종사 농어민(법인은 제외)
사업의 양도, 방송용역, 전기통신용역, 공매·경매·수용, 택시운송용역, 항공기 항행용역, 금융·보험용역 등	영수증, 입금증, 거래사실 입증서류 등	금융·보험업법인이 금융·보험업 이외의 사업자라면 법정증빙 구비해야 함
토지 또는 주택구입, 주택임대용역(법인 제외) 공급 받은 경우	매매계약서와 대금지급사실서류, 영수증 등	2002년부터 토지분 계산서 교부의무 면제
월 단위 합산하여 식대(3만원초과) 지급시	세금계산서, 신용카드매출전표, 현금영수증	3만원이하시 영수증 가능
계약서에 의한 판매장려금 지급	판매장려금 지출명세서	재화·용역거래가 아님
위약금 등 지급	영수증, 입금증, 거래사실 입증서류 등	재화·용역거래가 아님
전산발매통합관리시스템 운영사업자의 입장권·승차권·승선권	입장권·승차권·승선권, 영수증, 입금증, 거래사실 입증서류 등	영화상영관, 공연장, 관광·체육시설 운영사업자, 고속버스, 여객선
공급대가 지연이자 (연체이자)	영수증, 입금증	부가세과세표준에서 제외

거래 유형	증빙 종류	비고
간이과세자의 부동산 임대용역, 개인의 임가공용역, 간이과세자의 운송용역(화물운송대행용역은 제외), 항공법에 의한 상업서류 송달용역, 부동산중개업자 중개수수료, 인터넷·PC통신 및 TV 홈쇼핑, 주문판매, 입장권·승차권·승선권	금융기관을 통한 거래로서 송금명세서 제출	법인세과세표준신고서에 첨부 ※ 미등록사업자로부터의 부동산 임대용역은 특례 대상이 아님(법정증빙 서류 수취해야 함)
법인 부담 의료비 지급	계산서, 원천징수 영수증	의료기관이 법인 – 계산서 의료기관이 개인 – 사업소득으로 원천징수
상품권 구입대가	재화·용역거래 아님(상품권 사용시에 세금계산서, 계산서, 신용카드매출전표, 현금영수증 또는 영수증 등 수취)	
상품권구입 접대비 사용	세금계산서, 신용카드 매출전표, 현금영수증	
증여하는 경우	영수증, 입금증, 거래사실 입증서류 등	
국외에서 재화·용역 공급대가 지급	영수증, 입금증, 거래사실 입증서류 등	세관장이 세금계산서나 계산서 교부시는 제외
국가·지자체·비영리법인과의 거래	고지서, 입금증, 영수증 등	
간주임대료에 대한 부가가치세 부담	대금지급사실 입증서류 등	세금계산서 교부 수취 의무 면제

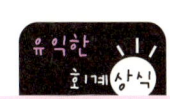

· 경비 등 송금명세서 제출대상
- 부동산임대용역
- 임가공 용역
- 운송용역
- 재활용·폐자원
- 인터넷, PC통신 등
- 우편주문판매

가지급금이나 가수금 계정과목은 법인의 회계기간 중에만 사용되는 가계정으로, 연말에는 반드시 임원단기대여금이나 임원단기차입금 등 적절한 본 계정으로 대처해야 한다.

제 5 장

직원 고용 및 퇴직관리

01 직원 고용시 특별히 신경써야 할 사항은 없나요?
02 퇴직금이 무엇인가요?
03 퇴직금의 지급 대상자
04 퇴직금의 계산 방법
05 퇴직금의 계산시 입사일과 퇴사일의 기준(계속근속 연수)
06 퇴직금의 계산시 평균임금 계산 방법
07 직원 중 한 명이 회사를 그만둔다고 해요. 퇴직금과 퇴직소득세는 어떻게 계산을 하나요?

01 직원 고용시 특별히 신경써야 할 사항은 없나요?

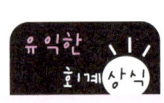

· 미성년자 고용에 있어서는 일정한 제한이 있다.

우리 근로기준법은 만18세 미만자에 대해서는 연소근로자라고 하여 특별한 보호를 하고 있으며, 또한 '만15세 미만의 자는 근로자로 사용하지 못한다' 라고 하고 있다. 그러므로 근로기준법상 취직최저연령은 만15세이며, 한편 우리나라는 지난 99년 1월 '취업최저연령에 관한 협약' 으로서 ILO 제138호 협약을 비준하였으므로 이에 따라 '연소자의 건강·발육을 저해할 우려가 없고, 학습 또는 훈련과정에의 참여를 저해하지 않는 경우로서 경노동인 경우에 한해 13세 이상 15세 미만 자의 취업이 가능하다.' 고 하므로 만13세 이상 15세 미만의 연소자는 노동부에서 발급하는 '취직인허증' 을 발급 받아야 고용이 가능하게 된다. 또한 만15세 이상 만18세미만의 연소자는 친권자(부모) 또는 후견인의 동의서와 해당 연소자의 호적증명서(나이를 증명할 서류 - 주민등록등초본도 가능)를 제출 받아야 한다.

어떠한 근로자를 고용할 까는 기업의 결정 사항이다. 그러나 기능이 부족한 자는 수습근로자로 채용할 수 있다.

300인 이상을 고용하는 기업은 사용근로자의 2% 이상을 장애인으로 고용해야 하며, 이에 미달하는 경우 부담금을 납부해야 한다.

300인 이상의 근로자를 사용하는 기업 중 제조업은 2%, 운수업, 부동산 및 임대업은 6%, 그 외 사업은 3% 이상의 고령자를 고용하도록 노력해야 한다.

고용보험에서는 일정 비율 이상의 고령자를 고용하거나 새로이 고용하는 경우 그리고, 45세 이상 60세 미만인 자를 2년 이내에 재 고용할 때에는 장려금을 지급한다.

압력용기, 방사선 등 유해·위험 작업에는 자격·면허 또는 기능이 없는 자를 채용할 수 없다.

15세 미만의 연소자를 근로자로 채용할 수 없다. 다만, 노동부장관의 취직인허증을 소지한 자는 예외로 한다.

◯ 근로계약서 외 구비서류비치 사항

① 근로계약서 : 노동 법규에 의한 계약서를 작성하여 근로 조건과 급여를 결정하여 근로 계약을 체결
② 서약서 : 회사의 취업 규칙과 규정을 준수할 것을 서약
③ 각서 : 회사의 모든 정보나 문서와 기타 회사의 기밀을 보완하며 유지에 대한 각서 작성
④ 신원보증서 : 직원의 신원을 확보하고 회사의 불익을 방지하고 신뢰감을 확보하기 위하여 작성
⑤ 이력서 : 직원 경력과 근무 상태를 파악하며 업무 분담에 필요함
⑥ 인사기록카드 : 직원의 근무 시 상벌이나 진급 사항을 기록·보존하는 것
⑦ 주민등록등본 : 직원의 세제 혜택과 가족 사항을 파악
⑧ 거래은행구좌번호 : 급여를 은행거래로 대체하며 급여대장에 인장날인을 하지 않아도 무통장 입금증으로 대신
⑨ 재정보증 : 서울보증보험에서 발급 받음(업무 역량에 따라 금액 설정)
⑩ 병역확인 : 주민등록초본 및 병무청 확인

◯ 급여 명세서 작성

① 급여 관리 대장 작성(출근카드 / 업무일지)
② 개인별 급여 명세서
③ 인센티브 지불내역(인사고과 내용)

◯ 원천세 신고분 체크

① 매월 갑근세 신고
② 중도 퇴사자 정산 신고
③ 퇴직근로자 퇴직금 산정 및 정산신고
④ 연말정산 신고

4대 보험 관리

① 건강보험 : 취득, 상실, 업무사항 확인
② 국민연금 : 취득, 상실, 업무사항 확인
③ 고용보험 : 취득, 상실, 개산, 확정신고, 납부사항 체크
④ 산재보험 : 개산, 확정신고, 납부사항 체크

※ Tip 허위로 이력서를 기재한 경우 회사에서 징계해도 인정이 되는지?

회사에 입사시에는 이력서에 허위사실을 기재하지 아니하는 것이 가장 바람직하겠지만 현실에서는 어느 정도는 실제 사실과 달리 기재되는 이력서를 자주 볼 수 있다.

우리 판례는 입사시 이력서나 증명서에 학력 또는 경력을 허위 기재한 행위가 징계해고 사유에 해당하기 위한 요건 및 그 판단기준에 관하여 다음과 같이 판결하고 있다.

즉, "기업이 근로자를 고용하면서 학력 또는 경력을 기재한 이력서나 그 증명서를 요구하는 이유는 단순히 근로자의 근로능력을 평가하기 위해서만이 아니라, 노사간의 신뢰형성과 기업질서유지를 위해서는 근로자의 지능과 경험, 교육정도, 정직성 및 직장에 대한 정착성과 적응성 등 전인격적 판단을 거쳐 고용여부를 결정할 필요가 있어 그 판단자료로 삼기 위한 것이다.

따라서 입사 당시 회사가 그와 같은 허위기재 사실을 알았더라면 근로자를 고용하지 않았을 것으로 보여지는 한 이를 해고사유로 들어 해고하는 것이 부당하다고 할 수 없고, 이 때 고용계약을 체결하지 아니하였거나 적어도 동일 조건으로는 계약을 체결하지 아니하였을 것으로 인정되는 경우란 기업의 종류나 성격, 허위기재 하거나 은폐한 내용, 고용계약 체결 당시의 상황 등에 비추어 그러한 사정이 객관적으로도 인정되는 경우를 말한다."라고 한다(대판 1999. 12. 21. 99다53865, 1997. 5. 28. 95다45903).

퇴직금이 무엇인가요?

상시근로자수가 5인 이상인 사업장에서 1년 이상 계속근로한 경우에는 사용자는 계속근로연수 1년에 대하여 평균임금의 30일분을 퇴직금으로 반드시 지급해야 한다. 여기서 상시근로자수는 대표자 또는 사장을 제외하고 매일 출근하는 근로자수가 평균 5인 이상을 말하며 임시직, 아르바이트, 정규직, 계약직 등에 상관없이 모두 포함되고 평균임금에는 기본급, 본봉, 연장수당, 상여금, 연·월차 수당 등 근로의 대가로 지급되는 모든 금액이 포함된다.

또한 상시근로자수가 5인 이상이면 제조업, 사무실, 서비스 등 모든 업종이 해당되며, 5인 이상의 사업장에서 계속하여 1년 이상 근로하였음에도 퇴직금을 지급하지 않으면 사용자는 처벌을 받으며, 근로자는 회사관할 지방노동사무소에 진정을 해서 받을 수 있다.

계속근로연수의 계산은 임시직이나 수습기간, 고용직, 계약직에 상관없이 최초의 입사일을 기준으로 모든 근로연수를 계산하며, 특히 1년이나 그 이하의 계약기간을 정하여 계약을 반복하는 경우에도 최초 입사일을 기준으로 계속 근로연수를 계산한다. 계속 근로연수가 1년미만이면 퇴직금을 지급받을 수 없으며 1년을 초과하는 경우에는 월일까지 일할 계산하여 지급 받는다.

예를 들어 계속근속연수가 1년 1개월 10일인 경우 1년 365일 +1월 31일+1일 10일을 모두 합하여 계산한 기간분의 퇴직금을 지급받는다. 이렇게 퇴직금은 상시근로자수가 5인 이상인 경우 근로기준법에 의해 의무적으로 지급해야 하는 것으로, 만약 회사의 규정이나 입사시 근로계약이나 구두상으로 퇴직금을 지급하지 않기로 한 경우나, 근로기준법에서 정한 평균임금에 미달하는 기준을 정한 경우에는 그러한 규정이나 근로계약은 무효이며 반드시 법에서 정한 기준을 지급해야 한다.

회사의 퇴직금규정상의 퇴직금 〉 근로기준법상 규정된 퇴직금 = 회사의 퇴직금 규정상의 퇴직금
회사의 퇴직금규정상의 퇴직금 〈 근로기준법상 규정된 퇴직금 = 근로기준법상 규정된 퇴직금
※ 근로기준법상 퇴직금 = 계속근속연수(재직일수/365) × 30일분의 평균임금

퇴직금은 근로자가 퇴직하는 때에 지급하는 것이 원칙이나 근로자가 요구하는 경우에 한하여 매년 정산할 수 있다. 따라서 근로자가 요구하거나 합의를 하지 않았는데도 사용자가 일방적으로 매년 정산하는 경우에는 효력이 없으므로 근로자가 최종 퇴직일에 계산한 퇴직금을 기준으로 매년 정산한 퇴직금과 차액을 추가로 지급해야 한다.

연봉제의 경우도 퇴직금은 별도로 지급하는 것이나, 연봉제 계약서에 퇴직금을 포함한다는 내용과 함께 계산근거가 명시된 경우에는 연봉에 퇴직금이 포함된 것으로 인정된다. 이 경우 근로자의 요구나 합의에 의해 매월 급여에 분할하여 지급할 수 있다.

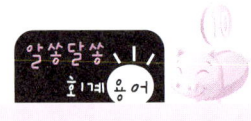

· 연봉제
연봉제는 개별 구성원의 능력·실적 및 조직공헌도 등을 평가하여 계약에 의하여 연간 임금액을 결정하는 보수체계를 말한다.

퇴직금의 단계별 지급대상 판단

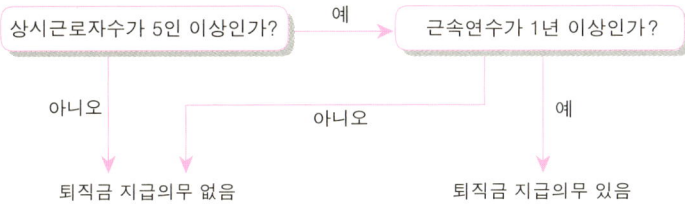

상시근로자수가 5인이상인 기간과 5인이하인 기간이 반복되는 경우 퇴직금은?

상시근로자수가 5인 이상인 기간과 5인 이하인 기간이 반복되는 경우 재직기간 중에 상시근로자수가 5명 이상이 유지된 기간이 계속해서 1년 이상인 경우에는 근로기준법상 퇴직금이 발생된 것으로 보아야 할 것이다. 예를 들어 전체 재직기간 3년 8개월 중 상시 근로자수가 5명 이상이 유지된 기간이 2년인 경우 2년간에 대해서는 그 당시의 평균임금으로 퇴직금을 계산해야 한다.

퇴직금의 수취요건

1. 상시근로자수가 5인 이상인 사업장에서 근무할 것
2. 계속근로연수 1년 이상일 것
계속근로연수란「근로계약을 체결하여 해지될 때까지의 기간」이며, 군복무기간, 해외유학기간 등에 대해 법원, 노동부에서는 예외를 인정하고 있다.
계속근로연수의 기산일은 입사일, 근로계약체결일 등 출근의무가 있는 날이 되며, 계속근로기간의 마감일은 근로관계의 자동소멸, 임의퇴직, 합의퇴직, 정년퇴직, 정리해고, 징계해고 등 근로계약이 끝나는 날 즉, 퇴직일이 된다.
퇴직일에 근로를 제공치 않았다 하더라도 퇴직일까지의 기간을 계속근로기간으로 한다.
3. 퇴직하는 근로자일 것

• 상시근로자수를 판단하는 기준이 있는지?

회사에서 각종 정책자금을 신청하는 경우나, 투자유치를 위한 기업현황서 작성 서식에 보면 상시근로자 수를 기재한 곳이 있는데, 단순히 현재 근무하는 근로자 수를 기재하거나, 단순히 최근 1년간에 근로자수를 12개월로 나누어 기재할 수 있다.
상시근로자는 전년도 매월말일 현재 인원 총계를 12개월로 나누는 것으로 상시근로자수 제외대상은 주주인 임원(법인인 경우 대표자가 주주이면 제외, 주주가 아니면 포함, 개인회사의 경우에는 대표자 제외) 일용근로자 및 3개월 미만의 채용근로자, 기업부설연구소 연구전담요원은 제외하는 것이다.
일용근로자 및 3개월 미만의 채용근로자를 제외 대상으로 하는 이유는 일용근로자의 경우에는 계속하여 3월을 초과하여 채용하게 되면 급여소득 자로 간주하여 매월 원천징수를 해야 하기 때문이다.

03 퇴직금의 지급대상자

임시직, 잡급직, 촉탁직, 일용직, 도급계약의 형식을 빌렸더라도 근무형태에 관계없이 근로자라면 법정퇴직금제도의 적용대상이 된다.

근로기준법상 근로자가 아닌 경우에는 법정퇴직금제도의 적용대상이 아니다.

회사의 대표이사, 이사 등 주식회사 임원은 정관 또는 주주총회의 결의로 그 보수가 결정되므로 근로기준법상 퇴직금 지급대상자가 아니다.

따라서 이들에게 퇴직위로금 등을 지급하더라도 보수의 일종이고 근로기준법 퇴직금으로 볼 수 없다.

첫째, 우선적으로 5인 이상의 근로자를 고용하는 사업장에 종사하는 모든 근로자이어야 한다.

둘째, 5인 이하 사업장에 종사하는 근로자는 '입사당시 퇴직금을 지급한다' 는 약속(구두약속 포함)이 되어 있는 경우에 한하여 지급받을 수 있다.

셋째, 일용직, 임시직 근로자라 하더라도 계속근로기간이 1년을 초과하여 재직하다 퇴직한 경우에도 퇴직금을 지급받을 수 있다.

구분	지급대상여부
근로자	근무형태에 관계없이 퇴직금 수취 가능
임 원	근로기준법상 퇴직금 수취 대상이 아님

위에서 근로자라 함은 직업의 종류를 불문하고 사업 또는 사업장에서 임금을 목적으로 근로를 제공하는 자로, 근로기준법상 보호를 받는 자를 의미한다.

[근로기준법상 근로자의 범위]

구분	지급대상여부
근로자	근로자여부는 고용형태에 관계없이 임금을 목적으로 사용자의 지휘명령 하에 종속노동을 하는지의 여부에 따라 판단한다. 이때 종속노동의 기준은 다음과 같다. ① 근무에 대한 응락 또는 거부자유의 유무 ② 근무장소 및 근무시간의 지정유무 ③ 노무공급의 대체성여부, 근로의 전속성 유무 ④ 업무수행과정에 있어 사용자의 지휘·명령 유무 ⑤ 비품, 원자재, 작업도구의 소유관계 ⑥ 보수가 근로제공의 대가로 지급되는 것인지(임금, 수수료, 위임보수 등) ⑦ 업무의 내용이 사용자에 의해 정해지고 취업규칙·복무규정·인사규정 등의 적용을 받는지 ⑧ 근로의 전속성, 근로장소와 시간의 구속성, 작업거부 가능성, 근로의 대체성 ⑨ 기타 - 기본급의 보장유무, 근로소득세 원천징수여부, 사회보장제도에 관한 법령적용여부 등
근로자로 인정된 경우	① 한국방송공사의 TV시청료 위탁직 징수원 ② 신문사의 광고외근원 ③ 실업계 고등학교 졸업예정자인 실습생 ④ 수련의(인턴) / 전공의(레지던트) ⑤ 안마시술소 소속 안마사 ⑥ 교회 산하의 유치원 교사 ⑦ 외국인 산업기술연수생

구분	지급대상여부
근로자로 인정된 경우	⑧ 불법체류 외국인근로자 ⑨ 사립대학교 조교 ⑩ 한국야구위원회 소속 심판원 ⑪ 시립상임합창단원
근로자로 인정되지 않는 경우	① 한국전력(주) 위탁수금원 ② 생명보험회사의 외무원 ③ 주식회사의 대표이사·이사 ④ 골프장 캐디(일부 인정) ⑤ 지입차량 운전수 겸 차주 ⑥ 유흥음식점의 접대부 ⑦ 입시학원 단과반 강사 ⑧ 학습지 교사 ⑨ 공중보건의, 지방공사 의료원장 ⑩ 시민 옴부즈만

종업원에서 이사(임원)로 승진시 퇴직금

퇴직금은 원칙적으로 임원 즉, 대표이사나 사장, 이사 등을 제외한 정규직, 계약직 근로자 등이 지급을 받게된다.
따라서 실무에서는 회사의 종업원으로 있다가 이사 등 임원으로 승진을 하는 경우 퇴직금을 정산하여 지급을 하게 된다.
즉, 회사의 임원은 사규상의 별도의 퇴직금 규정을 적용받게 된다.

퇴직금의 계산방법

퇴직금은 일반적으로 기업의 퇴직금 지급규정이 있는 경우에는 퇴직금 지급규정을 따르나 그렇지 않을 경우에는 근로기준법에 의한다. 다만, 퇴직금 지급규정이 근로기준법상 퇴직금보다 적을 경우에는 근로기준법에 따라 계산한 퇴직금을 퇴직금으로 지급해야 한다.

근로기준법상 퇴직금의 계산은 계속근속연수 1년에 대하여 30일분의 평균임금을 곱하여 계산한 금액을 지급하게 되어 있다.

퇴직금(법정퇴직금) = 계속근속연수(재직일수/365) × 30일분의 평균임금

위의 계산방식에 따라 계산을 하지 않고 실무상 업무편의를 위하여 1년간 총임금에서 1/12 즉, 1달분의 임금을 평균임금으로 계산하여 퇴직금을 지급하는 경우가 있는데, 이와 같이 계산한 금액이 위의 계산방식에 의한 금액보다 많을 경우에는 문제가 없으나 적을 경우에는 근로기준법상에서 규정한 퇴직금보다 적게 되므로 문제가 발생할 수 있다.

계속근속연수

퇴직금에 대하여는 1년 미만 근속근로자의 경우에는 지급하지 않아도 되지만 1년을 초과하는 경우에는 근속일수에 비례하여 퇴직금을 지급해야 한다.

30일분의 평균임금

30일분의 평균임금을 퇴직일 이전 3개월간에 지급받는 임금총액을 그 기간의 총일 수로 나누어 계산된 평균임금에다 30일은 곱하면 된다.

> 예를 들어, 퇴직직전 3개월의 임금총액이 8,625,437(90일가정)이고 계속근속일 수가 7,250일이라고 가정을 하면,
> 평균임금(1일 기준)은 8,625,437/90 = 95,838.19이고 퇴직금은 7,250/365 ×95,838.19 ×30일 = 57,109,050이 된다.

퇴직일 이전 3개월간에 지급받는 임금총액

① 퇴사일을 기준으로 역산해서 3개월 분의 임금이다.

② 보상적차원에서 지급되는 금액은 제외한다(경조비 등).

③ 각종 세금공제전 금액이다.

④ 근로자에게 실제로 지급된 임금뿐만 아니라 동 기간 중 당연히 지급되어야 할 임금 중 실제로 지급되지 않은 임금(미지급된 체불임금)도 포함된다.

상여금과 연차수당은 퇴직금 계산시 임금에 포함되나?

① 평균임금 계산 사유발생일 이전 3개월간에 지급되었지 여부와 관계없이 사유발생일 이전 12개월간 지급받은 전액을 12월로 나누어 3개월 분을 산입한다.

② 월급여와 달리 지급기준이 연단위로 매겨진 연차수당과 상여금은 연간 지급액의 3개월분 (연간지급액의 1/4)만 산입한다.

③ 미지급된 상여금과 연차수당도 포함한다.

· 연차수당
근로기준법상 1년간 일정율을 출근하면 출근율을 따져 연차유급휴가를 주도록 되어 있으며, 동 연차유급휴가를 사용하지 않은 경우 금전적으로 보상을 하도록 하고 있다. 동 보상액을 연차수당이라고 한다.

＊ Tip 특별상여금도 퇴직금을 산정 할 때 평균임금에 포함되는지?

회사에서 지급한 특별상여금이 과연 정기적으로 관행적으로 지급되었는지를 파악하는 것이 우선이다.

사실 기업의 입장에서는 특별상여금이 근로기준법상 근로의 대가인 임금으로 볼 경우 퇴직금 산정을 위한 평균임금 산정에 있어 임금총액에 포함되기 때문에 기업이 호의적으로 근로자에게 베푸는 의미에서 한발 더 나아가 이중적인 재정부담이 발생하는 결과가 되므로 이에 관하여 많은 분쟁이 있다.

우리 판례의 태도도 특별상여금에 대하여 이를 인정한 판례와 부인한 판례가 있으며, 노동부의 경향을 비추어 보면 특별상여금을 임금으로 보느냐에 대한 주요한 기준은 계속성 그리고 정기성이 있느냐를 중요시 여기며, 특별상여금에 대하여 특별히 사규에 명확하게 세부절차로 규정되어 있지 아니하고 그때의 상황에 따라 임으로 지급하는 성격이 강한 것일 경우에는 특별상여금은 임금으로 포함되지 아니하는 것으로 볼 수 있다.

05 퇴직금의 계산시 입사일과 퇴사일의 기준(계속근속연수)

계속근로연수란 근로계약을 체결하여 해지될 때까지의 기간을 말한다.

근로기준법에 규정된 계속근로연수의 기산일(입사일)은 초일불산입 원칙을 명시하고 있는 민법의 규정에 불구하고 입사일, 계약체결일 등 출근의무가 있는 날이 된다. 그리고 계속근로기간의 마감일(퇴사일)은 근로관계의 자동소멸(근로자의 사망, 폐업, 파산 등), 임의퇴직, 합의퇴직, 정년퇴직, 정리해고, 징계해고 등에 의해 근로계약이 종료되는 날이 된다.

○ 근로관계의 자동소멸

근로관계가 자동적으로 소멸되는 근로자의 사망일, 폐업일, 기업의 파산일 등은 계속근로기간 계산의 마감일이 된다.

○ 정년퇴직

정년퇴직에 있어 퇴직일에 대해 단체협약 등에 따라 정함이 있다면 그날이 마감일이 된다. 관례 관행이 없으면 정년에 도달되는 첫날이 퇴직일로서 계속근로기간 계산의 마감일이 된다.

사표제출과 퇴직일

(1) 원칙

근로자가 사표를 제출하여 임의로 퇴직할 때에는 원칙적으로 사표수리일이 퇴직일이 되며, 즉시 사표를 수리하지 않을 경우에는 단체협약 취업규칙 등이 정한 바에 따른다.

만약 사용자가 근로자의 사표를 수리하지 아니하거나 또는 계약종료시기에 관한 별단의 특약이 없다면 사용자가 당해 퇴직의 의사표시를 통고받은 날로부터 1개월이 경과된 때까지는 계약해지의 효력이 발생치 않으므로 고용관계는 존속되는 것으로 본다.

그리고 근로자에게 지급하는 임금을 일정한 기간급으로 정하여 정기 지급하고 있으면 사용자가 근로자로부터 퇴직의 의사를 통고받은 당기후의 1임금지급기를 지나는 때에 계약해지의 효력이 발생하게 된다.

따라서 근로자가 계약해지의 의사표시를 하였으나 위에서 설명한 기간 범위 안에서 사용자가 사표를 수리하지 않은 기간동안 근로자는 출근할 의무가 있으므로 근로자가 출근하지 않을 경우 사용자는 이에 대해 결근처리 할 수 있으며 사용자가 합리적인 이유 없이 사표를 수리하지 않더라도 민법, 단체협약, 취업규칙에 정한 기간이 지나면 근로계약은 종료된다.

(2) 일용직

건설현장 일용근로자와 같이 근로계약을 1일 단위로 체결하고 그날의 근로종료에 따라 사용종속관계가 종료되는 순수한 의미의 일용근로자인 경우에는 근로자가 사표를 제출한 다음날 퇴직의 효력이 발생한다.

- 고의로 사직서를 수리 안 했을 경우 퇴직금 산정 시기는 어떻게 하는지?

퇴직은 근로계약에 그 기간의 약정이 있는 경우에는 그 기간이 만료됨으로써 근로계약 관계가 종료되므로 그 기간의 만료시에 퇴직의 효력이 발생함은 당연하다고 하겠다.

그러나 근로계약에 기간의 약정이 없을 때 근로자가 임의로 퇴직한 경우 퇴직의 효력발생 시기에 대하여, 노동부예규는 근로자가 사용자에게 퇴직의 의사표시(사직서, 사표 제출 등)를 한 경우에 사용자가 이를 승낙(사표수리 등)하였으면 그 승낙의 시기에 퇴직의 효력이 발생하고 단체협약, 취업규칙 또는 근로계약 등에 특약이 있으면 특약으로 정한 시기에 퇴직의 효력이 발생한다고 하였다(노동부예규 제37호(1981.6.5)).

이와 관련된 판례를 들어본다면 "근로자의 사직서제출에 의한 퇴직의 효력은 사용자가 그 사직서를 임의로 수리하지 아니하는 한 근로자가 사직서를 제출한 달에 발생하는 것이 아니라 민법 제660조에 의하여 사직서를 제출한 다음달 말일에 발생하고, 이와 같은 경우 그 근로자의 퇴직금정산을 위한 평균임금도 퇴직의 효력이 발생한 달을 포함한 3월간의 임금총액을 기준으로 이를 산정 하여야 한다."라고 하고 있다(서울지법 1994. 10. 6. 91가 합89078).

· 회사가 해고예고를 하지 아니하고도 해고를 할 수 있는 경우

근로자의 귀책사유가 있는 것으로서 회사가 해고예고를 하지 아니하고도 해고를 할 수 있는 경우는 근로기준법시행규칙 제5조에 따라 다음과 같다.
① 납품업체로부터 금품 또는 향응을 제공받고 불량품을 납품 받아 생산에 차질을 가져온 경우
② 영업용 차량을 임의로 타인에게 대리운전 하게 하여 교통사고를 일으킨 경우
③ 사업의 기밀 기타 정보를 경쟁관계에 있는 다른 사업자 등에 제공하여 사업에 지장을 가져온 경우
④ 허위사실을 날조·유포하거나 불법 집단행동을 주도하여 사업에 막대한 지장을 가져온 경우
⑤ 영업용차량 운송수입금을 부당하게 착복하는 등 직책을 이용하여 공금을 착복·장기유용·횡령하거나 배임한 경우
⑥ 제품 또는 원료 등을 절취 또는 불법 반출한 경우
⑦ 인사·경리·회계담당 직원이 근로자의 근무상황 실적을 조작하거나 허위서류 등을 작성하여 사업에 손해를 끼친 경우
⑧ 사업장의 기물을 고의로 파손하여 생산에 막대한 지장을 가져온 경우
⑨ 기타 사회통념상 고의로 사업에 막대한 지장을 가져오거나 재산상 손해를 끼쳤다고 인정되는 경우

(3) 휴직 중 퇴직

근로자가 휴직 중에 사직할 경우에도 퇴직시점은 사직서 수리일이 됨이 원칙이다.

(4) 기간의 정함이 있는 계약

일정한 사업완료에 필요한 기간을 정한 근로계약은 그 기간이 완료된 날이 계속근로연수 계산 마감일이 된다.

1년 미만의 기간을 정하여 근로계약을 체결한 후 이를 갱신하여 다시 근로계약 만료일에 도달하였다면 그 날이 계속근로연수 계산 마감일이 된다. 다만, 이 경우 근로자가 계속하여 근로하고자 하는 경우에는 해고의 문제가 제기 될 수 있다.

(5) 해고

정리해고, 징계해고 등 해고의 종류를 따지지 않고 해고통지가 근로자에게 도달한 날이 계속근로 계산의 마감일이 된다. 다만, 해고의 정당성에 있어 다툼이 있다가 부당해고로 판명되면 부당해고기간은 다시 계속근로기간이 되어 그 마감일이 바뀌게 된다.

[입사일과 퇴사일 판정기준]

구분	입사일과 퇴사일
원칙	근로자가 사표를 제출하여 임의로 퇴직할 때에는 원칙적으로 사표수리일이 퇴직일
일용직	근로자가 사표를 제출한 다음날
휴직 중 퇴직	사직서 수리일

기간의 정함이 있는 계약	그 기간이 완료된 날
해고	해고통지가 근로자에게 도달한 날
자동소멸	근로자의 사망일, 폐업일, 기업의 파산일 등
정년퇴직	정년퇴직에 있어 퇴직일에 대해 단체협약 등에 따라 정함이 있다면 그날이 마감일이 된다. 관례 관행이 없으면 정년에 도달되는 첫날

※ 근속일수의 계산에 있어서 민법상의 초일불산입 원칙을 따르지 않고 입사일 출근을 하여 근무를 하고 퇴사일에 출근하여 근무후 퇴사한 경우 입사일과 퇴사일을 포함하여 계속근속연수를 계산한다.

Tip 무단결근 한 근로자를 해고조치 했는데 해고예고 수당을 지급하지 않아도 되는지?

근로자가 단순히 무단결근을 하였다는 사실만 가지고 즉시 해고를 하는 것은 근로기준법 위반의 소지가 있다.

우리 근로기준법은 해고를 할 때에는 일정한 해고예고를 하도록 하고 있는 바, 적어도 30일 전에 그 예고를 하여야 하며, 30일 전에 예고를 하지 아니한 때에는 30일 이상의 통상임금을 지급하도록 하고 있다. 다만, 천재지변 기타 부득이한 사유로 사업계속이 불가능한 경우 또는 근로자가 고의로 사업에 막대한 지장을 초래하거나 재산상 손해를 끼친 경우로서, 노동부령이 정하는 사유에 있어서는 그러하지 아니하다(동법 제32조).

그러나 "① 일용근로자로서 3월을 경과하지 아니한 자 ② 2월 이내의 기간을 정하여 사용된 자 ③ 월급노동자로서 6월이 되지 못한 자 ④ 계절적 업무에 6월 이내의 기간을 정하여 사용된 자 ⑤ 수습사용 중의 근로자"에 대하여는 해고예고 규정의 적용이 없다(동 법제35조).

따라서 무단결근의 근로자가 재직기간이 월급 근로자로서 6개월이 경과하였는지를 우선 살펴볼 필요가 있으며, 보통 근로자에 있어서 무단결근을 하는 근로자는 통상 6개월 이내에 가장 많이 발생하는 것을 고려해 볼 때, 이에 해당된다면 굳이 해고예고 수당을 지급하지 않고 바로 해고를 하여도 문제는 없다고 볼 것이다.

그러나 그렇지 아니한 경우에는 앞서 언급하였듯이 단순히 무단결근의 사유만으로는 특별한 사정이 없는 한 회사가 일방적으로 해고를 할 수 없다. 경영상의 이유로 근로자를 해고하는 경우는 아니므로 근로자의 귀책사유에 해당하는가를 살펴보아야 하며 무단결근을 한 사실만으로는 위의 예외사유에 해당된다고 보기 힘들 듯 하기에 해고예고를 하고 해고수당을 지급한 후 해고시킬 수 있을 것으로 보인다.

06 퇴직금의 계산시 평균임금 계산방법

평균임금은 근로기준법상에서 급료, 보상금 등을 계산할 때 그 기준으로 쓰인다.

평균임금을 계산해야 할 사유가 발생한 날 이전 3개월간에 지불된 임금의 총액을 3개월의 총일수로 나눈 금액을 말하는 것인데 여기에서 3개월간의 총일수란 달력상의 날짜를 말한다. 임금이란 규정상 지불하게 되어있는 모든 임금이 포함된다.

○ 평균임금의 기산일

평균임금의 기산일은 다음과 같이 한다.

① 퇴직의 경우에는 퇴직한 날

② 휴업지불에 해당하는 평균임금을 계산할 때에는 그 휴업일이며, 휴업이 2일 이상의 기간에 걸치는 때는 그 최초의 날이다. 연차유급휴가에 있어서는 근로자에게 실제로 연차유급휴가를 준 날을 말한다.

이때의 휴업은 사용자의 귀책사유에 의한 휴업이어야 한다.

③ 재해보상에 해당하는 평균임금을 계산할 때에는 사상의 원인이 되는 사고 발생일 또는 진단에 의하여 질병의 발생이 확정한 날이다.

④ 감급제재에 해당하는 평균임금을 계산할 때에는 제재실시일이다. 임금의 마감일이 있는 경우의 기산일은 직전의 임금마감일로 되어 있다.

[평균임금의 기산일]

구분	기산일
퇴직의 경우	퇴직한 날
휴업지불	휴업일
연차유급휴가	근로자에게 실제로 연차유급휴가를 준 날
재해보상	사상의 원인이 되는 사고 발생일 또는 진단에 의하여 질병의 발생이 확정한 날
감급제재	제재실시일

사유발생일 이전 3개월간 지급된 임금총액

평균임금 계산의 기초가 되는 임금총액이란 사유발생일 이전 3개월간 지급된 임금총액으로서 근로의 대가로 지급되지 않은 임금총액도 이에 포함이 된다.

평균임금에 포함되는 임금과 안되는 임금

평균임금에 포함하지 않은 일수와 그 기간에 받은 임금에 대하여 다음과 같이 규정하고 있다.

가. 업무수행으로 인한 부상
나. 질병의 요양을 위하여 휴업한 기간
다. 사용자의 귀책사유로 인하여 휴업한 기간
라. 수습중의 기간

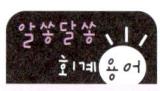

·연차유급휴가

연차우급휴가
주간기준 근로시간이 40시간인 경우 사용자는 근로자가 1년간 8할 이상 출근 시 15일의 유급휴가를 주어야 한다. 다만, 주간 기준근로시간이 44시간인 경우 개정 전 구 근로기준법에 따라 연차휴가를 부여해야 한다.

기준근로시간이 주44시간인 경우(구 근로기준법 적용사업장)
- 1년 만근시 10일, 9할 이상근무시 8일
- 근속 1년당 가산휴가 1일,
- 20일 초과시 금전보상 가능
- 1년 이상 근무자에게 부여

기준근로시간이 주40시간인 경우(개정 근로기준법 적용사업장)
- 1년 근속시 15일
- 근속 2년당 가산휴가 1일(25일 상한)
- 1년 미만자 1월 만근시 1일 발생

● 주간 기준 근로시간이 40시간인 경우 1년 미만 근속한 자에게는 1월간 개근 시 1일의 유급휴가를 주어야 하고, 최초 1년간의 근로에 대하여 15일에서 그 동안 사용한 휴가일수를 공제한다. 다만 업무상 재해로 휴업한 기간과 산전·후 휴가기간은 출근한 것으로 보아야 한다.

● 주간 기준 근로시간이 40시간인 경우 3년 이상 계속 근로한 근로자에 대하여 최초 1년을 초과하는 매 2년마다 1일을 가산하되 25일을 상한으로 한다.

구분	통화로 지급되는 것	현물로 지급되는 것
평균임금 계산기초인 임금에 포함되는 것	① 기본급 ② 연·월차유급휴가수당 ③ 연장·야간·휴일근로수당 ④ 특수작업수당, 위험작업수당, 기술수당 ⑤ 임원, 직책수당 ⑥ 일·숙직수당 ⑦ 장려·정근·개근 생산독려수당 ⑧ 단체협약 또는 취업규칙에서 근로조건의 하나로서 전근로자에게 일률적으로 지급되도록 명시되어 있거나 관례적으로 지급되는 다음의 것 상여금, 통근비(정기승차권), 사택수당, 급식비(주식대 보조금, 잔업 식사대, 조근 식사대), 월동비, 연료수당, 지역수당(냉, 한, 벽지수당), 교육수당(정기적 일률적으로 전근로자에게 지급되는 경우), 별거수당, 물가수당, 조정수당 ⑨ 가족수당이 독신자를 포함하여 전근로자에게 일률적으로 지급되는 경우 ⑩ 봉사료를 사용자가 일괄 집중관리하여 배분하는 경우 그 배분금액	법형, 단체협약 또는 취업규칙의 규정에 의하여 지급되는 현물급여 (예:급식 등)
평균임금 계산기초인 임금에 포함되지 않는 것	① 결혼축하금 ② 조의금 ③ 재해위문금 ④ 휴업보상금 ⑤ 실비변상적인 것(예:기구손실금 및 그 보수비, 음료대, 작업용품대, 작업상피복 제공이나 대여 또는 보수비, 출장여비 등) ⑥ 퇴직금 ⑦ 임시로 지급되는 임금 임시 또는 돌발적인 사유에 따라 지급되거나 지급조건은 사전에 규정되었더라도 그 사유 발생일이 불확정, 무기한 또는 희소하게 나타나는 것 (예:결혼수당, 사상병수당)	① 근호자로부터 대금을 징수하는 현물급여 ② 작업상 필수적으로 지급되는 현물급여 (예:작업복, 작업모, 작업화 등) ③ 복지후생시설로서의 현물금여(예:주택설비, 조명, 용수, 의료 등의 제공, 급식, 영양식품의 지급 등)

평균임금의 최저기준

평균임금이 만일 통상임금보다 적을 경우 통상임금을 평균임금으로 하도록 규정하고 있다. 즉, 평균임금이 통상임금보다 많을 경우에는 평균임금으로 적을 경우 통상임금을 평균임금으로 한다.

① 과 ② 중 큰 금액을 평균임금으로 한다.
① 평균임금
② 통상임금

평균임금의 계산

1. 평균임금 계산시 연·월차 유급휴가수당

연·월차 유급휴가 근로수당은 지급받은 때만의 임금으로 일시에 전액 포함하지 않고, 해당연도의 월별로 분할하여 평균임금에 포함해야 한다.

연차유급휴가는 그 성질상 1년을 단위로 해서 그 한해 동안에 걸치는 것이고, 월차유급휴가도 1년간에 한하여 쌓아두었다가 한꺼번에 사용하거나 분할하여 사용할 수 있으므로 이 경우에는 그 성질이 연차유급휴가와 동일한 형태이다. 즉, 연·월차 유급휴가는 근로자의 의사에 따라 1년 중 어느 때라도 그 전부 또는 일부를 이용할 수 있다. 따라서 그 휴가를 사용하지 않아 지급되는 연·월차 수당이 편의상 일시에 지급되는 경우에도 이는 위 휴가가 부여된 그해 1년분으로서의 의의를 가지는 것으로 그 지급시기에 관계됨이 없이 위 연·월차 수당이 평균임금 계산에 균등히 반영되게 함이 근로자의 임금을 보호하는 것이 될 것이다.

· 월차유급휴가
월차휴가(주간 기준근로시간이 44시간인 경우)는 유급으로 처리해야 한다.

· 기준근로시간이 주44시간인 경우(구 근로기준법 적용사업장) : 1월 만근시 1일 유급휴가 발생
· 기준근로시간이 주40시간인 경우(개정 근로기준법 적용사업장) : 폐지

● 소정의 근로일수를 개근한 근로자에게 부여하므로 근로자의 사적인 부상 또는 질병으로 근로하지 못한 기간, 범죄행위로 구속되어 근로치 못한 경우 등은 부여되지 아니하며, 공민권 행사를 위하여 근로치 못한 시간은 근로한 것으로 보아 월차휴가를 부여해야 한다.
● 월차휴가는 개정근로기준법에서 폐지되었기 때문에 개정근로기준법이 적용되는 사업 또는 사업장에서는 법정휴가가 아니다.

그러므로 평균임금 계산에 있어 연·월차 유급휴가 근로수당은 지급받은 때만의 임금으로 전액 평균임금에 포함할 것이 아니고, 해당연도 근로 월별로 분할해서 포함해야 한다.

2. 평균임금 계산시 상여금

상여금이 단체협약, 취업규칙, 기타 근로계약에 미리 지급조건 등이 명시되어 있거나 관례로써 계속 지급하여온 사실이 인정되는 경우에는 그 상여금의 지급이 법적인 의무로써 구속력을 가지게 되며, 근로의 대가로 인정되는 것이므로 이는 임금으로 취급해야 한다. 따라서 지급되는 상여금은 지급횟수(연1회 또는 4회 등)를 불문하고 평균임금의 계산상 기초금액에 포함된다.

상여금은 이를 지급받았을 때(월)만의 임금으로 취급하여 일시에 전액을 평균임금에 포함할 것이 아니고 평균임금을 계산해야 할 사유가 발생한 때 이전 12개월 중에 지급받은 상여금 전액을 그 기간동안의 근로월수로 분할 계산하여 평균임금 계산에 포함해야 한다.

예를 들어, 퇴직직전 12개월간 받는 상여금이 120만원인 경우 퇴직금 계산시 포함되는 3개월 평균임금은 120만원×3/12=30만원이 된다. 즉, 30만원을 퇴직금 계산시 3개월 평균임금에 가산을 해야 한다.

3. 시간외근로수당의 평균임금 계산

퇴직금 계산을 위한 평균임금은 근로기준법에 의거 평균임금을 계산해야 할 사유가 발생한 날 이전 3개월에 그 근로자에게 지급된 임금의 총액을 그 기간의 총일수로 제한 금액을 말하는 것으로, 동 기간에 발생한 시간외근로수당이 실제로 지급되지 않았다 하더라도 이를 평균임금에 포함하여 계산한다.

4. 급식비의 평균임금 계산

단체협약에 의거 근로조건의 하나로 전근로자에게 출근일에 대하여 일률적으로 식사를 제공할 경우, 이는 현물급여의 일종으로 보아 평균임금에 속한다.

예를 들어, 김갑동의 평균임금을 계산하기 위해 필요한 자료는 다음과 같다.
1. 평균임금 계산 사유발생일 8월 20일
2. 기본급료(3개월내 변동 없음) 월 800,000
3. 직급수당 월 100,000
4. 8월에 있어서의 시간외수당 50,000
5. 상여금(연기본급의 300%) 년 2,400,000
6. 연차휴가수당 통상임금의 10일분 년 300,000
7. 월차휴가수당 매월 통상임금의 1일분 월 30,000

1. 평균임금 계산사유가 발생한 전일부터 3개월이므로 달력상의 날짜로 계산한다.

   - 8월 20일(1일부터 20일까지)

   - 7월 31일(전월)

   - 6월 30일(전월)

   - 5월 11일 (21일부터 31일까지)

   ∴ 5월 21일부터 8월 20일까지 평균임금을 계산할 기간임

2. 다음에 평균임금에 포함할 수 있는 임금을 월별로 계산한다.

   - 5월 기본급 80만원 + 직급수당 10만원 = 90만원 × 11/31 = 319,355원

   - 6월 기본급 80만원 + 직급수당 10만원 = 90만원

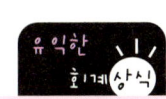

· 퇴사한 직원이 퇴사 전 급여인상 협상타결에 의한 급여 인상에 따른 소급 급여를 지급 받을 수 있는지?

회사와 직원과의 급여 인상에 대한 급여협상 타결이 예정보다 늦어져 예를 들어, 3월에 급여인상이 결정되어야 하나 5월에 급여인상이 확정되어 그 해 급여부터 소급 적용이 되어 급여가 지급되는 경우 급여인상 협상 타결 전 6월에 퇴사한 직원의 경우 소급된 급여 인상분을 지급 받을 수 있는지 여부에 대해서는 회사와 직원들간에 소급된 급여 인상분 지급에 대한 협의가 있기 전 즉, 급여인상 협상타결이 있기 전에 퇴사한 직원의 경우는 이미 퇴사한 직원이므로 소급된 급여 인상분을 지급 받는 것은 어렵다.
원칙적으로 근로자의 '급여청구권'은 실제 근로 관계가 계속적으로 유지되고 있는 상태에서 발생된 부분에 한해서만 인정이 되는 것이므로 해당 직원이 퇴사하였다면 이미 근로관계가 끝난 것으로 간주되기 때문에 퇴사한 직원에게는 퇴사 이후에 결정된 사항에 대해서는 어떤 영향도 발생하지 않는다는 것이다.

- 7월 기본급 80만원 + 직급수당 10만원 = 90만원
- 8월 기본급 80만원 + 직급수당 10만원 = 90만원 × 20/31 = 580,645원

3. 상여금은 지급시기에 불구하고 규정된 지급액을 분할하여 포함시켜야한다.
   - 기본급 80만원 × 300% × 3/12 = 60만원

4. 연차휴가수당은 지급시기에 불구하고 지급된 금액을 분할하여 포함시켜야 한다.
   - 10일분 30만원 × 3/12 = 75,000원

이상에서 계산된 총금액을 합산하여 3개월의 역일로 제한다.

5. 임금의 총액 (3개월간)
   - 5월(319,355원) + 6월(90만원) + 7월(90만원) + 8월(580,645원) + 60만원(상여금) + 75,000원(연차휴가수당) + 9만원(월차수당) + 5만원(시간외수당) = 3,515,000원

6. 3개월간의 역일수 92일
   - 임금의 총액에서 역일로 나눈 것이 홍길동의 1일 평균임금이 된다. 즉 3,515,000원 / 92일 = 38,207원

직원 중 한 명이 회사를 그만둔다고 해요. 퇴직금과 퇴직소득세는 어떻게 계산을 하나요?

○ 퇴직금 계산 사례

- 입사일자 : 1998년 1월 1일
- 퇴사일자 : 2005년 12월 7일
- 임금 및 수당 : 9월 907,000원, 10월 895,000원, 11월 893,000, 12월 880,000원
- 상여금 : 기본급의 연 400%(기본급 600,000원임, 통상임금 768,400원일 경우)
- 근무상황 : 2002년 만근, 2003년 퇴직일까지 만근하고 연월차를 사용치 않음 국민연금의 퇴직 전환금 : 600,000원

[해설]

1. 산정기간 : 2003년 9월 7일 ~ 2003년 12월 6일(91일간 - 퇴직일 제외)

2. 임금총액의 산정

 - 9월 : 907,000원 × 24 / 30 = 725,600원

 - 10월 : 895,000원

 - 11월 : 893,000원

 - 12월 : 880,000원 × 6/31 = 170,323원

3. 상여금의 산정 : 600,000원 × 400% × 3/12 = 600,000원

4. 연차수당 : 27,200원(1일 통상 임금) × 16(기본 10일 + 가산 6일) × 3/12 = 108,800원(다만, 판례의 입장을 따를 경우 이 금액을 포함시키지 못함)

주의 1일 통상임금 = 768,400원/226시간(소정근로시간)

5. ① 월차수당 : 27,200원 × 3월(9월, 10월, 11월분) = 81,600원

② 3월간 임금총액 : 725,600원 + 895,000원 + 893,000원 + 170,323원 + 600,000원 + 108,000원 + 81,600원 = 3,473,523원

③ 평균임금 및 퇴직금 : 3,473,523원 / 91일 = 38,170.58원
38,170.58원 × 30일 × 2,214/365 = 6,946,000원(원 미만 절상)

6. 946,000원 - 600,000원(퇴직금전환금) = 6,436,000원(실지급액)

퇴직소득세의 계산

종업원이나 임·직원의 퇴직으로 인해서 퇴직급여 등을 지급하는 경우에는 원천징수를 해야 한다.

퇴직소득이란 퇴직급여, 공무원이 받는 명예퇴직수당, 일반근로자가 퇴직할 때 받는 단체퇴직보험금 등을 말한다.

구분	내용
세금을 내야하는 날	퇴직금을 지급하는 달의 다음 달 10일까지
신고시 제출할 서류	원천징수이행상황신고서
납부시 제출할 서류	납부서와 주민세 납입서

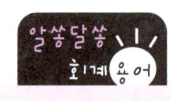

· 명예퇴직수당
명예퇴직수당이란 국가공무원법 또는 지방공무원법상의 공무원으로서 20년 이상 근속한 자로서 자진하여 퇴직하는 경우에 지급받는 수당을 말한다. 이와 더불어 공무원으로서 1년 이상 20년 미만 근속한 자로서 직제와 정원의 개폐 또는 예산의 감소 등에 의하여 폐직 또는 과원이 되었을 때에 그 폐직 또는 과원이 된 날부터 1년 이내에 자진하여 퇴직한 경우에 지급하는 조기퇴직수당이 있다. 소득세법상 명예퇴직수당도 퇴직소득의 범위에 포함되어 소득금액계산에 있어서 퇴직소득공제를 인정하고 있다.

· 단체퇴직보험금
단체퇴직보험이란 임직원을 피보험자와 보험의 수익자로 하고, 임직원의 퇴직을 보험금의 지급사유로 하는 보험을 말한다.

경리업무를 겸직하는 사장이 꼭 알아야 할 창업회계

(퇴직급여총액 - 퇴직소득공제) ÷ 근속연수 = 연평균 과세표준
(연평균 과세표준 × 기본세율) × 근속연수 = 산출세액
산출세액 - 퇴직소득세액공제 = 납부할 세액

주의 근속연수가 1년 미만인 경우에는 1년으로 한다. 따라서 1년 1개월을 근속한 경우 근속연수는 2년이 된다.

주의 위의 계산식에서 주의해야 할 점은 연평균 과세표준에 있어서의 (÷)근속연수와 산출세액의 계산에 있어서 (×)근속연수를 상계한 후 세율을 적용하여 원천징수 하는 것이 아니라 (÷)근속연수를 적용한 연평균 과세표준에 대하여 세율을 적용한 후 나온 세액에 (×)근속연수를 해야 한다는 점이다.

1. 퇴직소득공제

퇴직소득공제는 기본공제와 근속연수공제를 합해서 계산한다.

① 기본공제 : 퇴직급여액의 45%

② 근속연수에 따른 공제액

근속연수	공제액
5년 이하	30만원 × 근속연수
5년 초과 ~ 10년 이하	150만원 + 50만원 × (근속연수 - 5년)
10년 초과 ~ 20년 이하	400만원 + 80만원 × (근속연수 - 10년)
20년 초과	1,200만원 + 120만원 × (근속연수 - 20년)

2. 세율

근속연수	공제액
1,200만원 이하	과세 표준 × 8%

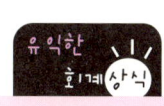

· 상여금이 지급되기 전에 퇴사를 하는 경우 상여금을 받을 수 있는지?

상여금이 지급되기 전에 퇴사를 하는 경우 상여금은 당연히 지급하지 않는 것으로 생각하고 있고 퇴사하는 직원들의 경우 또한 상여금을 못 받는 것으로 대부분 생각하고 있을 것이다.

그러나 대법원 판례나 노동부의 질의 회신을 참조하면 통상적으로 근로한 기간에 대한 상여금은 지급 받을 수 있는 것으로 해석하고 있다.

즉, 회사 사규나 취업규칙 등 회사규정에 회사 사정에 의하여 임의적으로 지급되는 것이라고 규정되어있다 하더라도 회사 설립 이후로 전 직원에게 정기적으로 계속하여 지급되어 온 것이라면 급여로 보아야 한다는 대법원 판례도 있다.

회사에서 상여금을 지급기일 기준 당일 재직중인 자에게만 지급하도록 해왔다 하더라도 이는 '재직중인 자에게 상여금을 전액 지불하라' 는 의미이지 중간에 퇴직한 자에 대하여 그 근무기간에 해당하는 상여금 지급을 배제하는 특별한 규정이라고 볼 수 없다.

단, 노사가 합의한 단체협약이나 취업규칙, 사규 등에 의하여 '현재 재직중인 근로자에게만 지급한다' 라고 규정되어 있으면 상여금 청구 자체가 불가능하다는 것이다.

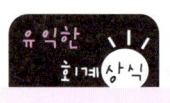 

· 퇴직금 관련 서울지방법원의 판례(2002. 5. 8, 서울지법 2002 가소1707)

퇴직금이란 사용자가 계속적인 근로 관계의 종료를 사유로 퇴직 근로자에게 지급하는 금원으로, 사용자의 퇴직금 지급 의무는 근로계약이 존속하는 한 발생할 여지가 없고 근로계약이 종료되는 때에야 비로소 그 지급 의무가 발생하는 후불적 임금이므로, 상용 근로자의 지위에 있는 원고로서는 퇴직일에 피고에게 퇴직금의 지급을 구할 수 있고, 피고 또한 그 퇴직 당시에야 비로소 지급 의무가 발생하므로, 근로계약에서 퇴직금을 미리 연봉 속에 포함시켜 지급하였다 하더라도 이는 근로기준법 제34조에서 정하는 법정 퇴직금 지급으로서의 효력이 없다.

3. 퇴직소득세 계산 사례

① 퇴직금 : 6,436,000원

② 퇴직소득공제 = 6,218,000원((1)+(2))

- 기본공제액 = 6,436,000원 × 45% = 2,896,200원
- 근속연수의 따른 공제 = 150만원 + 50만원 × (8년 - 5년) = 300만원

③ 과세표준 = 6,436,000원 - 5,896,200원 = 539,800원

④ 산출세액(납부할 세액) = (539,800원 / 8 × 8%) × 8년 = 43,180원

퇴직금의 비용 인정 범위

세무상 실제로 퇴사시 지급하는 퇴직금은 종업원의 경우 전액 비용으로 인정되나 임원의 경우 정관상의 규정에 의한 금액 한도 내에서 비용으로 인정된다.

대상	비용 인정 범위	
종업원	종업원의 현실적인 퇴직으로 인해 지급하는 모든 퇴직금은 비용으로 인정한다. 따라서 현실적 퇴직이 아님에도 퇴직금을 지급하는 경우에는 이를 비용으로 인정하지 않는 세무 조정이 필요하다.	
임 원	정관에 규정이 있는 경우 (퇴직위로금을 포함)	정관상의 금액
	그 이외의 경우	퇴직 전 1년간 총급여액(비용 불인정 상여금 제외) × 10% × 근속연수 주의 근속연수는 1년 미만인 경우 월수로 계산하고, 1개월 미만은 없는 것으로 본다.

> **※ Tip** 연봉제 회사에서 매월 급여에 퇴직금을 포함하여 지급하는 것이 불법인가요?

대기업처럼 복잡한 설계 시스템보다는 기존의 임금체계를 어느 정도 존중한 가운데 근로자의 동기부여를 할 수 있는 연봉제 시스템이 필요하지만, 신생 벤처기업이나 중소기업에서는 기존 임금 지급방식을 12개월 또는 18개월로 나누어 지급하는 정도로 연봉제를 시행하고 있는 것이 현실이다. 순수한 의미의 연봉제는 직무급을 설정하고 여기에 1년의 평가결과에 따라 차등 지급하는 '성과급(인센티브)'을 연계해 연봉 총액을 개별적·차등적으로 누적해 계산하는 방식을 말한다. 그러나 연봉제 도입 초기에는 과도기적 단계의 혼합형 연봉제가 여러 가지 형태로 나타날 수 있다. 예를 들면, 고정적으로 지급하는 '기본연봉'을 책정하고, 여기에 1년 후 업적평가 결과에 따라 차등 지급하는 '업적연봉(업적상여)'을 합산해 다음해의 총 연봉을 결정하는 방식 등이 있다. 만약 제대로 된 연봉제를 도입하여 직원 개개인의 업적을 평가하여 능력에 맞게 연봉을 지급한다고 가정하면, 생산직이나 영업직과는 달리 '관리직'인 경리부서의 경우 어떠한 방식으로 업적을 평가하느냐가 문제가 될 것이다. 따라서 개개인의 업적을 정확하게 평가하여 연봉을 계산하는 총체적인 시스템이 필요하다. 연봉에 퇴직금을 포함해서 매월 나눠 지급할 수 있는지는 판단하기 어려울 것이다. 퇴직금은 원칙적으로 퇴직이라는 사실이 발생해야만 지급의무가 생기는 채권이기 때문에 아무런 근거나 규정 없이 미리 퇴직금을 지급하는 것은 근로기준법 제34조에서 정하는 법정 퇴직금 지급으로서의 효력이 없다는 것이 노동부의 입장이다. 즉, 퇴직금은 원칙적으로 근로자가 퇴직할 때 근로기준법에서 정하는 퇴직금 산정방식에 의해 계산된 금액을 지급해야 한다. 법인세법 기본통칙 연봉에 포함된 퇴직금의 처리 규정에서, 퇴직금을 연봉에 포함시켜 매월 분할해 지급한다면 당해 연봉계약에 의한 근로계약 기간 만료 시점까지 당해 근로자에 대한 업무무관가지급금으로 보아야 한다는 규정이 있다. 따라서 퇴직금을 연봉 총액에 포함하여 매월 급여를 지급하는 시점에 지급하거나 1년이 경과하여 연봉을 재 계약하는 시점에 1년마다 퇴직금을 중간 정산하는 경우라면 법에서 정한 퇴직금중간정산제도에 충족해야만 법정 퇴직금으로 인정받을 수 있다. 이처럼 연봉에 퇴직금을 포함하여 분할 지급하는 경우 법정 퇴직금으로 인정받기 위해서는 다음과 같은 요건을 충족해야 한다.

① 근로계약서나 취업 규칙에 사회 통념상 타당하다고 인정되는 퇴직금 중간정산에 관한 근거가 있어야 한다.
② 연봉에 포함된 퇴직금의 액수가 명확히 구분되어 있어야 한다. 즉, 연봉 계약서에 1년간의 퇴직금 상당액은 '몇 원'이라는 것을 구체적으로 명시해야 한다.
③ 근로자의 연봉에 포함되어 미리 지급된 퇴직금은 근로계약에 의해 매월 또는 계약기간 1년이 경과한 시점에서 산정한 평균 임금을 기초로 산정한 퇴직금 액수에 미달하지 않아야 한다.
④ 계약기간이 만료되는 시점에 퇴직금을 중간정산 받고자 하는 사용인의 서면 요구가 있어야 한다.

위와 같은 요건을 갖추지 않고 연봉 안에 퇴직금이 포함되었다고 하면 법정 퇴직금으로 인정받을 수 없기 때문에, 만약 퇴사한 직원이 퇴직금을 요구하거나 노동부에 진정을 하는 경우에는 퇴직금을 전액 지급해야 할 수도 있다. 따라서 퇴직금을 연봉에 포함시켜 매월 지급하는 것보다는 1년마다 중간정산을 통해 별도로 지급하는 것이 유리하다.

제6장

급여항목 및 급여세금 관리

01 급여항목과 급여에서 공제해야 하는 항목은 무엇인가요?
02 급여와 관련된 세금의 업무처리 흐름
03 간이세액표를 이용한 일반근로자의 갑근세 계산
04 상여금을 지급하는 경우 갑근세 계산
05 세금에서 말하는 일용근로자
06 일용근로자의 갑근세 계산
07 중도 입·퇴사자의 갑근세 신고·납부
08 비과세되는 주요 급여는 무엇이 있나요?
09 식대보조금의 비과세 요건
10 차량유지비(자가운전보조비)의 비과세 요건
11 수당은 무조건 비과세 되나요?
12 학자금 비과세 적용
13 핸드폰 사용요금의 비과세
14 직원 재해시 회사에서 부담하는 병원비 비과세
15 경조사비 비과세
16 사택 제공과 관련한 비과세
17 직원들에게 제공하는 각종 상품권 등 선물 비용
18 직원 회식비용 비과세
19 종업원(직원) 대출금의 처리
20 직원 학원비 보조액 처리

01 급여항목과 급여에서 공제해야 하는 항목은 무엇인가요?

급여지급액 = 급여지급 항목 - 급여공제 항목

급여지급 항목

1. 기본급(본봉)

기본급은 근로자의 최저 생활을 보장하는 기본적 임금 항목이며, 본봉(本俸) 또는 본급(本給)이라고도 하는데, 특수 사정에 의해 지급되는 수당(手當)에 대응하는 말이다.

기본급은 본인급·능력급·근속급으로 구성되므로 가족급·지역급·임시상여·시간외임금과 같은 여러 수당은 이에 포함되지 않는다. 또 기준 능률을 초과한 산출 성과에 대한 장려금은 일반적으로 수당에 포함된다. 기본급의 설정은 작업 분석을 통한 작업의 평가에 의해 이루어진다.

기본급을 여러 수당과 구별하는 목적은 단체교섭 때 임금액 결정의 기준으로 삼고 노무비와 생산량과의 정상적 관계를 파악, 기업의 정확한 재무계획과 합리적인 임금제도를 확립하는데 있다.

2. 상여금

상여금은 매월 지급되는 임금이외의 분기별 또는 특정기에 사용자가 일시금으로 근로자에게 지급하는 금품을 말한다. 상여금은 그 명칭이 다양하고 그 지급방법도 각양각색이므로 일률적으로 판단하기 곤란하다. 또한 상여금을 주어야 할 것인가, 얼마를 주어야 할 것인가 등은 법에서 정함이 없으므로 지급액, 지급대상, 지급방법 등을 취업규칙이나 단체협약에 규정하여 시행하게 된다. 상여금은 근로기준법에서 얘기하는 임금의 범주에 포함된다. 원래 고유한 의미에서의 상여금은 근로자의 근무성적이나 경영성과를 고려하여 사용자가 임의적으로 지급하는 불확정적인 금품을 말하지만 정기적으로 지급되고 그 지급액이 확정되어 있을 때에는 명칭여하를 불문하고 임금에 해당된다.

3. 수당

기본급은 임금의 기본 부분을 형성하는 항목이다. 이에 대해 수당은 부가적 부분을 형성하는 것이 된다. 회사에 따라 지급하고 있는 수당 항목은 차이가 있겠지만 대표적인 수당으로서 가족수당, 주택수당, 직책수당, 통근수당 등이 있다.

기본급만으로 임금의 전부를 충당한다는 것은 현실적으로 무리가 있다는 것을 알 수 있다. 그러므로 업무의 특수성, 근무형태, 취업장소, 자격·면허의 유무, 가족형태, 주택형태, 통근상황 등을 감안하여 일정한 임금을 추가적·보조적으로 지급하는 것이 바람직하다. 수당은 전원 일률적으로 지급되는 경우도 있으나 보통은 일정기준을 충족시킨 경우에 한해서 지급된다. 또 이와 동시에 일정기준을 충족시키는 경우라도 조건의 차이에 따라 지급액의 차를 설정하는 경우가 많다.

이와 같은 수당은 지급이 강제되는 법정수당이 있는가 하면 회사에서 특정요건에 해당하는 경우 임의적으로 지급하는 비법정수당이 있다.

구분	종류
법정수당	법적으로 그 지급이 강제되는 수당으로 시간외근무수당(연장근로수당, 야간근로수당, 휴일근로수당), 연월차수당, 생리수당, 산전후휴가수당, 휴업수당 등이 있다.
비법정수당	회사 단체협약이나 취업규칙 등에서 그 지급을 규정한 것으로 가족수당, 직책수당, 통근수당, 주택수당 등이 있다.

법정수당

법정수당은 법적으로 그 지급이 강제되는 수당으로 사용자는 법정근로시간을 초과한 연장근로 및 야간근로(하오 10시부터 상오 6시까지 사이의 근로)에 대하여는 통상임금의 100분의 50 이상을 가산한 연장근로수당 및 야간근로수당을 가산 지급하여야 하며, 근로시간이 1일 8시간을 초과하여 연장근로시간과 야간근로(22:00~06:00)가 중복되는 경우에는 연장근로수당 50%와 야간근로수당 50%를 각각 가산하여 100%의 가산수당을 지급해야 한다. 근로자가 회사의 취업규칙이나 단체협약에서 정한 휴일에 근로한 때에는 역시 통상임금의 50%를 가산한 휴일근로수당을 지급해야 한다.

이와 같은 연장근로수당, 야간근로수당, 휴일근로수당 및 월차수당, 연차수당, 생리수당을 법정수당이라고 하며, 근로기준법에서는 사용자가 의무적으로 지급하도록 규정하고 있으며 사용자가 이를 어기면 처벌을 받게 된다.

법정수당의 소멸시효도 임금과 같이 3년으로서 사유발생일로부터 3년까지는 언제든지 청구할 수 있다.

비법정수당

비법정수당은 근로기준법 등 법적으로 강제하지는 않으나 회사내부의 단체협약이나 취업규칙 등에서 지급하도록 규정한 수당을 의미한다. 따라서 이는 법적인 구속력을 가지는 것은 아니며, 회사 자치적인 수당으로 보면 된다.

급여 공제 항목

구분	공제액
갑근세	갑근세는 급여를 받는 모든 근로자가 내는 세금으로 갑종근로소득의 줄인 말이다. 갑근세는 수작업의 경우 간이세액조견표(= 간이세액표)에 의하거나 전산 프로그램에 의해 공제
주민세	갑근세의 10%
건강보험	기준급여 × 보험료율로 징수하는 것으로 실무상 표준보수월액표가 있어 이에 따라 공제를 한다. 기준급여 : 총급여 - 비과세급여 보험료율 : 2008년 1월부터 적용되는 보험료율은 5.08%(사용자와 각각 1/2)
국민연금	월 평균보수의 9%에 해당하는 금액을 본인과 사용자가 각각 4.5%씩 분담하여 납부하는 것으로, 이것도 건강보험과 같이 기준급여에 따라 공제를 한다.
고용보험	피보험자(일용근로자 제외) 임금총액(=총급여액) × 0.45%
가불금	가불해 간 금액 공제
경조금(상조 회비 등)	직원의 경조사비 중 각 개인을 대신해서 우선 회사가 내준 경우 동 금액을 공제한다.

02 급여와 관련된 세금의 업무처리 흐름

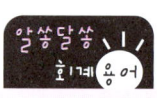

· 신고, 납부

신고는 세법에서 정한 계산방법에 따라 계산한 과세표준에 세율을 적용하여 납부할 세액을 구한 후 세무서식에 기입해서 세법에서 정한 일정 기간 안에 관할세무서나 관할 관청에 제출하는 것을 말하며, 납부할 세액을 은행 등 금융기관에 내는 행위를 납부라고 한다.

급여세금은 크게 갑근세와 갑근세에 대한 주민세 그리고 퇴직소득세와 이에 대한 주민세로 나누어 볼 수 있다.

먼저 급여를 지급하는 달에 세무상 비과세로 규정된 것을 제외하고는 기본급+수당+상여금+기타 근로대가 지급액에 대하여 갑근세를 징수하여 다음달 10일 신고·납부를 해야한다. 즉,

① 기본급+수당+상여금+기타 근로대가 지급액 중 비과세소득을 구분한다.
② 과세대상 소득을 기준으로 간이세액표를 참조하여 갑근세를 공제한다.
③ 원천징수이행상황신고서와 납부서 등을 작성한다.
④ 다음달 10일 원천징수이행상황신고서는 관할세무서에 제출하고, 납부서는 작성하여 가까운 은행에 납부시 증빙으로 사용한다.
⑤ 퇴직자가 발생을 하는 경우에는 퇴직자에 대하여는 갑근세에 대하여 중도퇴사자 연말정산을 실시한 후 납부액이 발생시 급여에서 공제를 하고 환급액이 발생하는 경우 환급을 해준다.

이와 별도로 퇴직금에 대하여는 퇴직소득세를 징수하여 신고·납부해야 한다.

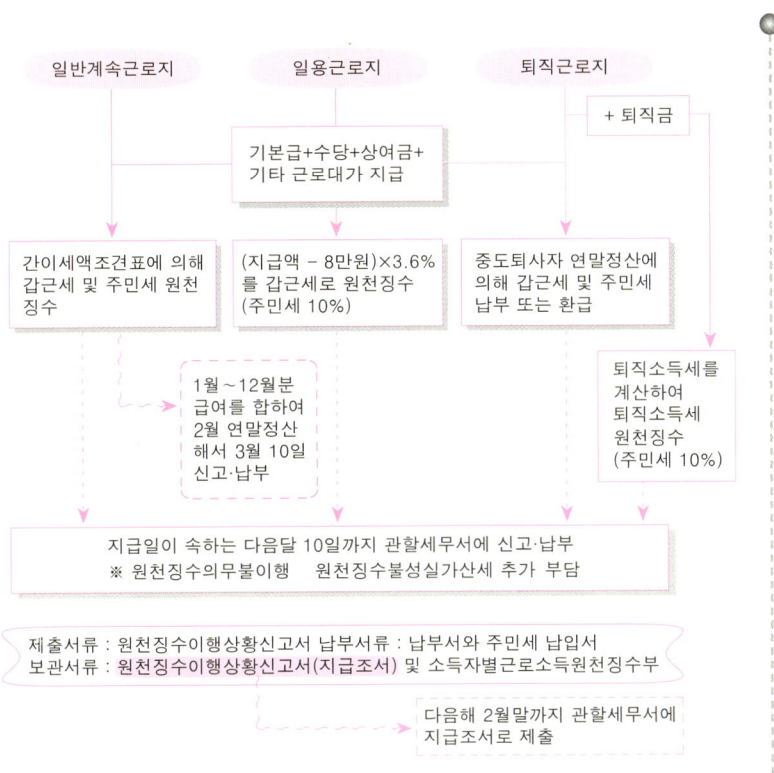

✱ Tip 급여성 대가

1) 휴가비 또는 기타 이와 유사한 성질의 급여

2) 위로금·학자금·축의금 등 사회통념상의 범위를 초과하여 지출한 급여

3) 여비 명목으로 지급하는 월정 금액의 급여

4) 퇴직으로 인한 위로금 형식으로 퇴직소득에 포함되지 않는 퇴직위로금, 퇴직공로금 등 이와 유사한 성질의 급여

5) 기밀비·판공비·교제비 등 업무를 위해 사용된 것이 분명하지 않은 급여

03 간이세액표를 이용한 일반 근로자의 갑근세 계산

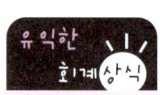

· 근로소득 간이세액표의 세액 산출은 어떻게 이루어지나?

근로소득 간이세액표는 매월 지급되는 급여액에 대하여 소득공제와 근로소득세액공제 등을 반영한 금액에 기본세율을 적용하여 산출될 세액을 예측하여 계산된 세액표이다.
이러한 간이세액표상의 좌측의 월급여액의 구간은 천원 단위로 기재되어 있으며, 여기에는 비과세근로소득이 제외되어 있다. 따라서 근로자의 월급여액에서 비과세소득만을 제외한 급여액을 원천징수 대상금액으로 하여야 하며, 공제대상 가족의 수 및 20세이하 자녀의 수와 원천징수대상 급여액이 일치하는 곳의 표시 금액이 원천징수 할 세액이다.
여기서, 공제대상 부양가족의 인원에는 본인을 포함한 배우자·부양 가족수·20세이하 자녀의 수를 감안한 인원이며, 경로우대 또는 장애인공제 등의 추가인원은 공제대상 가족수 계산시 추가로 반영하지 않는 것이다.

간이세액표의 계산구조

간이세액조견표는 근로소득자가 받는 월급여 및 제수당 총액에서 비과세급여를 제외한 금액을 기준으로 근로자가 납부해야 할 연간 근로소득세를 월 단위로 환산하여 정리한 속산표로서 다음 방법에 의해 계산된다.

간이세액조견표 계산식

1. 월급여 × 12개월 = 연간총급여
2. 연간총급여 - 비과세소득 - 근로소득공제 = 근로소득금액
3. 근로소득금액 - 종합소득공제(기본공제 + 다자녀추가공제 + 표준공제 + 연금보험료공제) = 근로소득과세표준
4. 근로소득과세표준 × 세율 = 근로소득산출세액
5. 근로소득산출세액 - 근로소득세액공제 = 갑근세 ÷ 12
   = 간이세액조견표상 갑근세(원천징수 갑근세)
6. 원천징수 갑근세 × 10% = 간이세액조견표상 주민세(원천징수주민세)

주의 단, 갑근세와 주민세의 경우 10원 이하는 절사된 금액이다.
주의 주의 간이세액조견표의 계산 값은 범위의 중간 값으로 계산한 것이다.
주의 월급여 = 월급여총액 - 비과세급여

예를 들어, 월급이 200만원이고 비과세소득이 0원이고, 배우자 및 부양가족은 없다고 가정을 하자.

1. **월급여 × 12개월 = 연간총급여**

   = 200만 5천원 × 12개월 = 24,060,000원

2. **연간총급여 - 비과세소득 - 근로소득공제 = 근로소득금액**

   = 24,060,000원 - 0원 - 11,359,000원 = 12,701,000원

· 월급
매달 근로를 제공하고 다달이 사용자로부터 기본급, 수당, 상여 등 명칭에 관계없이 받는 돈을 말한다.

· 비과세소득
소득이 발생하여 세금을 물려야 하나 사회적인 고려나 과세 정책에 따라 세금을 매기지 않는 소득을 말한다.

[근로소득공제]

총급여액	공제액
500만원	총급여액
500만원 초과 1,500만원 이하	500만원 + 500만원 초과 금액의 50%
1,500만원 초과 3,000만원 이하	1,000만원 + 1,500만원 초과 금액의 15%
3,000만원 초과 4,500만원 이하	1,225만원 + 3,000만원 초과 금액의 10%
4,500만원 초과	1,375만원 + 4,500만원 초과 금액의 5%

주의 총급여액에는 비과세소득이 포함되지 않는다.

주의 1년 미만 근무한 경우에도 월할계산하지 않고 근로소득공제를 그대로 적용

주의 연말정산대상에서 제외되는 일용근로자의 경우에는 1일 8만원을 근로소득공제한다.

3. **근로소득금액 - 종합소득공제(기본공제 + 다자녀추가공제 + 표준공제 + 연금보험료공제) = 근로소득과세표준**

   = 12,701,000원 - 100만원 - 0원 - 1,701,500 - 1,082,700 = 8,916,800원

4. 근로소득과세표준 × 세율 = 근로소득산출세액

= 8,916,800원 × 8% = 713,344원

5. 근로소득산출세액 - 근로소득세액공제 = 갑근세÷12

= 간이세액조견표상 갑근세(원천징수 갑근세)
= (713,344원 - 339,003원) ÷ 12
= 31,190원(10원 미만 절사)

[근로소득세액공제]

산출세액	세액공제액
50만원 이하	근로소득산출세액 × 55%
50만원 초과	275,000원 + (산출세액 − 50만원) × 30%

6. 원천징수 갑근세 × 10% = 간이세액조견표상 주민세(원천징수주민세)

= 31,190원 × 10%
= 3,110원

간이세액표의 적용방법

1. 공제대상가족의 수

공제대상가족수(간이세액표상의 부양가족수) = 본인 + 배우자 + 부양가족

① 본인 및 배우자도 각각 1인으로 보아 공제대상가족의 수를 계산함.

② 본인은 무조건 공제가 가능하므로 우선 공제대상인원은

기본적으로 1인이 되며,

③ 배우자 또는 부양가족은 연간 소득금액이 100만원이하인 경우 공제대상인원에 가산한다. 여기서 연간소득금액이란 본인이 받는 총급여에서 근로소득공제액을 차감한 금액을 말하며, 일반적으로 연간 총급여가 700만원이 넘는 경우 배우자공제대상이 되지 않는다.

- 배우자 공제

맞벌이부부의 경우 남편이 부인을 부인이 남편을 대상으로 서로 배우자공제를 받을 수 없다. 즉, 맞벌이부부의 경우 배우자는 부양가족수에 가산을 하면 안된다. 또한 기타 부양가족에 대해서는 부부 중 한 명의 소득자만이 공제해야 한다. 즉, 맞벌이부부의 경우 부양가족대상에 해당하는 인원에 대해서 남편이나 부인 중 한 명만 부양가족수에 포함을 해서 공제를 받아야 하지 두 사람 모두 포함을 해서 공제를 받으면 안된다.

- 부양가족공제

근로자(배우자 포함)와 생계를 같이 하는 부양가족으로서 연간소득금액이 100만원 이하인 자중 다음의 요건을 갖춘 부양가족은 각각 1인으로 본다.

부양가족	공제대상 요건	
직계존속	· 남자 : 만 60세 이상	
	· 여자 : 만 55세 이상	
직계비속, 입양자	· 만 20세 이하	
형제자매	· 만 20세 이하	형제자매 본인만 공제대상임
	· 남자 : 만 60세 이상	
	· 여자 : 만 55세 이상	
기 타	· 기초생활수급자	

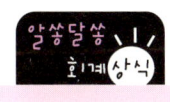

- 장애인의 경우에는 연령의 제한을 받지 아니하며 직계존속에는 배우자의 직계존속(장인, 장모 등)을 포함하고, 직계비속과 형제자매의 배우자(제수, 형수, 며느리 등)는 부양가족 공제대상이 아니다.
- 기본공제대상자의 판단은 과세기간종료일을 기준으로 하며, 이혼한 경우 배우자 공제를 적용하지 않는다.
- 직계존속에는 장인·장모, 계부·계모를 포함하고, 직계비속에는 종전 배우자와의 혼인 중에 출생한 자를 포함한다.
- 고모, 사촌, 형수, 조카, 사촌동생 등은 부양가족에서 제외된다.

2. 적용방법

① 공제대상가족 중 20세 이하 자녀가 1인 이하인 경우에는 "일반"란의 세액을 적용함.
② 공제대상가족 중 20세 이하 자녀가 2인인 경우에는 "다자녀"란의 세액을 적용함.
③ 공제대상가족 중 20세 이하 자녀가 2인을 초과하는 경우에는 2인을 초과하는 자녀의 수를 실제 공제대상가족의 수에 합산한 가족의 수에 해당하는 "다자녀"란의 세액을 적용함. 예를 들어 공제대상 본인과 배우자 그리고 20세 이하 자녀 2인이 있는 경우 부양가족수는 4인이 되는 데 20세 이하 자녀 2인이 있으므로 4인+(2인-2인) = 4인의 다자녀 해당 구간의 공제액을 공제함.

구분	자녀의 연령	
	20세 이하	20세 이상
본인+배우자+2인의 자녀	4인의 다자녀 적용	4인의 일반 적용
본인+배우자+3인의 자녀	6인의 다자녀 적용	2인의 일반 적용

- 적용사례

간단히 부양가족수 계산은 20세이하의 자녀자 없거나 1인인 경우 급여와 부양가족수에 해당하는 일반란의 금액을 20세이하 자녀가 2인 이상인 경우 해당 급여의 부양가족수+(20세이하자녀-2)에 해당하는 부양가족수의 다자녀란의 금액을 공제하면 된다.

예를 들어 월급여가 100만원이고 4인 가족 중에 20세 이하 자녀가 2인인 경우 4인+2인-2=4인에 해당하는 다자녀란의 금액을 공제하면 된다.

그리고 4인 가족중에 20세이하 자녀가 한명도 없는 경우에는 월급여 100만원 부양가족수 4인에 해당하는 일반란의 간이세액을 적용하는 것이다.

상여금을 지급하는 경우 갑근세 계산

상여금을 지급하는 달은 간이세액조견표의 적용이 달라지는데 그 내용을 살펴보면 다음과 같다.

정기적으로 주는 상여

기본급과 별도로 300%, 400% 등으로 정해진 기준에 따라 정기적으로 지급하는 상여금에 대해서는 아래의 계산방법에 의하여 상여금의 지급시 갑근세를 징수하여 다음달 10일 신고 납부해야 한다.

> 상여액 + 지급대상기간의 상여 외의 급여의 합계액 / 지급대상기간의 월수]에 대한 간이세액표상의 해당세액 × 지급대상기간의 월수 - 지급대상기간의 상여 외의 금액에 대한 산출세액(가산세 제외)

예를 들어 총급여액이 200만원, 공제대상이 1인, 근로자가 3월에 상여금 200만원(상여금 400%)을 받은 경우

① 총급여가 200만원인 경우 간이세액표상 갑근세는 31,190원, 주민세는 3,110원이 된다,

② [상여액 + 지급대상기간의 상여 외의 급여의 합계액 / 지급대상기간의 월수]에 대한 간이세액표상의 해당세액 × 지급대상기간의 월수 - 지급대상기간의 상여 외의 금액에 대한 산출세액(가산세 제외)

= [(2,000,000원 + 6,000,000원)/3]에 대한 간이세액표상의 세액 × 3월 - 62,380원(1~2월 원천징수액)

= 2,666,667원에 대한 간이세액표 × 3월 - 62,380원

= 83,570 × 3월 - 62,380원

= 188,330원

비정기적으로 주는 상여

설이나 추석 등에 지급받는 특별상여나 성과급과 같은 비정기적 상여금에 대해서는 아래의 계산방법에 의하여 상여금의 지급 시 갑근세를 징수해서 다음달 10일 신고 납부해야 한다.

특히 연말 성과에 따른 성과급이나 추석, 설에 정해지지 않은 보너스가 나오는 경우가 이에 해당한다고 보면 된다.

[상여액 + 지급대상기간의 상여 외의 급여의 합계액 / 지급대상기간의 월수]에 대한 간이세액표상의 해당세액 × 지급대상기간의 월수 - 지급대상기간의 상여 외의 금액에 대한 산출세액(가산세 제외)

결산 후 소득처분상 상여(잉여금처분에 의한 상여)

잉여금처분에 의한 인정상여 등의 경우에는 다음의 세액을 원천징수해서 징수한 달이 속하는 다음달 10일까지 신고 납부해야 한다.

잉여금 처분에 의한 상여 등의 금액 × 기본세율

여기서 기본세율이란 소득세법상 누진세율을 말한다.

세금에서 말하는 일용근로자

일용근로자는 시간단위로 대가를 받는 근로자

고용관계에 의해서 용역(근로용역)을 제공하고 그에 대한 대가를 받는 경우를 근로소득이라 하는데, 이 근로소득자 중 고용관계에 의해서 근로를 제공한 날 또는 시간에 따라 근로대가를 계산하거나 근로성과에 따라 급여를 계산하여 받는 경우로서 건설공사나 하역작업에 종사하는 사람이 아닌 경우는 동일한 고용주에게 3월 이상 계속해서 고용되어 있지 아니하고, 근로단체를 통하여 여러 고용주의 사용인으로 취업하는 경우에는 이를 일용근로라 한다. 단, 근로계약상 근로제공에 대한 시간 또는 일수나 그 성과에 의하지 아니하고 월정액에 의해서 급여를 지급받는 경우에는 그 고용기간에 불구하고 일반급여자의 근로소득으로 본다. 즉 일용근로자가 되기 위해서는 다음의 두 가지 요건을 충족해야 한다.

1. 고용관계에 의해서 근로를 제공한 날 또는 시간에 따라 근로대가를 계산하거나 근로성과에 따라 급여를 계산하여 받는 경우
2. 동일한 고용주에게 3월 이상 계속해서 고용되어 있지 아니하고, 근로단체를 통하여 여러 고용주의 사용인으로 취업하는 경우

참고적으로 가정주부가 고용관계 없이 부업으로 수출물품 등의 가공 등 가내수공업적인 용역을 제공하고 받는 대가는 일용근로자로 본다. 따라서 청소용역 등을 업체에 맡기지 않고 아주머니에게 개인적으로 의뢰하는 경우 동 아주머니는 기간에 관계없이 일용근로자로 본다.

거주자가 고용관계에 있는지를 판단하는 기준은 근로의 제공자가 업무나 작업에 대한 거부를 할 수 있는지, 시간적·장소적인 제약을 받는지, 업무수행 과정에 있어서 구체적인 지시를 받는지, 복무규정의 준수의무 여부 등을 종합적으로 감안하여 판단하는 것이다.

1. 건설업자

건설공사에 종사하는 자로서 다음에 해당하는 경우 일용근로자로 본다.

① 동일한 고용주에게 계속해 1년 이상 고용된 자

② 다음의 업무에 종사하기 위해 통상 동일한 고용주에게 계속해서 고용되는 경우

가. 작업준비를 하고 노무에 종사하는 자를 직접 지휘·감독하는 업무

나. 작업현장에서 필요한 기술적인 업무, 사무·타자·취사·경비 등의 업무

다. 건설기계의 운전 또는 정비업무

2. 하역업자

하역작업에 종사하는 자(항만 근로자를 포함)로서 다음에 해당하는 경우

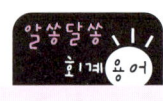

· 거주자

국내에 주소를 두거나 1년 이상 거주할 장소를 둔 개인을 말한다. 반면 세법에서는 거주자로 의제되는 경우가 있는 데 다음의 경우가 이에 해당한다.

① 계속하여 1년간 국내거주를 필요로 하는 직업을 가진 때

② 국내에 생계를 같이하는 가족이 거주 및 자산상태로 비추어 계속 1년 이상 국내에 거주할 것이 인정될 때

참고적으로 공무원, 거주자나 내국법인의 국외상업장에 파견된 임직원은 당연히 세법상 거주자로 본다.

① 통상 근로를 제공한 날에 근로대가를 받지 아니하고 정기적으로 근로대가를 받는 자

② 다음의 업무에 종사하기 위해 통상 동일한 고용주에게 계속해 고용되는 경우

가. 작업준비를 하고 노무에 종사하는 자를 직접 지휘·감독하는 업무

나. 주된 기계의 운전 또는 정비업무

일반적인 경우

위 건설공사 또는 하역작업 외의 업무에 종사하는 자로서, 근로계약에 따라 동일한 고용주에게 3월 이상 계속해서 고용되어 있지 아니한 자

> **주의** 가정주부가 고용관계없이 부업으로 수출물품 등의 가공 등 가내수공업적인 용역을 제공하고 받는 대가는 일용근로자로 본다.
>
> **주의** 근로소득에 대한 원천징수는 계속고용으로 3월 또는 1년이 되는 날이 속하는 월부터 일반급여자로 보아 원천징수한다.

일용근로자의 갑근세 계산

급여 지급자 → 세무서

※ 납부 세액이 없는 경우
: 원천징수이행상황신고서상에 '일용근로자>총급여액'란만 작성·제출

※ 납부 세액이 있는 경우
: 원천징수이행상황신고서 제출 후 납부

원천징수납부를 제외한 세무의무 사항 없음

일용근로자 임금대장 및 주민등록등본(또는 주민등록증사본), 원천징수영수증을 보관해야 한다.

일용근로자

○ 3개월이 지난 아르바이트생은 일반근로자와 같이 갑근세를 공제해야 하나?

위의 일용근로자 요건 중 동일한 고용주에게 3월 이상 계속해서 고용되어 있지 아니하고, 근로단체를 통하여 여러 고용주의 사용인으로 취업하는 경우를 충족해야 한다. 따라서 3월 이상 계속해서 고용되어 있는 경우에는 일용근로자가 아닌 일반근로자로 본다.

예를 들어 1월 1일부터 동일고용주에게 고용되어 계속하여 근무하면 3월까지는 일용근로자로 원천징수하고, 4월부터는 일반근로자로 원천징수하고 1~12월까지의 총급여를 다음 해 2월에 연말정산 해야 한다. 단, 1월 1일부터 3월까지 근무하고 그만두어서 일용근로소득만 있는 경우에는 연말정산 및 종합소득 신고·납부의무가 없이 원천징수로 모든 세무상 절차가 종결된다.

일용근로자에게 식사 및 교통비를 지급하는 경우

일용근로자에게 식사 및 교통비를 지급하는 경우 이는 지출증빙으로 비용처리가 가능하며, 일용근로자의 급여에 포함시켜서 원천징수를 하지 않는 것이다.

생산직 일용근로자의 야간근로수당 비과세

생산직 일용근로자의 야간근로수당 등의 비과세는 월정급여액에 관계없이 전액 비과세 되므로 일당 급여만을 기준으로 원천징수해야 한다. 즉, 생산직 일용근로자의 야간근로수당 등에 대해서는 한도 없이 전액 비과세 한다.

예를 들어 고정적인 일당은 1일 14만원이며, 일당 외에 야간근로수당 12만원 능률급으로 5만원을 수령했을 시 일용근로자는 월정액에 관계없이 야간근로수당은 비과세되므로 야간근로수당 12만원은 비과세하고 일당 14만원과 능률급 5만원을 합한 19만원에 일용근로자 소득공제 80,000원을 공제한 11만원으로 과세표준을 잡아 근로소득세를 계산한다.

원천징수액의 계산

산출세액 = (일급여액 - 80,000원) × 8%
원천징수세액 = 산출세액 - 근로소득세액공제(산출세액의 55%)
따라서 (일급여액 - 80,000원)을 초과하는 금액의 3.6%를 원천징수 하면 된다.

예를 들어 일급여액이 12만원인 경우 일용근로자의 원천징수액은

1. 산출세액 = (120,000원 - 80,000원) × 8% = 3,200원
2. 원천징수세액 = 3,200원 - (3,200원 × 55%) = 1,440원이며, 보다 간편하게 계산을 해보면 (120,000원 - 80,000원) × 3.6% = 1,440원이 된다.

원천징수이행상황신고서의 작성법

1. 납부할 세액이 없는 경우

만일 원천징수세액이 없더라도 원천징수이행상황신고서상의 일용근로란에 인원과 총지급액란은 기재를 하여 다음달 10일 납부는 안하더라도 신고는 해야 한다.

예를 들어, 일당이 50,000원인 경우 (50,000원 - 80,000원) × 3.6% = 0원으로 납부할 세액이 발생하지는 않으나 원천징수이행상황신고서상의 일용근로란에 인원과 총지급액란에는 기재를 하여 신고를 해야 한다.

2. 납부할 세액이 있는 경우

앞의 계산식에 의하여 계산한 결과 납부할 세액이 발생하는

· 일당
일당은 근로의 대가로 하루에 받는 금액을 말한다.

경우 원천징수이행상황신고서상의 '근로소득〉일용근로란'에 내역을 기록한 후 지급한 달이 속하는 다음달 10일까지 신고·납부를 해야 한다.

일용근로자도 연말정산을 하나?

일용근로소득만 있는 경우 연말정산의 대상도 아니며, 종합소득세 신고·납부도 하지 않는다. 따라서 급여의 지급시 원천징수로써 모든 세무상 절차는 종료되게 된다.

그러나 일용근로소득 말고 일반근로소득 또는 기타 소득이 함께 있는 경우에는 연말정산 또는 종합소득세를 신고·납부해야 한다.

연말정산 및 종합소득세 신고·납부

일용근로소득은 종합소득과세표준의 합산대상이 아니며, 연말정산의 대상도 되지 않는다. 따라서 급여의 지급시 원천징수로써 모든 세무상 절차는 종료되게 된다(연말정산을 하지 않아도 됨).

일용근로자의 증빙처리

일용근로자에게 지출한 잡급을 손금으로 인정받기 위해서는 이에 대한 입증서류를 비치해 두어야 한다. 즉, 내부적으로는 현장별로 노무비지급대장(일용근로자임금대장)에 직책, 성명, 주민등록번호, 출역사항, 출역일수, 노무비단가 등을 기록하여 양

· 잡급
잡급은 일용직 노임이나, 아르바이트 등 단기간 회사내부에서 일하는 직원의 노임을 말한다.

· 손금
세법상 비용으로 인정해주는 금액을 말한다.

수인의 도장이나 서명을 받아야 한다. 또한 주민등록증 등의 신분증 사본이나 주민등록등본을 보관해야 하며, 외부적으로는 원천징수영수증을 작성·보관하면 된다.

또한 지급시에 가급적 일용근로자 본인의 금융계좌에 예치하는 방법을 사용하면 더욱 확실한 입증방법이다.

일용근로자와 관련한 세무조사 대비책

일용근로자의 임금과 관련해서 의심이 가는 경우 다음과 같이 조사를 실시하므로 이점에 유의해서 일용근로자 잡급처리를 해야 한다.

1. 가공인건비 계상여부

① 현장에 투입된 일용근로자의 주민등록번호를 확인해서 전산조회한 결과 재산상황, 연령, 주소지, 사업자 유무, 근로자 유무 등을 파악해서 사실근무여부를 파악한다.

② 기상청의 연간 강수량 등을 파악해서 공사종류별로 공사가 불가능한 시기에 인건비를 계상하였는지 여부를 검토한다.

③ 공사종별로 노무비의 평균비출액을 파악해서 과다계상여부를 검토한다.

④ 타 공사현장의 인건비를 계상하였는지 여부를 파악한다.

2. 일급여액의 축소 및 분산여부 확인

일용근로자에 대한 일급여액의 근로소득공제가 8만원이므로 이를 회피하기 위해 일급여를 8만원으로 과소신고를 하거나 실제근무하지 않은 가공인물로 나눠 처리하거나 출역일수를 연장해서 분산처리하는 경우이다. 이 경우 실제 지급된 일급여액이 확인되면 손금으로 인정을 받을 수 있으나 반면 확인되지 않는 경우 원천징수세액과 원천징수불이행가산세가 추징될 수 있다.

3. 가공세금계산서의 수취여부 확인

일용근로자에 대한 현장인건비 지출에 대한 관리소홀로 이에 소요된 경비를 가공세금계산서로 대체하였는지 여부를 확인하는 것이다. 이 경우 사실이 확인되면 사실과 다른 세금계산서 수취에 해당되어 매입세액공제 및 가산세를 추징하고 가공원가로 법인세 추징 및 귀속 불분명시 대표자 상여처분을 받게 되어 손금불산입 및 상여처분은 면하게 될 것이다.

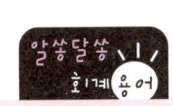

• **추징**
세금을 납부하는 사람이 세금을 잘못 납부해서 세무서 등 세무당국이 추가로 징수하는 금액을 추징이라고 한다.

※ Tip 일용근로자의 지급조서 제출

일반적으로 지급조서는 매년 2월 28일 제출을 한다.
그러나 일용근로자의 지급조서는 매분기 말일부터 다음달 말일까지 제출하는 것이 원칙이다.
(예 : 1월 1일 ~ 3월 31일분은 4월 30일까지) 단 4분기는 다음해 2월 28일까지 제출한다.

07 중도 입·퇴사자의 갑근세 신고·납부

중도입사자

다른 회사를 퇴사해서 새로운 회사에 입사를 한 경우에는 현 근무지에서 최초의 급여를 지급받기 10일 전까지 전근무지 퇴직 시 원천징수의무자가 발행한 근로소득원천징수영수증과 소득자별근로소득원천징수부를 제출하게 하여 연말정산시 전근무지의 근로소득과 현근무지의 근로소득을 합산하여 연말정산해야 한다. 만일 전근무지의「근로소득원천징수영수증」과「소득자별근로소득원천징수부」사본을 제출하지 않아 전근무지의 근로소득을 합산하여 연말정산하지 않으면 근로자 본인이 다음연도 5월 말까지 종합소득세 확정신고를 해야 하는 번거로움이 있으며, 자칫하면 가산세를 추가로 부담해야 하므로 반드시 근로자에게 주의를 환기시켜야 한다.

구분	현근무지 제출서류
연도중 전근무지가 없었던 경우	없음
연도중 전근무지가 있었던 경우	근로소득원천징수영수증 및 소득자별근로소득원천징수부

중도퇴사자

임직원이 퇴직한 경우에는 퇴직한 달의 급여를 지급하는 때 연말정산을 한다. 즉, 직원의 퇴직시 원천징수는 직원의 퇴직시 연말정산을 하여 징수세액이 있는 경우에는 징수를 하고 환급세액이 있는 경우에는 환급을 해주어야 한다.

예를 들어, 2008년 8월에 퇴직한 자의 급여를 2008년 9월 5일 지급하면서 연말정산한 결과 33,870원의 납부세액이 발생한 경우 세액의 납부는 2008년 10월 10일까지 연말정산자료는 2009년 2월말까지 제출하는 것이다.

Ⅰ. 원천징수내역 및 납부세액								(단위 : 원)	
구분		코드	원천징수내역					납부세액	
			소득지급(과세미달, 비과세 포함)		징수세액			6.당월조정 환급세액	7.소득세 등 (가산세포함)	8.농어촌 특별세
			1.인원	2.총지급액	3.소득세 등	4.농어촌 특별세	5.가산세			
근로소득	간이세액	A01	6							
	중도퇴사	A02	1	2,000,000	33,870					
	일용근로	A03								
	연말정산	A04								
	가 감 계	A10	1	2,000,000	33,870					

그리고 중도퇴사자의 근로소득세 연말정산시에는 인적공제(기본공제, 추가공제)는 월할계산하지 않고 연액(전액)을 공제해야 하며, 특별공제금액(보험료공제, 의료비공제, 교육비공제, 주택자금공제) 및 신용카드사용금액에 대한 소득공제금액은 근로제공기간에 지출 또는 사용한 금액에 한하여 공제받을 수 있다. 또한 근로자가 중도퇴직하면서 근로소득세 연말정산을 하는 때에 소득공제신청을 누락하여 공제받지 못한 소득공제금액이 있는 경우에는 새로운 직장에서 연말정산시 공제받을 수 있으나 새로운 직장을 얻지 못해 다시 연말정산을 하지 못한 경우에는

근로자 본인이 다음해 5월에 주소지 관할세무서에 근무지로부터 받은 근로소득원천징수영수증과 추가공제 받고자 하는 공제항목에 대한 증빙서류를 첨부하여 종합소득확정신고를 함으로써 추가로 공제받을 수 있다.

> 중도퇴사자 연말정산액 = 총급여액 - 비과세소득 - 근로소득공제 - 기본공제(전액) - 추가공제(전액) - 특별공제(근무기간 중 사용액)

참고적으로 중도퇴사를 하고 사업을 시작하는 경우 퇴사시점에 연말정산을 한 후 사업소득과 근로소득을 합하여 다음해 5월에 종합소득세 신고·납부를 해야한다. 즉, 연말정산으로 모든 납세의무가 완료되는 것은 아니다.

퇴직자의 세금신고사항

퇴직자가 발생을 하는 경우 세금과 관련해서는 갑근세에 대한 중도퇴사자 연말정산과 퇴직소득에 대한 원천징수액을 신경을 써야 한다.
중도퇴사자의 경우 본사의 근무기간동안 발생한 소득에 대해서 연말정산을 해서 다음달 10일 원천징수이행상황신고서상의 근로소득〉중도퇴사란(A02)에 기재를 하여 신고·납부를 한다.
그리고 퇴직금에 대한 퇴직소득세도 이를 지급한 날이 속하는 달의 다음달 10일까지 원천징수이행상황신고서의 퇴직소득란(A20)에 기재를 해서 신고·납부를 하는 것이다.
참고적으로 원천징수영수증 즉 지급조서는 매달 제출을 하는 것이 아니라 1년분을 다음해 2월 28일까지 제출을 하는 것이다.

경리업무를 겸직하는 사장이 꼭 알아야 할 창업회계

중도퇴사자 연말정산액의 납부 및 환급

중도퇴사자에 대하여 연말정산을 한 결과 납부액은 납부를 하고 환급액은 환급을 해주어야 하는 데 여기서 반드시 유의할 사항은 환급이 발생하는 경우 새로운 사업장에서 환급을 받는 것이 아니라 퇴사하는 회사에서 반드시 환급을 해서 퇴사를 시켜야 한다는 점이다. 즉 퇴사자는 새로운 직장에서 환급을 받을 수 없고 중도퇴사시 퇴사직장에서만 환급을 받을 수 있다.

> **※ Tip 직원이 퇴사하는 경우 중도퇴사자 연말정산 환급을 해주는 이유**
>
> 회사에서 직원들이 년도 중에 퇴사하는 경우 중도퇴사자는 타 회사로 이직할 수도 있고, 퇴직 년도에 더 이상의 근로소득이 발생하지 않을 수도 있기 때문에 중도퇴사자 연말정산을 퇴직시점에 해야 하는 것이다.
>
> 회사에서 년도 중에 퇴사한 직원이 타사로 이직시 그 이직회사의 경우에는 이직회사에서 해당 직원에게 지급한 근로소득에 대해서만 차기 년도에 연말정산을 실시할 것이다.
>
> 이 경우 실제 해당직원의 년간 급여소득은 전 근무지에서 발생한 소득과 현 근무지에서 발생한 소득이 동시에 발생하기 때문에 1년치 급여소득에 대해 정확한 소득세를 산출하려면 전 근무지에서 발생한 소득도 합산하여 연말정산을 하여야 하는 것이다.
>
> 따라서 중도퇴사자가 발생할 경우 퇴직시점(예를 들어, 6월30일 퇴사자의 경우, 7월 10일 원천세 신고시)에서 연말정산을 실시하여 원천세 신고시 환급을 해야 하며, 퇴사자에게 원천징수 영수증을 발행하여 이직하는 사업장에서 연말정산을 할 수 있도록 후속조치를 하여야 한다.
>
> 중도퇴사자 연말정산 방법은 계속근로자의 경우와 마찬가지로 적용하나 기본공제와 추가공제, 보험료 공제 등 현 시점에서 파악 가능한 소득공제만 적용하여 계산하면 되며, 중도퇴사자 연말정산 환급분은 퇴사자에게 돌려주어야 한다.

08 비과세되는 주요 급여는 무엇이 있나요?

급여에서 세금을 내지 않는 급여가 있는데 이를 비과세급여라고 하며, 비과세급여의 종류에는 다음의 것이 있다.

종류	비과세 한도	구비 요건
자가운전보조비	월 20만원 이내	종업원 자기 소유차량의 업무상 활용(타인 명의는 불가), 지급규정 범위 내의 금액, 시내출장비 등 여비교통비를 별도로 받지 않아야 한다.
식사대	식사는 전액, 식사대는 월 10만원까지 비과세	식사는 전액, 식사대는 월 10만원까지 비과세 되나, 식사와 식사대를 모두 지급하는 경우에는 식사는 비과세, 식사대는 과세된다.
국외 또는 북한지역에서 근로제공 관련 소득	매월 보수 중 월 100만원까지(100만원 미달 시 다음 달로 이월 가산 비과세 인정 안 됨) 비과세	해외에 주재하는 근무추가소득으로 해외출장, 연수출국은 해당 안되고 원양선박, 외항선박, 외항선, 항공기근무자는 포함된다.
생산직근로자 연장, 야간, 휴일수당	연장, 야간, 휴일근무 관련 추가 소득 : 연 240만원까지(광산근로자와 일용근로자는 전액 비과세)	공장, 광산근로자, 어선근로자로써 월정 급여 100만원 이하인 경우로 일용근로자는 월정액 급여 요건이 없다.

학자금 지원	근로자 본인이 지급 받는 학교(외국의 유사 교육기관 포함)와 직업능력개발훈련 시설의 교육비(입학금, 수업료, 수강료 기타 공과금)	근무하는 기업의 업무에 직접 관련이 있는 교육 훈련비로써 당해 근로자가 종사하는 사업체의 규칙 등에 의하여 정해진 지급기준에 따라 받는 것이어야 하며, 교육훈련기간이 6월 이상인 경우 교육훈련 후 당해 교육기간을 초과하여 근무하지 아니하는 때에는 지급 받은 금액을 반납할 것을 조건으로 하여 받는 것일 것
각종 재해보상금, 요양급여 등	근로기준법, 선원법, 산업재해보상보험법 등 → 전액	요양, 휴업, 질병, 장해, 유족 등
일직, 숙직, 여비	실비 변상적 지출범위	업무상 실제지출간주비용, 해외 근무자 1년 1회 귀국휴가 비용(왕복교통비 정도, 관광비용 제외)
제복, 식료 등 실비, 작업복	제복, 제모, 제화, 피복	법령, 근무환경(병원, 은행 등)상의 작업복, 피복, 제모, 제화, 제복 등과 선원식료
경조금	사회 통념상 범위금액	사업자가 종업원에게 지급한 금액
출산·보육비용	월 10만원 이내	근로자 또는 그 배우자의 출산이나 6세 이하의 자녀의 보육과 관련하여 사용자로부터 지급 받는 급여로써 월 10만원 이내의 금액

주의 사회통념상 범위 금액에 대해서는 법률상 명확히 규정한 금액이 없다. 따라서 유추 해석해 보건데 증빙관리규정상의 제한금액인 5만원(경조사비는 10만원) 이내의 금액이 적정하리라 본다.

09 식대보조금의 비과세 요건

· 식대

식대는 식사를 하고 지급하는 금액 즉, 식사대금을 줄여서 사용하는 말이다.

누구나 적용가능하고 많은 근로자들이 적용 받는 비과세 급여 중 대표적인 것이 식대보조금이다.

그러나 이것도 무조건 공제가 누구에게나 되는 것은 아니며, 일정한 요건을 충족해야 한다.

식사 기타 음식물을 회사에서 제공받지 않는 근로자가 받는 월 10만원 이하의 식대보조금은 비과세 근로소득에 해당한다.

만일 10만원을 초과지급한 경우 10만원 초과금액과 식사를 제공하고 별도로 식대를 10만원 지급하는 경우 10만원은 근로소득에 포함되어 갑근세를 원천징수하고 근로소득원천징수영수증을 보관해야 한다.

또한 근로자가 사내급식 또는 이와 유사한 방법(식권 등)으로 제공받는 식사 및 기타 음식물은 금액의 제한 없이 비과세 근로소득이다.

식대보조비의 비과세

[식대보조비의 세무상 처리]

구분		세무상 처리	증빙 처리
식사 또는 식사대 중 한 가지만 제공	식사(현물, 구내식당 등)	비과세	회사는 복리후생비로 처리하고 임직원은 근로소득이 아니다. 음식업자 등에게서 5만원초과시는 법적증빙서류을 수취해야 한다.
	식사대 (현금)	월 10원까지만 비과세하고 10만원 초과금액은 근로소득에 포함하여 원천징수를 한다.	월 10만원까지는 비과세(법적증빙이 필요 없다)10만원 초과금액은 근로소득으로 원천징수 예를 들어, 식대로 15만원을 주는 경우 10만원 비과세되고 5만원은 급여로 보아 갑근세를 신고·납부해야 한다.
식사와 식사대을 모두 제공		실비에 해당하는 식사나 식사대는 비과세(월 10만원 비과세+야근식대 실비도 비과세)	식사는 회사는 복리후생비로처리하고 임직원은 근로소득이 아니다. 음식업자 등에게서 지출건당 5만원 미만인 경우 영수증, 초과시는 법적증빙수취해야 한다. 식사대는 전액 근로소득으로 원천징수한다. 예를 들어, 식사를 제공을 하면서 월 10만원의 식사대를 주는 경우 식사는 지출증빙을 갖추면 전액 비과세되나 식사대 10만원은 갑근세를 신고·납부해야 한다.
일률적 식사대 지급하고 야근 등 시간외 근무에 따른 식사나 식사대 제공		실비에 해당하는 식사나 식사대는 비과세(월 10만원 비과세+야근식대 실비도 비과세)	별도로 입증된 식사 기타 음식물 지출액은 복리후생비
식권의 제공		현금으로 환급할 수 없는 경우 10만원 초과해도 비과세나 현금화가능하다면 10만원까지만 비과세하고, 초과는 근로소득에 포함한다.	외부음식업자와의 결제시 지출건당 5만원 초과금액은 법적증빙 수취해야 한다.

· 실비
실비는 실제로 지출한 비용을 줄여서 실비라고 한다.

○ 야근식대보조비 및 식권 제공시 비과세

야근식대의 경우 식비 월 10만원 한도내의 비과세와 별도로 비과세된다. 즉 야근식대의 경우 식대 월 10만원 한도에 포함이 되지 않는다.

사용자가 음식업자와 식사제공계약을 체결한 식권판매업자로부터 구입한 식권을 종업원에게 교부하여 식사를 제공하는 경우 당해 식권은 현물식대로 보아 비과세되는 식사 기타 음식물로 인정하는 것이다(서이 46013-10210, 2001. 9. 21).

☆ Tip 실비변상적 급여의 정의를 반드시 알아야 한다.

근로 등을 제공하고 받는 대가는 모두 급여에 속하는데 대표적인 것이 급여, 상여금, 퇴직금, 그 외에 각종 수당 등이 있다. 급여나 상여금 등은 일정액을 넘으면 세금을 징수하게 되는데, 소득세를 징수한다는 것은 결국 소득 즉, 이익이 있다는 말이다.

근로소득이 있는 경우 근로소득 수입금액(근로소득의 매출액)에서 근로소득공제를 한 뒤 기본공제와 추가공제, 그리고 특별공제를 하고 나면 과세표준이 되고 여기에 세율을 적용하여 세액을 산출하게 된다. 이처럼 소득세는 이익이 있는 경우에 부과하는 것인데, 만일 이익이 발생하지 않는다면 세금을 부과하지 않아야 타당할 것이다.

이런 이유로 실비변상적 급여란 근로 소득자가 업무 수행을 위하여 실제로 소요하는 경비를 말하는데, 실제 소요 경비 상당액은 일반적으로 근로자의 소득으로 볼 수 없으므로 소득세법상 비과세소득으로 취급하는 것이다.

즉, 실비변상적 급여는 일직료, 숙직료, 월 20만원 이내의 자가운전보조금 등 수입금액이 실제 소요되는 원가에 못 미치거나 같은 경우, 말 그대로 실비를 겨우 변상하는 정도를 말한다. 당연히 해당 근로자에게 이익이 없으므로 비과세가 된다. 도소매업에 비유한다면 팔기 위해 사온 물건을 원가 그대로 파는 경우라 할 수 있다.

비과세 대상인 실비변상적 급여의 종류와 범위는 소득세법에 특정되어 열거(위험수당, 벽지수당, 피복비, 자가운전보조금 등)하고 있다.

차량유지비(자가운전보조비)의 비과세 요건 10

세법상 자가운전보조비에 대한 비과세 규정이 있는데 이는 회계처리 계정과목상 차량유지비에 속함으로 인하여 실무상으로는 차량과 관련한 비과세 규정을 살펴볼 때 차량유지비 및 자가운전보조비 등으로 혼용해서 사용을 한다.

그리고 실무자들이 20만원 비과세와 관련해서 차량의 소유자 및 사용목적에 관계없이 무조건 비과세가 되는 것으로 오해하는 경우가 많으나 이는 엄격히 그 적용기준을 제한하고 있으므로 아래의 설명을 참조해서 비과세 여부를 결정하기 바란다.

자가운전보조금 20만원의 비과세 필수요건

① 자가운전보조금을 지급받는 종업원이 시내출장비 등을 별도로 지급받으면 안된다. 시내출장 등에 소요되는 실제 경비를 별도로 지급 받으면서 월액의 자가운전보조금을 지급받으면 시내출장 실제 경비는 실비변상적 급여로 비과세 되나 자가운전보조금은 근로소득에 포함된다.

② 종업원의 자기소유 차량이면서 종업원이 직접 운전해야 한다. 차량이 종업원 단독소유가 아니라 배우자 등 종업원 가족의 일부와 공동명의로 되어 있다면 비과세가 적용되지 않고 근로소득으로 과세된다.

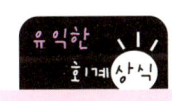

· 자가운전보조금을 과세되는 급여로 보는 경우를 정리해보면 다음과 같다.

'자가운전보조금'은 종업원 소유의 차량을 해당 직원이 직접 운전하여 출장 등 업무 수행에 이용하고, 이에 실제 여비를 받는 대신에 당해 사업체의 규칙 등에 의하여 정해진 지급기준에 따라 받는 월 20만원 이내의 금액을 말한다.

① 타인(배우자) 명의로 등록된 차량에 대한 자가운전보조금인 경우

② 종업원 소유 차량으로 사용자의 업무 수행에 이용하고 그에 소요된 실제 비용을 지급 받으면서 별도로 자가운전보조금을 지급 받는 경우이나 정본과는 달리 손으로 베끼거나 복사한 것을 말한다.

③ 사용주의 업무수행에 이용하는 것이어야 한다. 따라서 단순히 당해 종업원의 출퇴근에만 사용하는 경우에는 인정되지 않는 것이고 회사의 업무에 사용되어야 한다. 따라서 일반적으로 영업직 등의 차량유지비는 의심의 소지가 적으나 업무수행에 차량이 필수적으로 필요 없는 관리직의 경우 의심의 소지가 많다.

④ 당해 사업체가 미리 정한 지급규정 등에 의해 지급하는 것이어야 한다. 지급규정 없이 무작정 지급하는 금액은 인정되지 않으며, 지급규정을 초과한 금액, 지급대상자가 아닌 자에게 지급하는 것도 인정되지 않는다. 따라서 일반적으로 차량유지비 지급과 관련해서는 차량운행일지 등을 작성하여 보관을 한다.

⑤ 월 20만원 이내여야 한다.

직원이 본인 차량을 회사업무용으로 이용시 비과세 판단

회사소유 차량을 운행하면서 쓰여진 유류대, 주차료, 수리비, 검사비, 보험료 등 차량의 유지관리비용은 원칙적으로 회사업무에 사용되지 않았다는 구체적인 증거가 없는 한 전액 비용으로 인정이 된다.

그러나 직원이 자기소유의 차량을 회사업무에 사용하고 실제 소요된 경비 등을 지급받는 대신에 시내교통비 등의 개념에 대해 매월 20만원 이하의 월정액을 지급받는 경우 위의 다섯 가지 요건을 충족하는 경우 자가운전보조금으로 비과세된다.

하지만 실제 소요된 경비를 지급받는 경우라면 자가운전보조금은 근로소득으로 과세된다. 즉, 실제경비(시내교통비)나 자가운전보조금 두 가지 모두 지급받으면 자가운전보조금 20만원은 과세소득으로 처리된다.

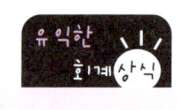

· 고속도로카드의 부가가치세 매입세액공제

한국도로공사가 징수하는 통행료의 경우는 조세특례제한법 '대통령령이 정하는 정부업무를 대행하는 단체가 공급하는 재화 또는 용역으로서 대통령령이 정하는 것'에 의한 규정에 의하여 부가가치세가 면제되므로, 부가가치세를 부담하지 않는 경우 매입세액공제는 적용하지 않는다. 다만, 한국도로공사 이외의 사업자(일반적으로 민자유치사업 도로운영사업자)가 징수하는 통행료의 경우는 부가가치세를 과세하는 것으로 봄이 타당하고 그 이용자가 신용카드매출전표를 수취하는 경우나 세금계산서를 교부받은 경우라면 일반적으로 매출세액에서 공제할 수 있는 것으로 판단될 수 있다.

그러나 시내교통관련 자가운전보조금을 지급받으면서 별도의 시외출장비 관련 교통비인 고속도로 통행료, 주차료 등을 증빙에 의해 지급되는 경우는 자가운전보조비 20만원 비과세 외에도 실비변상적 비용으로 회사의 비용처리가 가능하다(단, 시내교통비는 안됨).

[자가운전보조금 지급시 비과세 및 경비처리 기준]

구분	세무처리	회계처리
시내교통비를 회사 규정 등에 의하여 자기소유의 차량을 회사업무에 사용하고 지급받는 월 20만원 이하의 보조비	비과세 급여로 처리	회계처리 : 급여 / 현금 세무처리 : 비과세
시내교통비를 회사 규정 등에 의하여 자기소유의 차량을 회사업무에 사용하고 지급받는 월 20만원 이하의 보조비와 별도로 실제경비를 증빙에 의하여 지급받는 경우	자가운전보조금은 과세로 직원급여처리, 실제경비는 비과세로 회사경비 처리	회계처리 : 급여(자가운전보조금)/현금 여비교통비(실제경비)/ 세무처리 : 자가운전보조금 과세, 실제경비 여비교통비로 회사비용 처리
시내교통비를 회사 규정 등에 의하여 자기소유의 차량을 회사업무에 사용하고 지급받는 월 20만원 이하의 보조비를 지급받으면서 시외출장비를 별도로 지급받는 경우	자가운전보조금 및 시외교통비 직원비과세, 급여 처리, 회사는 경비 처리	회계처리 : 급여(자가운전보조금)/현금 여비교통비(시외출장비)/ 세무처리 : 자가운전보조금 비과세, 시외출장비 여비교통비로 회사비용 처리

· 직원에게 회사 근처의 유료주차장을 제공하는 경우는?

회사의 주차장이 없거나 주차공간이 부족하여 회사의 인근에 주차장을 임차하여 종업원에게 제공하는 경우에는 주차장을 이용하는 종업원의 과세대상 근로소득으로 보지는 않지만, 시내출장 등의 경우에 지급하는 주차비 등은 자가운전보조금에 포함하여 비과세 여부를 판정해야 한다.
보통 비과세근로소득인 월 20만원 한도의 자가운전보조금을 지급하고 동시에 실제 유류비나 주차비 등 소요비용을 실비로 지급하는 경우가 종종 있다. 그러나 직원 개인 차량을 회사 업무에 이용하면서 발생한 소요비용을 실비로 지급하면서 별도로 '자가운전보조금'을 지급하는 경우 해당 자가운전보조금은 '과세'된다는 점을 유념해야 한다.
즉, 이러한 경우 월 20만원 한도의 자가운전보조금은 비과세급여로 인정되지 않으므로 급여에 합산하여 원천징수 해야 한다.

직원차량의 보험료, 자동차세를 회사가 부담해주는 경우 20만원 비과세 규정의 적용방법

종업원이 본인소유의 차량을 회사의 업무수행에 사용하고 실제로 소요된 유류대, 주차비, 통행료와 자동차보험료, 자동차세, 차량수리비를 개별 항목별로 회사규정에 따라 지급하는 경우에는 그 전체금액(시외출장에 직접 소요된 유류대, 통행료 등은 제외)을 당해 종업원에 대한 자가운전보조금으로 보아 비과세규정을 적용하는 것이며, 그 자가운전보조금에 해당하는 월지급액이 20만원을 초과하는 때에는 자가운전보조금을 과세대상 근로소득에 포함하는 것이다.

참고로 자동차보험료나 자동차세 등과 같이 지급대상기간이 정해져 있는 것의 경우에는 그 지급대상기간의 월수로 나눈 금액을 매월 지급한 것으로 보고 유류대, 차량수리비 등으로 지급한 금액과 합하여 월20만원 초과여부를 판단하는 것이다(법인 46013-290, 1996. 1. 29).

예를 들어, 영업사원이 본인 명의의 차량을 회사업무용으로 이용하고 지급규정에 따라 월20만원을 유류비 및 주차비 등으로 지급을 받으면서 보험료 연 50만원과 자동차세 40만원을 별도로 보조를 받는 경우 월20만원은 비과세이나 (50만원+40만원)/12=75,000원은 매달 급여에 포함을 시켜서 갑근세를 공제해 납부를 해야 한다. 반면 월12만5천원을 보조받고 보험료 연 50만원과 자동차세 40만원을 별도로 보조를 받는 경우 12만5천원+75,000원은 20만원 한도에 포함이 되므로 전액비과세 된다.

- 직원 배우자 명의의 차량에도 자가운전보조금을 지급할 수 있나?

'종업원 소유 차량의 범위'가 애매할 수 있다. 즉, 실제 차량의 사용과 제반 유지는 해당 직원이 하면서 회사의 업무와 관련하여 부인 명의의 차량을 사용하는 경우에도 종업원 소유 차량의 범위에 속하여 월 20만원 한도의 비과세 근로소득인 자가운전보조금을 지급 받을 수 있는지 아니면 부인 명의의 차량을 업무에 사용할 때 소요된 비용을 실비정산시 비용으로 인정받을 수 있는지 판단하기 곤란할 수 있다. 차량이 직원의 배우자 명의로 되어 있더라도 회사가 실제로 그 차량을 업무에 이용하고 그 소요 경비를 지급할 때 차량 운행에 소요된 영수증 등 업무수행에 직접 사용하였는지를 확인할 수 있는 객관적인 지출증빙 등을 보관하면 회사는 전액 비용으로 인정받을 수 있다.
그러나 이 경우에도 자가운전보조금 소득세 비과세 규정은 적용받을 수 없다. 즉 배우자 명의의 차량이라도 객관적인 증빙에 의하여 업무용으로 사용하였음이 입증되는 경우에는 회사비용으로 인정을 해주나 실제경비가 아닌 자가운전보조금 명목으로 월 20만원이내의 금액을 지급하는 경우 동 금액은 비과세 규정을 적용받을 수 없고 해당 직원의 과세 급여로 추정한다.

수당은 무조건 비과세 되나요?

우리 주위에는 그 명칭도 다양한 수많은 종류의 수당이 있다. 하물며 일부 실무자들은 수당은 세금이 붙지 않는 것이니 기본급보다 수당을 다양화하여 갑근세를 안내도 된다고 생각하는 사람까지 있다. 법은 이런 근로자들의 희망에 아랑곳하지 않고 수당에 대해서도 일정한 요건을 주어 일정한 수당만을 비과세로 규정하고 있다.

따라서 급여담당자는 자사에 근무하는 직원이 받는 수당이 세법에서 인정하는 비과세수당에 해당하는지 세밀히 살펴서 동료의 고생을 세금으로 더 납부하는 일이 없도록 해야 한다.

[각종수당의 비과세 규정]

종류	비과세금액·한도	구비 요건
국외 파견 관련 수당(해외 파견, 국제항공기 승무원)	매월 보수 중 월 100만원(원양어업 선박 또는 국외 등을 항행하는 선박에서 근로제공시는 월 150만원)까지(100만원 미달 시 다음 달로 이월해서 인정은 안됨) 비과세 처리를 한다.	해외에 주재하는 근무추가소득(해외출장, 연수출국은 해당이 안되고, 해외주재, 원양선박, 외항선박, 국제선·항공기 근무자는 해당)
일직, 숙직, 여비 관련 수당	실비지출, 변상범위	업무상 실제 지출간주 비용, 해외근무자 1년 1회 귀국휴가 비용(왕복교통비 정도, 관광 비용 제외)

종류	비과세금액·한도	구비 요건
생산직근로자 연장, 야간 휴일 근로수당(사무직은 적용 안됨)	연장, 야간, 휴일 근무 관련 추가소득 : 연 240만원까지 비과세 해준다. 단, 광산에서 근로를 제공하는자와 일용근로자는 전액 비과세한다.	● 생산직·공장·광산근로자·어선근로자 중 월정급여 100만원 이하인 경우만 가능하며, 통상임금에 추가가산하여 지급받는 경우이어야 한다. ● 제조업사업자라도 공장·제조 현장이어야 한다.
일직, 숙직, 당직 수당 삽입	실비변상정도의 숙직료	숙직료 등에 대해서 소득세가 과세되지 않는 경우라 함은 대체적으로 다음과 같은 조건들에 해당하는 경우다. ① 통상의 식사대 정도 ② 숙직 등에 대해서 대체되는 휴가가 없는 경우 ③ 평직원 과장 등의 직제에 의한 숙직료 등에 격차가 없는 경우 ④ 숙직 등을 본래의 업무로 하는 자에게 지급되는 것이 아닐 것 ⑤ 숙직수당 등으로 급여에 가산해서 지급하는 경우가 아닐 것 ⑥ 급여체계의 일부로서 숙직의 유무에 관계없이 일정액을 지급하는 것 등

2. 각종 수당의 회계·세무처리

구분	세무처리	회계처리
비과세로 규정된 수당	● 회사 : 비용 인정 ● 직원 : 갑근세 비과세	복리후생비 / 현금 또는 급여 / 현금
비과세로 규정되지 않은 것	● 회사 : 갑근세를 신고·납부해야 비용 인정 ● 직원 : 갑근세 과세	급여 / 현금

· 비과세
사회적인 고려나 과세 정책에 따라 세금을 매기지 않는 소득을 말한다.

학자금 비과세 적용

○ 수취대상자에 따른 구분

1. 근로자 본인 학자금

법인이 근로자의 등록금을 지급하는 경우에는 당해 근로자의 근로소득(급여)으로 보아 소득세 등을 징수하는 것이다.

따라서 회사에서 학자금을 지원받은 경우에는 원천징수대상 총급여액에 포함을 해야 하며, 납입한 금액은 교육비공제를 받을 수 있다. 그러나 직무와 직접적으로 관련된 교육인 직무교육에 대하여 지급되는 비용은 근로소득에 해당하지 아니하고, 직무와 관련성이 간접적이고 자기개발 성격이 있는 외국어학원 등의 수강료는 과세대상 근로소득에 해당한다 할 것이다.

세무상 학자금의 비과세 요건을 살펴보면 다음의 ①, ②, ③ 요건 모두 갖춘 근로자 본인의 학자금으로서 초·중등교육법 및 고등교육법에 의한 학교(외국에 있는 이와 유사한 교육기관 포함) 및 근로자직업훈련촉진법에 의한 직업능력개발훈련시설의 입학금·수업료·수강료 기타 공납금 중 당해연도에 납입할 금액은 비과세소득으로 본다. 다만, 입학금, 수강료, 기타 공납금이 비과세 대상이고 매월 정액으로 지급되는 교제비는 여기에 해당되지 않는다.

① 근로자가 종사하는 사업체의 업무와 관련 있는 교육 훈련을 위하여 지급받는 학자금으로서, ② 당해 업체의 규칙 등에 정해진 지급기준에 의하여 지급되고, ③ 교육 훈련기간이 6월 이상인 경우에는 교육훈련 후 교육기간을 초과하여 근무하지 않는 경우 반환하는 조건일 것

위에서 고등교육법에 의한 학교란 고등교육법 제2조의 규정에 의한 학교를 말하는 것이므로, 고등학교는 해당되지 않고 근로자직업훈련촉진법에 의한 직업능력개발훈련시설이란 직업능력개발훈련을 실시하기 위하여 설치된 직업훈련원·직업전문학교 등의 시설과 직업능력개발훈련교사를 양성하기 위하여 설치된 시설로서 근로자직업훈련촉진법시행령 제3조의 직업능력개발훈련시설을 말하는 것이다.

소득세법에서 비과세소득으로 보는 학자금이라 함은 교육법에 의한 학교 및 직업훈련기본법에 의한 직업훈련시설의 입학금·수업료·수강료 기타 공납금 중 위의 ①, ②, ③의 요건을 갖춘 학자금을 말하는 것이며, 사설 어학원 수강을 지원하는 교육훈련비는 비과세소득으로 보는 학자금에 해당하지 아니하는 것이다 (법인46013-3417, 1998. 11. 10).

2. 자녀학자금

회사에서 지급하는 자녀학자금(중, 고등학교, 대학교 등)은 과세대상 근로소득에 포함하는 것이다. 따라서 근로소득으로 원천징수하고 손금에 산입하는 것이다.

그리고 동 자녀학자금에 대해서는 연말정산시 교육비공제를 받을 수 있다.

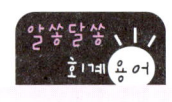

 학자금
학자금은 학교 등에서 교육을 받으면서 드는 돈을 말한다.

3. 가족학자금

임·직원의 가족의 학자금을 지원하는 경우 근로소득에 포함된다. 직원의 가족의 학자금을 지원하는 경우 회사의 규정에 의하여 지원하는 경우에는 근로소득으로 원천징수하고 법인의 손금에 산입되는 것이다.

사례별 학자금 지원액

1. 퇴직자에게 학자금지급시

명예퇴직하는 근로자가 퇴직급여지급규정에 의하지 아니하고 노사합의에 의해 재직근로자에게 적용되는 "학자보조금 지급규칙"에 준하여 퇴직후 일정기간(4년 또는 정년 잔여기간 도래일 이내) 동안 당해 회사로부터 자녀학자금을 지급받는 경우, 그 학자금은 퇴직위로금 등으로서 당해 근로자의 근로소득에 해당하는 것이며, 그 수입시기는 동 학자금을 지급받거나 지급받기로 한 날로 하는 것이다(소득46011-1800, 1998.07.03).

따라서 학자금을 지급받거나 지급받기로 한 날의 다음달 10일까지 근로소득세액의 연말정산을 다시 하여 신고·납부해야 한다.

2. 거래처 학자금 지원액

모든 거래처에 사전약정 등에 의하여 지급하는 장려금품의 경우 건전한 사회통념과 상관행에 비추어 정상적인 거래라고 인정될 수 있는 범위안의 금액을 초과하는 금액은 접대비로 처리하는 것이다.

3. 직원사망에 따른 유족자녀 학자금의 원천징수

근로의 제공으로 인한 사망과 관련하여 근로자나 그 유족이 지급받는 근로기준법의 규정에 따라 지급받는 유가족보상금 외에 위자의 성질이 있는 학자금은 비과세 근로소득에 해당하는 것이다(관련예규 : 법인22601-1329,1990.06.25).

4. 우수인력 확보를 위한 산학 학비 보조액

법인이 우수인력의 확보를 위하여 학비보조금을 지급하고 졸업 후 당초 계약조건의 이행여부에 따라 당해 학비보조금을 반환받거나 반환을 면제해주는 경우의 조건부 학비보조금은 계약조건에 의해 당해 법인에 근로를 제공한 기간동안 안분한 금액 상당액을 근로를 제공한 자의 근로소득으로 보아 원천징수 하는 것이며, 법인의 각 사업연도 소득금액계산시 안분한 사업연도별로 손금산입하는 것이다.

반면 산학장학금을 지급하고 이들을 고용하지 아니하는 경우에는 당해 장학금의 수혜자가 근로를 제공하지 아니하였으므로 회수하지 아니한 금액은 근로소득으로 볼 수 없고 기부금으로 보아 처리를 하면 된다.

5. 사내근로복지기금에서 학자금 등 지급시

기업체들이 근로자들의 후생복지를 위해 출연한 '사내근로복지기금'에서 지급하는 학자금은 모두 과세대상 근로소득에서 제외된다.

종전까지는 사내복지기금의 출연금 원금을 이용해 학자금으로 지원하면 소득세가 과세되고 출연금 이자로 조성된 자금을 학자금으로 지급할 때만 비과세 혜택이 주어졌다.

그러나 본래 장학금으로 지급할 것을 사내근로복지기금을 통하는 형식으로 지급하는 것은 근로소득으로 과세된다.

사내복지기금이란 기업내 후생복지제도의 일종으로 근로자의 실질소득을 증대시키고 근로의욕과 노사공동체의식을 고취시키기 위해 기업이익의 일부를 출연해 만들어진다.

6. 무이자로 학자금 대여시 이자상당액

임원 종업원의 학자금 대여액은 인정이자계산 대상에 해당하는 것이다. 따라서 당좌대월이자율과 실제 수취이자율간의 차이는 근로소득을 원천징수·납부해야 한다.

학자금의 원천징수 시기

학자금을 지급하는 때에 학자금을 근로소득에 합하여 매월 간이세액표에 의하여 소득세를 원천징수·납부해야 한다.

[각종 학자금의 회계·세무 처리]

구분	세무처리	회계처리
비과세 학자금	● 회사 : 비용 인정 ● 직원 : 갑근세 비과세	복리후생비 / 현금 또는 급여 / 현금
비과세로 규정되지 않은 학자금	● 회사 : 갑근세를 신고·납부해야 비용 인정 ● 직원 : 갑근세 과세 (교육비공제)	복리후생비 / 현금 또는 급여 / 현금

13 핸드폰 사용요금의 비과세

실무상 영업사원의 개인 휴대폰은 업무용과 개인용으로 혼용해서 사용을 하고 매달 일정요금을 회사에서 보조해주는 경우 이것이 비과세 되는 지 또한 회사비용으로 인정이 가능한지 여부를 질문하는 경우가 많다.

그러나 휴대폰 사용과 관련해서 사업자와 종업원 사이에 묵시적으로 핸드폰 사용료의 일정금액을 보조하거나 단말기를 구입해주는 경우 처리방법에 대해서 살펴보면 다음과 같다.

사업자명의의 핸드폰을 종업원이 업무상 사용하고 그 사용료를 지급하는 경우

핸드폰을 사업자명의로 구입한 후 종업원으로 하여금 업무에 사용하게 하고 그 사용료를 사업자가 부담하는 경우 단말기구입 비용은 비품으로 처리하며, 사용료납부통지서상의 금액 전액을 사업자가 부담하는 경우에 통상 업무수행에 필요하다고 인정되는 부분은 통신비로 처리하고, 그 초과 부분은 당해 직원에 대한 급여로 하여 비용처리를 한다.

종업원 소유의 핸드폰을 업무상 사용하게 하고 사용료를 사업자가 지급하는 경우

종업원명의의 핸드폰이라도 업무용으로 사용하는 경우 그 사용금액 중 업무로 사용하였음이 인정되는 통화량 상당액에 대해서는 비용으로 처리할 수 있으나, 그 사용금액 중 업무용으로 사용하였음이 인정되는 통화량 상당액이란 회사내부의 통제조직에 따라 통제되고, 사회통념의 예에 비추어 판단하여야 할 것이다. 그러나 이는 현실적으로 입증이 불가능한 경우이므로 비용인정을 받기 위해서는 종업원 소유의 핸드폰을 업무상 사용하고 사용료를 사업자가 지급하는데 해당 지급액을 해당 직원의 급여로 처리 후 갑근세를 원천징수 납부하는 것이 가장 깔끔한 처리가 된다.

핸드폰을 종업원에게 무상으로 공급하고 사용료를 사업자가 지급하는 경우

종업원에게 종업원명의로 무상으로 공급한 핸드폰 단말기의 시가 및 가입비는 급여로 보아 갑근세를 원천징수 납부해야 하며, 회사명의로 구입을 해서 근무기간 동안 사용하도록 하는 경우에는 회사의 비품으로 처리를 하면 된다. 반면 사용요금에 대해서도 개인명의로 구입한 단말기 사용료의 경우에는 해당 직원의 급여로 보아 갑근세를 원천징수 납부해야 하며, 회사명의로 구입을 해서 근무기간동안 사용하도록 하는 경우에는 회사 비용으로 처리가 가능하다.

핸드폰 사용료에 대해서 가장 현명한 비용처리방법

핸드폰 사용료 보조액에 대해서 소득세법에서 규정하는 비과세 규정이 적용되지 않는다. 따라서 핸드폰 사용료 회사 대납액은 실질적으로 해당 직원의 급여로 보아 갑근세를 원천징수 납부해야 하는 것이 원칙이다. 즉, 과세대상소득에 해당하는 것이다.

그러나 회사입장에서는 회사의 방침상 영업사원 등에 대한 핸드폰 사용료를 보조하게 되어 있고 이를 실질적으로 지급하고 있는 경우에는 지출액에 대해서 비용으로 인정을 받아야 하는 것이 원칙일 것이다. 따라서 가장 좋은 방법은 핸드폰을 회사명의로 구입해서 사용을 하는 것이 1차 적이고 부득이 직원개인 핸드폰을 업무용으로 사용하는 경우 해당직원의 급여로 처리 후 갑근세를 징수·납부하는 것이 세금을 조금이라도 줄일 수 있는 현명한 방법이다.

> ✱ **Tip** 직원 헬스클럽 이용료는 급여로 봐야 하나?
>
> 회사 임직원이 헬스클럽 이용료를 법인카드로 결제하고 헬스클럽 이용 행위가 대표자나 임직원의 체력단련 등이 목적이라면 복리후생비로 계정처리를 할 수 있으며, 법인세법상 손금산입을 할 수 있다. 즉, 헬스장 이용 행위가 개인적인 여가를 즐기기 위한 것이 아니라 회사에서의 영업활동과 업무능력을 향상하기 위한 '체력단련'으로 인정될 수 있다면 사회 통념상 사업과 관련이 있는 비용으로 판단할 수 있다.
>
> 그러나 회사에서 영어회화, 헬스클럽 등의 비용을 자기개발비, 체력단련비 명목으로 월 10만원씩 지원하거나 실제 이용액을 회사에서 보전하고 이용 항목도 학원비, 헬스클럽 이용비 등 자기개발에 관련한 항목으로 정해져 있다면 이는 특정 개인에게 이용권이 있는 자기개발비에 해당하므로 근로소득으로 보아야 한다.

직원 재해시 회사에서 부담하는 병원비 비과세 14

근로의 제공으로 인한 상해·부상·질병·사망과 관련하여 지급받는 위자의 성질이 있는 보상·배상·급여는 소득세법의 규정에 의해 비과세소득에 해당한다. 따라서 해당직원의 비과세급여로 처리하면 되며, 비과세근로소득이므로 원천징수하지 않는다. 또한 근로자 본인의 질병이나 사망 등에 의해 근로자 또는 그 유족에게 지급하는 배상·보상 등의 급여도 비과세되는 것이나, 직계가족의 부상에 따른 치료비 지원 등은 해당 근로자의 근로소득에 포함하여 원천징수 해야 한다. 그러나 회사에서 지원하는 근로자 본인 및 직계가족의 의료비를 근로자 본인의 근로소득으로 합산처리 하면서 갑근세를 신고·납부한 경우 근로자 본인이 연말정산시 의료비 공제를 적용받을 수 있다.

어려운 임·직원의 가족 병원비를 지원해 주는 경우

직원을 위하여 가족병원비를 지급하고 추가적으로 법인이 비용으로 처리한다면 복리후생비 성격의 비용이 되면서 해당 직원의 급여성격으로 보아 원천징수 대상으로 해야 하는 것이다. 즉, 계정과목상으로는 복리후생비 또는 급여로 처리가 가능하나

· 직원이 병원이나 약국에 지출한 병원비와 약값 처리는 어떻게 하나?

몸살이나 감기 등 기타사유로 인해 몸이 아픈 임직원(대표자 포함)의 약값이나 병원비를 회사가 대신 지급했다면 이는 원칙적으로는 해당 직원의 근로소득으로 합산해야 한다.

그 이유는 국민건강보험법에 의하여 사용자가 부담하는 건강보험료 등 '비과세로 규정된 근로소득'이 아닌 경우에는 그 명칭 여하에 불구하고 모두 근로소득으로 보기 때문이다.

하지만 실무적으로 회사업무를 수행하다가 다친 것이고 요양을 필요로 할 정도의 큰 사고가 아니며, 직원들이 근무 중 부상이나 감기몸살 등의 이유로 회사가 지정한 의료기관에서 치료를 받은 뒤 이에 대한 치료비를 지급하는 경우나, 병원비 등이 금액적으로도 적고 사소하거나 자주 발생하지 않는다면 '복리후생비'로 계정처리해도 무방할 것이다.

세무상으로는 법인의 비용으로 인정받기 위해서 해당 직원의 급여에 포함을 해서 갑근세를 공제하고 신고·납부를 해야 한다.

또한 법인의 임원에 대한 지출인 경우 해당 임원의 상여에 해당하여 손금불산입 될 수도 있으나 종업원에 대한 내부규정을 정하여 지출한다면 법인의 비용으로 인정되는 복리후생비로 처리되는 것이다.

병원비 지급시 지출증빙

종업원이 업무를 수행중에 사고발생으로 치료를 받는 경우 해당 치료비는 비용에 해당하는 것으로 종업원의 근로소득에 해당하지 않는다. 따라서 정상적인 비용처리를 위해서는 비용처리하는 병원에 사업자등록증을 제시하고 계산서를 교부받아 처리해야 한다.

병원에서는 법인에게 계산서를 교부하지 않으려 하는 경향이 있으나 위와 같이 사업자등록증을 제시하고 계산서교부를 요구하는 경우 병원은 이에 응해야 할 책임이 있다.

참고적으로 계산서를 수취하기가 곤란한 경우 법인카드로 결제를 하고 신용카드매출전표(현금영수증 포함)를 증빙으로 수취하는 것도 하나의 요령이 된다.

구분	계정과목	세무상
업무상 직원 본인 병원비	복리후생비	비과세
업무무관 직원 본인 병원비	복리후생비 또는 급여	갑근세 신고·납부
직원 가족 병원비	복리후생비 또는 급여	갑근세 신고·납부

경조사비 비과세

직원에게 주는 경조사비는 사회통념상 타당한 범위내의 금액은 비용처리하고, 이를 초과하는 금액은 급여로 처리 후 갑근세를 납부하는 것이다. 여기서 사회통념상 타당한 금액이란 "경조사비 지급규정, 경조사 내용, 법인의 지급능력, 종업원의 직위, 연봉 등을 종합적으로 감안하여 지급한 금액을 말한다."라고 흔히 말하고 있다. 또한 거래처에 대한 경조사비는 금번 세법개정으로 그 금액의 기준을 10만원으로 하도록 하고 있다.

따라서 위의 사회통념상 타당한 금액의 기준이 애매 모호하고 그 해석이 자의적으로 흐를 가능성이 많으므로 세무상 그 금액의 기준을 10만원으로 정해두는 것이 보다 명확한 기준이 되리라 본다.

임직원에게 경조사비 지급시 원천징수

실무상 회사에서의 경조사비 지급은 경조사비 규정 등 사규상으로 해당 임직원의 경력, 직급, 회사에 대한 공헌도, 경사(慶事)와 조사 또는 애사에 따라 지급할 수 있는 금액을 달리 정하고 있으며, 이에 따라 경조사비를 지급하고 있다.

그리고 세무상으로는 경조사비 지급규정, 경조사 내용, 법인의 지급능력, 종업원의 직위, 연봉 등을 종합적으로 감안하여 지급한 금액이 사회적으로 타당한 금액이면 복리후생비로써 전액 비용인정을 해주겠다는 입장이다.

그러나 그 기준이 모호하고 담당자의 자의적(주관적)인 해석이 충분히 가능하므로 실무적으로는 그 금액의 기준을 명확히 할 필요가 있으며, 그 기준을 보다 엄격히 적용해 보면 거래처 경조사비 지급기준금액인 10만원으로 정하는 것이 타당하리라 본다(직원 결혼 축의금의 경우 50만원도 사회통념상 타당한 금액이라는 국세청 의견도 있으니 참조바람).

따라서 비록 회사 자체적으로 규정한 사규에 의해 10만원을 초과해서 지급하는 경조사비는 자체적으로는 복리후생비 등으로 처리할 수 있으나 세무상으로는 급여에 포함을 해서 갑근세를 원천징수·납부해야 하는 경우도 발생할 수 있다. 또한 경조사비 지급규정은 반드시 갖추어 두는 것이 좋다.

참고적으로 경조사비 지급규정을 갖추는 것이 중요한 이유인즉 해당자가 일반직원이라면 위의 설명에서처럼 지급규정에 의한 경조사비가 사회통념상 금액을 초과하는 경우 급여로서 비용처리가 되는 것이나(지급규정이 없는 경우 근로소득으로 봄) 임원인 경우 임원상여금 지급규정에 해당하면 비용처리가 되고 규정에 없는 경우라면 비용으로 인정을 받지 못하고 상여처분대상이 되기 때문이다. 따라서 경조사비의 경우에도 그 지급규정을 두고 한도내에서 지급하는 지혜가 필요하다.

◎ 대표이사 개인이 부담할 경조사비를 회사가 부담한 경우

간부 직원이 개인이 부담할 비용을 법인의 비용으로 한 경우에는 개인에 대한 상여로 보아 갑근세를 신고·납부하고 업무무관경비로서 손금불산입하는 것이며, 법인이 본인의 법인 명의로 사회통념에 의한 금액 이내에서 직원에 대한 경조사비를 지출한 경우에는 법인의 손금에 해당하는 것이다.

● 상조회를 통한 경조사비 및 경조사비 지출증빙

직원의 경조사 등에 대하여 그 발생사유가 있는 때마다 직접 지출하거나 상조회를 통하여 지출하는 것은 복리후생비에 해당하는 것이다.

또한 직원의 경조사 등에 대하여 지출하는 경비는 거래처에 대하여 사업과 관련한 사업자에게 지출하는 것이 아니므로 법정증빙의 수취대상에 해당하지 않으나 법인의 경비임을 입증하기 위하여 청첩장, 부고장 등의 증빙을 갖추어야 하는 것이다.

● 회사 지급규정과 별도로 각 부서 예산(회사 자금)으로 회사 직원에게 경조사비를 추가로 지급하는 경우

회사 내부기준에 의한 경조사비를 지급하는 외에 부서별로 지급하는 금액은 그 부서의 구성원 개인이 부담해야 할 금액으로 이를 법인의 경비로 처리한 경우 이를 부서 개인별 급여로 보아 갑근세를 납부해야 한다.

계열사 및 퇴직직원의 경조사비

당해 법인과 거래관계가 있는 계열사인 경우에는 접대비로 처리를 하나 거래관계에 있지 아니한 계열사 임직원에 대한 경조사비를 업무와 관련 없이 지출한 경우에는 업무무관경비가 되어 손금불산입 한다.

퇴직 임직원에 대하여 회사 내부적으로 사회 통념상 인정되는 정도의 소액의 경조사비를 지출하도록 규정화 되어 있는 경우, 복리후생비 명목으로 손금에 해당한다.

반면 규정화 되어 있지 않은 경우에는 접대비 등으로 처리를 하며, 대표이사 등 개인적인 지급인 경우에는 대표이사 상여로 처리 후 업무무관경비로 손금불산입한다.

파견직원의 경조사비 지급

인력공급업을 영위하는 법인으로부터 인력공급을 받은 자가 사전약정에 의거 인력공급회사에서 파견된 직원에게 복리후생적 성질의 경비를 지급하는 금액은 인력공급에 대한 용역대가에 포함되는 것이나, 인력공급을 받은 자가 임의로 지급하는 금액은 접대비에 해당하는 것이다.

16 사택제공과 관련한 비과세

다음의 요건에 해당하는 경우 소득세법상 비과세되는 사택으로 본다.

다음의 요건에 해당하는 경우 소득세법상 비과세 되는 사택으로 본다.

① 사업주가 소유하는 사택

② 임차 사택의 경우 다음 요건을 동시에 충족하는 경우만 사택으로 인정

　가. 사업주가 건물주와 직접 계약하고 전세금을 전액부담

　나. 임대차계약기간중에 입주종업원이 전근·퇴직하는 경우 다른 종업원이 입주(다만, 사택입주자의 전근·퇴직 이후 신규사택입주희망자가 없거나 계약잔여기간이 6개월 이하인 경우는 예외)

출자자나 출연자가 아닌 임원(상장법인, 협회등록법인의 소액주주인 임원 포함)과 종업원이 사택을 제공받음으로써 얻는 이익은 근로소득에서 제외한다(출자임원은 근로소득으로 봄). 그리고 사택의 취득시에는 원칙적으로 건물 등으로 자산처리를 하나 임차의 경우 매달 발생하는 월세 등은 임차료로서 비용처리를 하며, 동 보증금은 보증금 계정으로 자산처리 한다.

법인이 특수관계자에게 사택을 무상 또는 낮은 요율이나 임대료로 제공한 경우에는 부당행위계산의 대상이 된다. 여기서 적정임대료라 함은 사택의 정상가액에서 사택제공과 관련하여 받은 전세금 또는 임대보증금을 공제한 차액에 10%를 곱한 금액을 말한다. 반면, 법인이 주주 등이나 출연자가 아닌 임원(소액주주인 임원을 포함) 및 사용인에게 사택을 제공한 경우에는 무상 또는 낮은 요율이나 임대료로 제공한 경우에도 부당행위계산의 부인대상이 되지 않는다. 이때에 "주주 등이나 출연자가 아닌 임원"이란 주주 등이 아닌 임원과 출연자가 아닌 임원을 말한다.

법인의 주주 등(소액주주를 제외함) 또는 출연자인 임원 또는 그 친족이 사용하고 있는 사택의 유지비·관리비·사용료와 이에 관련되는 지출금은 비용으로 인정되지 않는다.

그러나 소액주주인 임원, 출연자가 아닌 임원 및 사용인이 사용하는 사택 또는 합숙소의 유지비·관리비·사용료와 이에 관련되는 비용을 법인이 부담한 경우에는 업무에 직접 관련 없는 경비에 해당되지 않고, 근로소득으로도 보지 않으나 당해 근로소득자의 생활과 관련된 사적비용(냉·난방비, 전기·수도·가스비, 전화료 등)을 법인이 부담한 경우에는 근로소득으로 본다.

사택의 사용자	사택의 유지비	시가에 미달하게 임대한 경우 부당행위계산부인
사용인 비출자임원 소액주주임원	손금(비용)	대상 아님
출자임원 및 그 친족	손금불산입 (비용불인정)	대상임

사택관련 세무처리 사례

1. 종업원에게 제공하는 사택은 근로소득세 해당 안됨

2000.1.1 이후 종업원등에게 제공되는 사택의 경우 앞서 설명한 비과세 요건을 충족하면 주택규모에 관계없이 근로소득에 해당하지 않는다.

2. 종업원이 주택임차료의 일부를 부담하면 사택에 해당 안됨

사용자가 직접 임차하여 종업원 등에게 무상으로 제공하는 주택은 비과세 적용 사택에 해당하는 것이나, 임차한 주택을 무상으로 제공하지 아니하고 종업원 등이 주택임차료의 일부를 부담하는 경우에는 비과세 적용 사택에 해당하지 않는다.

3. 종업원과 사용자가 임차보증금 공동부담 후 종업원에게 제공하는 주택

종업원과 사용자가 임차보증금을 공동으로 부담한 후 사용자가 임차하여 종업원 등에게 제공하는 주택은 비과세 적용 사택에 포함되지 아니하는 것이다.

4. 사용자가 주택을 임차하여 종업원에게 임대료 받고 재임대한 경우

사용자가 주택을 임차하여 이를 종업원에게 임대료 또는 임차보증금을 받고 재임대하는 경우로서 그 실질내용이 주택자금대출에 해당하는 경우에는 당해 주택은 비과세 적용 사택에 해당하지 않는다.

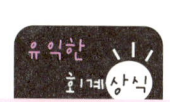

· 외국인 근로자에게 사택을 제공한 경우

출자자나 출연자인 임원이 아닌 근로자(주권상장법인 및 협회등록법인의 주주 중 소액주주인 임원 포함)가 다음 각 호의 요건을 충족하는 사택(임차하여 제공하는 사택도 포함)을 무상 제공받음으로써 얻는 이익은 근로소득에 해당하지 아니하는 것이다. 수도료, 전기료 등을 회사가 부담하는 경우에 동 금액은 동 임원의 근로소득에 포함된다.

① 근무지로부터 통상 출퇴근 가능지역 내에 자기소유의 주택이 없는 자 전원을 사택 입주대상자로 할 것
② 사택을 제공받는다는 이유로 사택을 제공받지 아니한 종업원과 급여지급액에 차등을 두지 아니할 것
③ 사택제공에 따른 비용이 통상 임금지급액에 포함되지 아니하고 기업의 추가적인 부담일 것

· 출자자

출자자(出資者)는 글자 그대로 회사에 자본(돈)을 투자하고 회사의 지분(주식)을 소유한 자를 말한다.

5. 월세지급 조건의 사택을 임차하여 직원에게 무상 대여

종업원이 회사에서 월세로 임차한 사택을 제공받는 경우에도 당해 임차사택이 앞서 설명한 비과세 요건을 충족하는 경우에는 근로소득에 해당하지 않는 것이며, 임차사택을 제공받지 못한 종업원에게 하숙비 등을 사용자가 부담하는 경우에는 당해 하숙비 등은 해당 근로자의 근로소득에 해당한다.

6. 사업용 주택 거주하는 비출자임원 및 종업원 사택 유지 · 관리비

출자자 또는 출연자가 아닌 임원(상장법인의 소액주주 포함)과 종업원이 사용하는 사택 또는 합숙소의 유지비, 관리비, 사용료와 이에 관련되는 지출금은 종업원의 근로소득에 포함되지 않고 회사비용으로 처리가 가능한 것이나 당해 근로소득자의 생활과 관련된 사적비용(냉 · 난방비, 전기, 수도, 가스, 전화요금 등)으로 지출되는 금액은 근로소득에 해당된다.

7. 근로자명의로 임차한 사택의 임차료를 회사가 부담시

출자자(상장법인의 소액주주 제외)나 출연자가 아닌 임원 또는 종업원에게 회사명의로 임차한 주택을 사택으로 제공하고 지출하는 임차료는 근로소득에 포함하지 아니하는 것이나, 근로자가 본인명의로 주택을 임차하고 그에 따른 임차료를 회사가 부담한 경우에는 근로소득에 포함하는 것이다.

8. 사택으로 아파트를 구입한 경우 처리 방법

사택으로 아파트 매입시 토지계정과 건물계정금액을 구분하

· 사택의 전기요금, 난방비

회사에서 사택을 제공하면서, 사택의 유지비용(재산세 등)이 아닌 전기요금, 난방비 등을 지급하는 경우에는 직원의 근로소득에 해당한다.
종업원이 자기의 주된 생활근거지가 아닌 지역에 소재하는 공장 등에 근무하게 되어 사택 또는 합숙소를 제공받음으로써 얻는 이익은 근로소득에서 제외되는 것이나, 당해 근로소득자의 생활과 관련된 사적비용으로 지출되는 금액은 근로소득에 해당된다. 따라서 회사에서 사택을 제공하면서 사택의 유지비용(재산세 등)이 아닌 전기요금, 난방비 등을 지급하는 경우에는 비용인정은 가능하나 직원의 근로소득으로 보아 원천징수 해야 한다.

여 반영하기 위해 안분계산이 필요하다.

따라서 토지와 건물의 일괄 취득으로 취득가액을 구분할 수 없는 경우에는 취득일 현재 기준시가로 안분계산해야 하는데, 아파트의 경우 모두 기준시가 있는 자산에 해당하므로 토지는 공시지가, 건물은 국세청 기준시가에 의해 안분계산한다.

즉,

① 토지 = 아파트 구입가 $\times \dfrac{\text{토지공시지가}}{\text{토지공시가 + 건물기준시가}}$

① 건물 = 아파트 구입가 $\times \dfrac{\text{건물기준시가}}{\text{토지공시가 + 건물기준시가}}$

그리고 토지분은 토지계정으로, 건물분은 건물계정으로 처리를 한다.

종업원의 복리후생차원에서 법인명의로 아파트 구입 후 종업원에 무상임대시 구입한 법인명의로 된 보통수준의 아파트는 일종의 회사사택으로서 업무무관부동산에 해당하지 아니하고 아파트 유지에 드는 세금과공과 비용 등에 대해서도 회사비용으로 손금산입하며, 균형된 자격조건에 적합한 임직원에게 무상임대해도 부당행위계산부인에서 배제된다. 다만, 아파트 사용인이 가족과 거주하며 생활과 관련하여 사적으로 드는 비용(전기, 수도, 가스, 전화요금 등)까지 회사가 지급하면 이는 종업원의 근로소득으로 처리해야 한다. 그러나 회사사택을 출자자나 임원 등에게만 제공하는 경우에는 업무무관자산으로 보며 취득·관리·유지 등에 드는 비용 또한 손금불산입하고 적정임대료로 보다 저가 혹은 무상임대시 부당행위계산부인에 해당한다.

17 직원들에게 제공하는 각종 상품권 등 선물 비용

· 직원들의 목욕비

직원들이 사우나 찜질방 등에서 목욕을 한 경우, 원칙적으로 개인적인 지출에 대해서는 해당 직원의 근로소득으로 보아야 한다. 하지만 회사 업무와 관련이 있는 비용이라면, 즉 직원들의 철야작업이나 야간근무에 대해 휴식이 필요하여 '찜질방비(목욕비)'를 지출했다면 '복리후생'로, 거래처 직원 접대목적으로 찜질방비를 지출했다면 '접대비'로 계정처리 해야 한다.

직원에게 창립기념일, 명절, 생일 기타 이와 유사한 때에 임직원에게 지급하는 선물용품은 원칙적으로 급여에 해당되므로 근로소득으로 과세하는 경우에는 법정증빙의 수취가 필요없으나 실무자들이 근로소득으로 과세하지 아니하고 복리후생비로 처리를 해버리는 경우가 많다.

그러나 복리후생비로 회계처리시에는 법정증빙을 수취해야 하며, 선물을 지급하는 것은 부가가치세가 과세된다. 이 경우 부가가치세 과세표준은 시가이며 세금계산서는 작성·발행되지 아니한다.

[상품권의 세무상 처리]

구분	세무상 처리
법인세법상 손금인정 여부 판단	사회통념상 타당한 범위내의 금액은 손금인정 된다.
소득세법상 과세대상 소득(근로소득)여부 판단	수령자에게는 근로소득에 해당함. 자사 생산제품을 제공시 근로소득세를 원천징수하게 되는 경우의 근로소득 대상금액은 원가가 아닌 판매가액 즉 시가가 된다.
부가세법상 부가세과세대상 여부 판단	금전이나 상품권 등으로 지급하는 경우에는 과세대상이 아니나, 현물로 지급하는 경우 개인적 공급으로서 부가세 과세대상이다.

○ 설날이나 추석 등에 일부 부서직원 선물증정

공장의 한 생산부서에서 사용하고 있는 복리후생비 예산내에서 설날 근무를 한 현장직원들에게 12,000원 상당의 선물을 하였다. 총비용은 360,000원(30명) 소요(법인카드 사용)된 경우 복리후생비 등으로 처리하고 동 금액을 근로소득에 합산해야 하는 것이다.

○ 직원의 생일선물을 회사가 제공

회사가 직원의 개개인의 생일날에 케익 또는 선물(꽃다발 또는 금목걸이)과 같은 것을 법인카드 또는 현금으로 구매시 회사는 이를 복리후생비로 처리한 후 세무상으로는 해당 직원의 근로소득으로 보아야 한다. 물론 자사가 생산한 제품으로 제공하는 경우에도 근로소득으로 본다.

· 냉온수기 소독비용

회사가 종업원의 복리후생을 위하여 사무실에 냉온수기를 설치·사용하는데 있어서 발생한 냉온수기 소독비용은 결국 직원의 식수와 식음용을 위해 소요된 비용이므로 '복리후생비'로 처리한다.

그러나 복리후생비로 지출되는 비용이 상대적으로 많은 회사에서는 어차피 냉온수기를 사용하는데 있어서 추가로 발생하는 비용이니 만큼 다른 복리후생비와 구분할 수 있도록 '지급수수료' 계정을 사용하여 회계처리를 해도 무방하다.

※ Tip 직원 선물구입과 관련한 국세청 예규

사업자가 복지후생 목적으로 선물(명절 선물, 기념품을 포함)을 구입하여 종업원에게 증정하는 경우, 관련매입세액을 매출세액에서 공제 받을 수 있지만, 이를 개인적 공급으로 보아 부가가치세법 제6조 제3항 및 동법 시행령 제16조 제1항의 규정에 의하여 부가가치세가 과세(세금계산서 교부 의무는 면제되고 급여 성격으로 보아 근로소득에 포함하는 것으로 봄이 타당) 된다(같은 뜻 : 부가 46015-4813, 2000. 12. 20).

18 직원 회식비용 비과세

부서별 회식비를 지급하는 경우 당해 회식비의 사용금액은 법적으로 정해진 증빙을 갖추어야 하는 것이며, 만약 지급받은 회식비를 회식하지 아니하고 종업원 개인별로 금전으로 나누어 가졌을 경우에는 해당 종업원에 대한 근로소득으로 보아 갑근세 원천징수 납부해야 한다.

 직원들끼리 고급술집에서 회식비용 지출시

연말 직원 회식자리에서 1차를 마시고 2차, 3차를 가는 과정에서 고급술집을 방문한 김부장 술값 100만원을 법인카드로 결제를 하고 매출전표를 경리과에 내는 순간 문제가 발생을 하였다. 동 전표를 받은 경리과 미스김은 이를 회식비니까 복리후생비로 처리는 하였으나 왠지 찝찝한 마음은 감출 수 없다.

이는 두 가지 처리 방법을 생각해 볼 수 있으며, 법 해석상으로도 애매모호한 것은 감출 수 없다.

물론 김부장의 입장에서는 지출은 정당하였으며, 직원의 회식비이므로 복리후생비 처리, 그리고 법인카드 결제 후 신용카드 매출전표까지 갖추었으니 증빙 또한 완벽하다.

그러나 세무서의 입장에서 과연 동 100만원을 회식비로 보아 복리후생비로 처리를 해주겠느냐는 것이다. 이는 십중팔구 접대비로 처리할 가능성이 많다. 즉 거래처 접대용이므로 억울하면 회식비라는 것을 증명하라고 할 것이다.

물론 접대비로 처리를 하여도 적격증빙을 갖추었으므로 비용으로는 인정이 가능하나 접대비는 비용인정 한도가 있으므로 여기서 비용을 인정받지 못할 수도 있다는데 문제가 있다.

위의 결론으로 볼 때 동 지출이 회식비라는 것을 증명할 만한 증거가 있어야 하는데 이 또한 김부장의 입장에서는 억울하면서도 힘든 부분이 아닐는지……

고급술집에서 회식시에는 증명자료를 생각한 회식이 이루어지는 지혜가 필요하지 않을까 생각된다.

✱ Tip 단란주점이나 룸살롱에서의 회식비용은 복리후생비로 인정이 되나?

회사에서 생산활동이나 영업활동, 관리활동을 수행하면서 발생되는 비용은 회사업무와 관련이 있고 업무와의 관련성을 적정하게 입증해야 하며, 타 직원들과 형평성이 고려되어야 하며, 사회적 통념상 인정이 되어야 한다.

즉, 직원들이 노래방이나 단란주점에서 회식을 한 자체는 업무와 관련이 있고 복리후생적 성격의 비용으로 간주되니 만큼 복리후생비로 비용처리가 가능하나, 접대비를 변칙적으로 복리후생비로 처리하는 경우 그 지출사실을 객관적으로 입증할 수 없다면 접대비로 처리하거나 해당 직원에게 상여처분 해야 한다.

따라서 직원들의 노래방이나 단란주점 회식비의 경우 실무적으로는 직접적인 증빙뿐만 아니라 회식을 하게 된 경위를 입증할 수 있는 '품의서'(회식사유, 회식 참가자 등)를 증빙으로 첨부하면 무방할 것이다.

19 종업원(직원) 대출금의 처리

· 당좌대출

당좌대출은 은행과 당좌거래를 하고 있는 업체가 당좌예금 잔액을 초과해 일정 한도까지 어음이나 수표를 추가로 발행하는 것으로 지금까지는 당좌대월과 같은 뜻으로 함께 쓰였으나 당좌대출로 통일됐다.
은행은 이러한 어음이나 수표를 가진 사람에게 자금을 지급해주는데 거래업체의 신용을 믿고 자금을 내주는 것이기 때문에 대출을 해주는 결과가 된다. 따라서 기업은 발행한 어음이나 수표에 대해 이자를 내야 한다. 이를 당좌대출금리라 한다.

종업원 주택자금 대출의 경우 업무무관가지급금으로 보아 지급이자 손금불산입 및 가지급금인정이자를 계산하는 것이며, 인정이자를 계산함에 있어서 그 이자율은 가중평균이자율보다 높은 차입금이자율이 있는 경우에는 그 차입금상당액에 대해서는 그 높은 차입금이자율로 함을 원칙으로 하되, 무주택 사용인에게 국민주택규모이하의 주택의 구입 또는 임차에 소요되는 자금을 대여한 경우 그 대여금액에 있어서는 예외없이 가중평균이자율을 적용하여 인정이자를 계산하는 것이다.

즉, 종업원 단기대여금으로 특수관계자에 대하여 업무와 관련없이 자금을 대여한 경우로서 부당행위계산의 부인규정이 적용되어 인정이자를 익금산입, 해당직원의 근로소득에 가산하여야 하며 대여금 해당 적수에 상당하는 지급이자를 손금불산입 조정하여야 하는 것이다.

회사의 직원에게 주택자금 대여시 금전소비대차계약을 체결하고 대여하면 되며, 사내직원은 법인과 특수관계자이므로 당좌가중평균이자율을 적용한다. 무이자로 대여시 해당 인정이자율만큼 익금산입 반영하면서 상대계정으로 직원의 근로소득으로 합산하거나 현금받거나 상여처분한다.

직원 학원비 보조액 처리 20

근로자가 근로의 제공으로 인하여 지급받는 급여, 상여, 임금, 기타 이와 유사한 성질의 급여(교육비훈련비)는 명칭에 관계없이 과세대상 근로소득이다. 다만, ① 초·중등교육법 및 고등교육법에 의한 학교(외국에 있는 이와 유사한 교육기관을 포함한다)와 근로자직업훈련촉진법에 의한 직업능력개발훈련시설의 입학금·수업료·수강료 기타 공납금으로서 ② 당해 근로자가 종사하는 사업체의 업무와 관련 있는 교육훈련을 위하여 받는 것이고, ③ 당해 근로자가 종사하는 사업체의 규칙 등에 의하여 정하여진 지급기준에 따라 받는 것이며, ④ 교육훈련기간이 6월 이상인 경우 교육훈련 후 당해 교육기간을 초과하여 근무하지 아니하는 때에는 지급받은 금액을 반납할 것을 조건으로 하여 받는 것인 경우에는 비과세 대상 근로소득이다. 현행규정상 이에 해당하지 아니하는 학원의 단순한 교육지원비는 비과세 될 수 없다. 직원에게 회사의 업무와 관련하여 연수를 시키고 지출하는 비용은 교육훈련비로서 근로자의 근로소득에 해당하지 아니하는 것이다.

종업원의 복리후생 측면에서 종업원이 부담한 어학원수강료 등의 일부를 지원하는 경우 이는 급여성격으로 해당직원으로부

· 직원 해외여행 경비 보조는 법인 경비로 인정받을 수 있나?

법인 기업이 임원 또는 사용인의 해외여행 경비를 지급하는 경우 법인의 업무 수행상 통상 필요하다고 인정되는 경우에는 그 지급경비는 법인의 손금으로 인정받을 수 있다.

법인의 업무수행상 필요하다고 인정되는 경우는 해외출장, 해외연수, 해외 산업현장 시찰, 해외업무 관련 전시회 참가 등 법인의 현재 또는 미래의 경영활동상 필요한 때를 말한다.

따라서 회사에서 뚜렷한 목적 없이 전임직원의 해외여행 경비를 지원하는 경우에는 복리후생비로 처리해도 비용인정은 되나, 해당 임원 또는 직원에 대한 급여로 보아 원천징수를 해야 한다.

터 갑근세를 원천징수 후 법인의 손금에 처리가 가능하며(증빙 필요 없음) 법인이 어학원과 별도 계약을 맺어 종업원들을 수강하게 하고, 그 수강료를 직접 학원에 지출하였다면, 당해 법인이 용역을 공급받은 자에 해당되어 해당직원의 급여로 처리하지 않고 교육훈련비로 처리 후 법정증빙을 수취하면 된다.

> 소득세법 제12조에서 비과세소득으로 보는 학자금이라 함은 교육법에 의한 학교 및 직업훈련기본법에 의한 직업훈련시설의 입학금 · 수업료 · 수강료 · 기타 공납금 중 동법 시행령 제11조 각 호의 요건을 갖춘 학자금을 말하는 것이며, 사설어학원수강을 지원하는 교육훈련비는 비과세소득으로 보는 학자금에 해당하지 아니하는 것이다(참고예규 : 법인46013-3417, 98.11.10).

구분		실무상 처리 방법	
		계정과목	세무상 처리
회사가 업무와 관련해 강사 등을 초빙하거나 외부 학원을 이용해서 직접 대가를 지급하는 경우		교육훈련비	회사 : 계산서나 신용카드매출전표 등 법정증빙을 수취하고 비용 처리 개인 : 갑근세 부담이 없음
개인이 학원을 다니는 경우	업무관련이 있는 학원비로써 내부 규정에 의한 지급	복리후생비 또는 교육훈련비	회사 : 계산서나 신용카드매출전표 등 법정증빙을 수취하고 비용 처리 개인 : 갑근세 부담이 없음
	업무와 관련이 없는 학원비	복리후생비 또는 급여	회사 : 계산서나 신용카드매출전표 등 법정증빙을 수취하지 않아도 됨(갑근세 원천징수 후 복리후생비 또는 교육훈련비가 아닌 해당직원 급여로써 비용 처리) 개인 : 해당 직원이 갑근세를 부담해야 한다.

※ 교육훈련비에 포함되는 금액 : 교육장임차료, 사내 · 외 강사료, 연수비, 교육용 책자구입비, 세미나 참가비, 학원 수강료 등이 이에 해당하는 것이다.

* Tip 신용불량자인 직원의 급여가 압류되었다면?

회사가 채권자로부터 '급여압류조서'와 '급여압류통보서'를 받게 되면 회사에서는 이를 거부할 수 없다. 만약 거부할 경우 법원에서 급여 가압류 통보를 한 행위에 대한 법률을 위반한 것이 되므로, 해당 직원에게 급여를 지급할 때 반드시 급여압류액을 공제하여 채권자에게 지급해야 한다.

경리실무자들은 이처럼 급여압류액을 채권자에게 지급할 때 급여 총액에서 직원 부담 건강보험료, 국민연금, 고용보험, 갑근세, 주민세를 제외한 나머지 금액의 일정 공제액율을 채권자에게 지급해야 하는지 애매할 것이다.

이 경우 급여압류는 개인과 채권자와의 채권·채무 관계일 뿐 근로소득에 의한 소득세 납세의무와는 아무런 관계가 없으므로 해당 직원에게는 급여 총액에 대하여 원천징수를 해야 하며, 반드시 원천징수 되는 세금을 제외한 나머지 금액(급여 실수령액)의 일정 공제액을 채권자에게 지급해야 한다.

이처럼 회사의 직원이 개인적인 사정상 급여가 압류된 경우 해당 직원의 정상적인 생활이 힘들어지기 때문에 회사 입장에서는 한 가족 같은 직원의 월급을 압류하는 것에 난감할 수밖에 없다. 이러한 이유로 일부 회사에서는 해당 직원을 임시로 퇴사 처리하고 급여 압류에 처한 직원의 소득이 잡히지 않도록 일용근로자로 처리하여 급여를 지급하기도 한다.

그러나 일용근로자의 경우 '3월 이상' 계속 고용하면 정식으로 급여 소득자로 보아 원천징수를 해야 하고, 산재보험도 가입해야 한다. 더구나 고용보험도 하루에 3시간 이상, 1달 이상 근무할 때에는 적용(2004년은 2시간 이상)해야 하므로, 이 또한 회사 입장에서는 어려울 수밖에 없다.

아울러 이렇게 처리하려면 급여압류에 처한 직원 입장만을 고려해서 채권자에게 "퇴사 등의 이유로 급여압류액을 지급할 수 없다"는 허위 공문을 발송해야 하는데, 만약 채권자가 현장 실사 후 그것이 허위로 판별되면 법원의 결정을 위반한 것이므로 법인이 책임을 져야 하는 등 불이익이 발생할 수 있다.

제7장

부가가치세 관리

01 부가가치세의 신고 · 납부
02 간이과세자의 부가가치세 신고서 작성
03 일반과세자의 부가가치세 신고서 작성
04 부가가치세 신고를 잘못하거나 안한 경우에는?

01 부가가치세의 신고·납부

· 조기환급

조기환급은 부가가치세법상 환급세액이 확정되기 전에 확정신고 등의 절차에 의하여 환급세액이 확정될 때 정산할 것을 전제로 미리 환급하는 제도를 말한다. 즉 확정신고가 있기 전에 예정신고기간 또는 영세율 등 조기환급기간단위로 법정요건을 충족하고 이를 신고한 사업자에게 미리 예정액으로서 환급세액을 환급하는 것이다. 이 같은 제도를 두는 것은 영세율거래나 사업설비투자거래의 공급받는 사업자가 거래징수당한 부가가치세액을 조기에 환급받음으로써 자금상의 부담을 경감시키려는 데 그 취지가 있다. 정부는 사업자가 다음 중 하나에 해당하는 경우에는 조기환급을 할 수 있다. 첫째, 영세율이 적용되는 때, 둘째, 사업설비를 신설·취득·확장 또는 증축하는 때 등이다.

구분	과세기간	신고 납부기간
확정신고	(제1기) 1월 1일 ~ 6월 30일	7월 25일
	(제2기) 7월 1일 ~ 12월 31일	다음해 1월 25일
예정신고	(제1기) 1월 1일 ~ 3월 31일	4월 25일
	(제2기) 7월 1일 ~ 9월 30일	10월 25일
신규사업자	사업개시일 ~ 당해 과세기간의 종료일 주의 개시전 사업자등록 : 등록신청일 ~ 당해 과세기간의 종료일	예정, 확정 신고·납부기간과 동일
폐업하는 경우	당해 과세기간 개시일 ~ 폐업일	폐업시 또는 예정, 확정 신고·납부기간과 동일
간이과세를 포기하여 일반과세자로 전환하는 경우	다음의 기간을 각각 1과세기간으로 함 ① 간이과세자 최종과세기간 : 과세기간 개시일 ~ 간이과세가 적용되는 달의 말일 ② 일반과세자 최초과세기간 : 일반과세가 적용되는 날 ~ 과세기간 종료일	예정, 확정 신고·납부기간과 동일
조기환급의 경우	신고기간(과세기간이 아님) 매 1월 : 1월 1일 ~ 1월 31일, 3월 1일 ~ 3월 31일 등 매 2월 : 1월 1일 ~ 2월 28일, 2월 1일 ~ 3월 31일 등 매 3월 : 1월 1일 ~ 3월 31일, 4월 1일 ~ 6월 30일 등	

예정신고 납부

1. 예정신고 납부기한

부가가치세의 예정 신고·납부기한은 다음과 같다.

과세기간	신고·납부기간
(제1기) 1월 1일 ~ 3월 31일	4월 25일
(제2기) 7월 1일 ~ 9월 30일	10월 25일

주의 단, 외국법인은 과세기간 종료일부터 50일 이내에 신고·납부

2. 예정고지 또는 신고납부 대상자

예정신고기간의 부가가치세는 관할세무서장이 고지하여 납부하거나 납세의무자가 스스로 신고서를 작성하여 신고·납부하는 방법이 있는데 이를 구분하여 살펴보면 다음과 같다.

구분				신고·납부방법
간이과세자		신규사업자 및 계속사업자		스스로 신고·납부
일반과세자	법인	신규사업자 및 계속사업자		스스로 신고·납부
	개인	신규사업자		스스로 신고·납부
		계속사업자	① 직전과세기간의 납부세액이 없는 자 ② 각 예정신고기간에 간이과세자에서 일반과세자로 변경된 자 ③ 총괄납부 또는 사업자 단위 신고·납부 승인을 얻은 자	스스로 신고·납부
			위 ①, ②, ③이외의 자	예정고지 납부
			위 ①, ②, ③이외의 자 중 다음에 해당하는 자 - 직전과세기간의 공급가액 납부세액이 1/3 미달자 - 조기환급을 받고자 하는 자	스스로 신고·납부 가능

· 부가가치세 매입세액을 공제 받지 못하는 차량의 정의

부가가치세법상 "비영업용소형승용차의 구입과 유지"에 관한 매입세액은 불 공제가 되는 것이다.

여기서 '영업용'이란 차량 운수업, 차량 렌트업 등 자동차를 이용하여 용역을 제공하는 사업을 영위하는 자가 그 자동차를 직접 영업에 사용하는 것을 말한다. 따라서 이와 같은 경우가 아닌 경우에는 모두 '비영업용'으로 간주한다.

비영업용소형승용자동차의 구입(취득비용) 및 유지(유류비, 소모품, 수리비 등)와 관련된 매입세액이 불공되는 것이며, 비영업용소형승용자동차를 유지하기 위하여 운전기사용역을 공급받는 경우 및 소형승용자동차의 임차와 관련된 매입세액도 매출세액에서 공제되지 않는 것입니다. 이 경우 비영업용이라 함은 운수업에서와 같이 "승용자동차를 직접 영업에 사용하는 것"이라고 규정이 되어 있다.

실무적으로 회사 소유차량을 구입할 때 차량구입 계산서를 보면, 개별소비세가 포함되어 있다면 매입세액은 공제 받을 수 없다는 것이다.

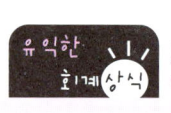

- 사업자가 현금영수증을 받으면 어떤 혜택이 있는지?

현금영수증을 교부받고자 할 때 본인 확인은 본인의 카드, 주민등록증, 사업자등록번호, 이동전화번호 등 본인을 알 수 있는 모든 수단이 가능하다.

현금영수증을 받고, 신용카드 영수증도 받을 수는 없는지 여부에 대해서는 현금으로 결제하면 현금영수증을, 신용카드를 사용하면 신용카드 영수증을 받아야 하며 현금영수증을 증빙자료로 사용할 수 있으므로 따로 영수증을 받을 필요는 없다.

사업자가 발급받은 현금영수증은 비용으로 인정된다. 3만원을 초과하여 접대비로 사용하고 현금영수증을 발급받은 경우에도 신용카드 매출전표처럼 정규 지출증빙으로 인정된다.

또한 사업과 관련하여 '현금(지출증빙)'이 기재된 현금영수증을 수취하면 부가가치세 매입세액 공제를 받을 수 있다. 이 경우 '현금(지출증빙)'이 기재된 현금영수증은 사업자(임·직원)가 현금영수증가맹점에서 사업자용 현금영수증을 발급해 달라고 말하면 된다.

3. 예정고지는 얼마를 고지하나?

예정고지는 직전과세기간에 대한 납부세액의 1/2에 상당하는 금액을 결정하여 고지하고 납세의무자는 고지된 금액을 가까운 금융기관에 납부만 하면 된다. 단, 징수해야할 금액이 10만원 이하인 경우에는 징수하지 않는다.

4. 예정신고시 제출서류

예정신고시 부가가치세 예정신고서에 다음의 서류를 첨부하여 관할세무서에 제출한다.
① 매출처별세금계산서합계표
② 매입처별세금계산서합계표
③ 영세율 첨부서류(영세율 적용대상)

확정신고 납부

1. 확정신고 납부기한

부가가치세의 확정 신고납부기한은 다음과 같다.

과세기간	신고 납부기간
(제1기) 1월 1일 ~ 6월 30일	7월 25일
(제2기) 7월 1일 ~ 12월 31일	다음해 1월 25일

주의 단, 외국법인은 과세기간 종료일부터 50일 이내에 신고·납부

2. 확정신고시 제출서류

확정신고시 부가가치세 확정신고서에 다음의 서류를 첨부하여 관할세무서에 제출한다.

① 매출처별세금계산서합계표
② 매입처별세금계산서합계표
③ 영세율 첨부서류(영세율 적용대상)
④ 신용카드매출전표 등 수취명세서
⑤ 부동산 임대공급가액명세서
⑥ 사업장현황명세서(기타 서비스업에 한함)
⑦ 기타 서류

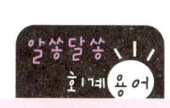

· 법인인감
인감이란 도장의 진짜와 가짜를 감정하기 위해 관공서에 미리 신고되어 있는 도장을 말한다.

* Tip 현금영수증도 매입세액공제가 가능하다면 부가세 신고시 일반세금계산서와 동일하게 처리하면 되는지?

현금영수증은 지출증빙특례 적용에 있어서 정규영수증으로 인정되지만, 이는 국세청이 현금영수증사업자로 정하는 경우에 해당하는 것으로, 국세청장이 승인한 현금영수증 사업자인 경우에만 법령에 의한 현금영수증에 해당되며 매입세액공제를 받을 수 있다.

현금영수증을 수취하고 부가가치세 매입세액을 공제 받기 위해서는 신용카드매출전표와 마찬가지로 공급자이면확인을 받아야 하는지에 대한 서면질의에 대하여 최근 국세청에서는 다음과 같은 회신을 했다.

"당해 현금영수증에 공급받는 사업자의 사업자등록번호와 부가가치세액이 인쇄된 경우 그 부가가치세액은 부가가치세법 제17조 제1항 및 부가가치세법 제26조 제3항의 규정에 의하여 공제할 수 있는 매입세액으로 보는 것임"

따라서 현금영수증의 경우에는 공급가액과 부가가치세, 매입자(공급받는 자)의 사업자등록번호가 기재되어 있으므로, 이면확인 없이 부가세매입세액을 공제 받을 수 있다.

02 간이과세자의 부가가치세 신고서 작성

부가가치세 과세사업자는 일반과세자와 간이과세자로 구분되며 그 유형에 따라 세금의 납부절차와 세부담에 차이를 두고 있다.

부가가치세 과세사업을 하면 일반과세자로 되는 것이 원칙이나, 영세한 소규모사업자의 신고편의 및 세부담 경감을 위하여 간이과세제도를 두고 있다.

간이과세자가 될 수 있는 사업자

간이과세자는 연간 매출액(공급대가)이 4,800만원 미만인 사업자로서, 간이과세배제업종에 해당되지 않아야 한다.

간이과세자에서 일반과세자로 변경되는 경우

1. 사업자의 신청에 의하여 변경하는 경우

일반과세 적용을 받고자 하는 달의 전달 20일까지 간이과세포기신고서 를 사업장 관할세무서장에게 제출하면 된다.

간이과세를 포기한 사업자는 3년간은 다시 간이과세자의 적용을 받지 못한다.

2. 법에 의하여 변경되는 경우

사업규모가 커져 연간 매출액이 4,800만원 이상이 되면 일반과세자로 변경된다. 이 때는 관할세무서에서 과세유형이 바뀌기 20일 전에 그 사실을 사업자에게 통지해 준다.

신고·납부 방법

1. 예정고지와 예정신고

간이과세자는 예정고지에 의한 예정신고를 생략하고 확정신고·납부만 한다.

2. 확정신고

사업자는 각 과세기간에 대한 부가가치세를 과세기간 종료 후 25일 이내에 신고·납부해야 한다.

① 제1기 과세기간 : 1월 1일 ~6월 30일(7월 25일까지 신고·납부)
② 제2기 과세기간 : 7월 1일 ~12월 31일(다음해 1월 25일까지 신고·납부)

신고서 작성요령

1. 신고서를 작성할 때 준비할 사항

신고서를 작성하기 위해서는 가장 먼저 매출액을 알아야 하며, 또한 여러 가지 공제혜택을 받기 위해서는 관련된 서류를 준비해야 한다.

따라서 신고서를 직접 작성하거나 세무대리인에게 작성을 의뢰할 때는 아래의 서류 내용을 미리 준비해야 한다.

대상 사업자	준비할 서류 또는 알아야 할 사항	신고·납부시 제출서류
모든 사업자	① 사업자등록증(사본 또는 기재내용) ② 매출장부(장부가 없을 때는 매출액 집계) ③ 예정고지서 예정신고납부서(또는 고지 납부세액) ④ 매입세금계산서 ⑤ 신용카드매출전표(또는 신용카드 매출액 집표)	간이과세자 부가가치세 예정 확정신고서에 다음의 서류 첨부 1. 매입처별세금계산서합계표(또는 매입세금계산서) 2. 영세율 첨부서류(영세율해당자) 3. 부동산임대공급가액명세서(부동산임대업자) 4. 사업장현황명세서(음식, 숙박, 기타 서비스 사업자가 확정신고시)
부동산임대업 사업자	① 임대차계약서 ② 부동산임대공급가액명세서(부동산임대업자)	
음식업 사업자	면세로 농산물 등을 구입할 때 받은 계산서 또는 신용카드매출전표(직불카드영수증 포함)	
음식업, 숙박업, 서비스업사업자	사업장현황명세서를 기재하는데 필요한 사항 ● 기본사항 : 사업장 면적, 객실수, 탁자수, 종업원수 등 ● 기본경비 : 임차료, 전기·가스료, 수도료, 인건비, 기타	
영세율 해당자	영세율 첨부서류(영세율 해당자)	

2. 신고구분

간이과세자 부가가치세	☐ 예정 ☐ 확정 ☐ 기한후과세표준	신고서	처리기간
관리번호 □□□-□□□	신고기간 □□ 년	기(월 일~월 일)	즉시

『간이과세자 부가가치세(예정·확정·기후과세표준·영세율 등 조기환급)신고서』의 해당란에 "○, ∨"로 표시한다.

신고유형	신고대상
예정	법인사업자 전체
	개인사업자중 선택하여 예정 신고·납부 할 수 있는 자 ① 사업부진으로 인하여 각 예정신고기간의 공급가액(또는 납부세액)이 직전과세기간의 공급가액(또는 납부세액)의 1/3에 미달할 때 ② 각 예정신고기간분에 대해 조기환급을 받고자 할 때 ③ 주사업장 총괄납부승인을 얻은 자
	개인사업자 중 반드시 예정신고·납부를 해야 하는 자 ① 직전과세기간에 대한 납부세액이 없는자 ② 예정신고기간 중 신규사업개시자 ③ 예정신고기간 중 간이과세자에서 일반과세자로 변경한 경우
확정	모든 사업자(법인, 개인 포함)
기한후과세표준	정기 신고기한을 경과하였으나, 신고·납부하고자 하는 사업자
영세율 등 조기환급	수출, 시설투자 등 조기환급 사유가 발생한 사업자

주의 수정신고시 : 『부가가치세(예정·확정·기한후과세표준·영세율등조기환급)수정신고서』로 표시한다.

3. 과세표준 및 납부세액

신 고 내 용						
구 분				금액	부가가치율	세율	세액
과세표준 및 납부세액	과세구분	소매업	①			10/100	
		제조업, 전기·가스 및 수도사업	②	33,000,000	20	10/100	660,000
		건설업, 부동산임대업, 농·수·임·어업, 기타 서비스업, 음식점업, 숙박업	③			10/100	
		운수·창고 및 통신업	④			10/100	
	영세율적용분		⑤				
	재고납부세액		⑥				
	합 계		⑦	33,000,000		㉮	660,000

간이과세자의 부가가치세 과세표준은 재화 또는 용역의 공급에 대한 부가가치세를 포함한 공급대가를 과세표준으로 한다.

①~④ 사업자가 영위하는 업종에 ○를 하고, 당해 업종의 금액란에는 신고대상기간동안의 매출액(과세분으로 공급한 재화 또는 용역 공급대가)을, 세액란에는 (금액 ×당해 업종의 부가가치율 10/100)에 의하여 계산된 세액을 기재한다.

업종	업종별 부가가치율 (%)
	2004년 이후
제조업, 소매업, 전기·가스 및 수도사업, 재생용재료 수집 및 판매업	20

농업 · 수렵업 · 임업 및 어업, 건설업, 부동산임대업, 기타서비스업	30
음식업, 숙박업, 운수 · 창고 · 통신업	40
2006.01.01 ~ 현재	소매업 15%, 음식점업 · 숙박업 30%

⑤ 매출액 중 영세율이 적용(수출 등)되는 분이 있는 경우에 당해 수출 금액 등을 기재한다.

⑥ 일반과세자가 간이과세자로 변경된 사업자가 변경된 날 현재의 재고품 및 감가상각 자산에 대한 재고납부세액을 납부하는 경우에 기재한다.

4. 공제세액

공제세액	매입세금계산서 등 수취세액공제	⑧	500,000	뒤쪽참조	100,000
	의제매입세액공제	⑨			
	매입자발행세금계산서세액공제	⑩			
	전자신고세액공제	⑪			
	성실신고사업자에 대한 세액경감	⑫			
	신용카드매출전표 등 발행세액공제	⑬	5,500,000		55,000
	기타	⑭			
	합 계	⑮		㉔	155,000

매입세금계산서 등 수취세액공제

간이과세자가 세금계산서 또는 신용카드매출전표확인분을 교부받아 세금계산서 등 또는 매입처별세금계산서합계표를 제출하는 때에는 다음의 금액을 납부세액에서 공제하며, 다만 공제액이 납부세액을 초과할 경우 그 초과부분은 없는 것으로 한다.

⑧ 일반과세자로부터 교부받은 세금계산서 또는 신용카드

매출전표에 기재된 매입세액을 공제받는 경우 기재하며, 금액란에는 당해 매입세금계산서 또는 신용카드매출전표에 기재된 부가가치세 합계액을, 세액란에는 (금액 당해 업종의 부가가치율)에 의하여 계산된 세액을 기재한다.

▶ 일반적인 경우

매입세금계산서 등에 대한 세액공제액 = 매입세금계산서 등에 기재된 매입세액 × 당해 업종의 부가가치율

※ 면세사업 관련 수취한 세금계산서는 세액공제 적용이 되지 않는다

▶ 부가가치율이 다른 업종을 겸영하는 경우

업종별 실지 귀속에 의하되, 구분할 수 없는 분은 매입세액의 20%를 공제

▶ 과세사업과 면세사업을 겸영하는 경우

과세, 면세사업별 실지 귀속에 의하되, 귀속을 구분할 수 없는 경우 다음과 같이 계산한다.

매입세금계산서 등에 대한 세액공제액 = 매입세금계산서 등에 기재된 매입세액 × 당해 업종의 부가가치율 × 당해 예정신고기간 또는 과세기간의 과세공급가액/당해 예정신고기간 또는 과세기간의 총공급가액

의제매입세액공제

⑨ 음식점업 사업자가 음식점업에 사용된 면세농산물 등에 대한 의제매입세액을 공제하는 경우에 기재하며, 금액란에는 면세로 구입한 농산물 등의 가액, 세액란에는 (농산물 등의 가액 3/103, 2007.1.1~2008.12.31.까지는 6/106)에 의

하여 계산한 금액을 기재한다.

※ ⑧~⑬의 합계액은 ⑦을 한도로 하여 공제한다.

공제대상

면세로 구입한 농·축·수·임산물

- 음식점업사업자가 음식점업에 사용된 원재료로서 면세로 구입한 농·축·수·임산물

- 복식기장의무자가 아닌 간이과세자가 농민 등으로부터 직접 농산물 등을 구입하는 경우 과세분 공급대가의 5%에 해당하는 가액에 대하여 증빙서류의 제출없이 의제매입세액 공제신고서를 제출하여 공제 가능(2005.1.1. 이후 구입분 부터)

공제방법

- 간이과세자가 확정신고와 함께 면세농산물을 공급받은 사실을 증명하는 다음의 서류를 사업장 관할세무서장에게 제출하는 경우에 한함

▶ 매입처별계산서합계표

▶ 신용카드매출전표 등 수취명세서

▶ 농민 등으로부터 직접 구입하는 경우에는 의제매입공제신고서만 제출함(「소득세법」 제160조의 규정에 의한 복식기장의무자는 제외한다.)

※ 의제매입세액이 납부세액을 초과한 경우

그 초과한 부분은 없는 것으로 봄 (재경부 소비 46015-389, 2000.12.30)

매입자발행세금계산서세액공제

⑩ 매입자가 관할세무서장으로부터 거래사실확인 통지를

받고 발행한 매입자발행세금계산서의 금액과 세액을 기재한다.

※ 2007. 7. 1. 이후 수취한 세금계산서부터 적용

전자신고세액공제

납세의무자가 직접 전자 신고 할 경우 신고 건당 1만원을 실제 납부할 세액을 한도로 공제 (환급불가)

※ 2004. 1. 1.이후 최초로 전자신고 하는 분부터 적용

신용카드매출전표 등 발행세액공제

⑬ 신용카드나 현금영수증 등에 의한 매출액이 있는 사업자가 기재하며, 금액란에는 신용카드·현금영수증등에 의한 매출액을, 세액란에는 {신용카드나 현금영수증 등 매출액 × 1%(간이과세 음식·숙박업자 1.5%)}에 의해 계산한 금액을 기재한다.(연간 500만원 한도)

간이과세자가 과세되는 재화 또는 용역을 공급하고 신용카드매출전표·현금영수증 등을 발행하는 경우에는 신용카드매출전표 등 발행금액의 1/100(간이과세 음식업자 2/100)에 상당하는 금액을 공제
※ 공제대상 금액은 신용카드매출전표 등 발행금액(부가가치세 포함)이므로 간이과세자는 신고서상의 과세표준을 말함.

5. 가산세계

가 산 세 계	⑯ 뒤쪽 참조		㉰	
차감 납부할 세액(환급받을 세액) (㉮-㉯-㉰)			⑰	505,000

(⑯ 신고내용에 가산세가 해당되는 사항이 있는 경우 가산세 합계액을 기재한다.

가산세 종류	적용대상 금액	가산세율
미등록 및 타인명의 허위등록가산세 [사업자등록을 하지 않거나 타인명의(배우자제외)로 허위등록한 경우 경우]	미등록 및 타인명의 등록기간의 공급대가(매출액)	$\frac{5}{1,000}$
무신고가산세 (법정기한까지 신고하지 아니한 경우)	무신고 납부세액	$\frac{20}{100}$
과소신고가산세	과소신고 납부세액	$\frac{10}{100}$
부당무신고·과소신고한경우	부당 무신고·과소신고한 납부세액	$\frac{40}{100}$
무납부 또는 과소납부 또는 초과환급가산세 (법정기한까지 무납부, 과소납부한 경우)	무납부·과소납부·초과환급한 세액	지연납부일수 1일당 $\frac{5}{10,000}$
영세율과세표준신고불성실가산세 (영세율 적용분을 신고하지 아니한 경우)	무신고(과소신고)한 공급대가(매출액)	$\frac{1}{100}$

※ 간이과세자에게는 세금계산서 관련 가산세를 적용하지 아니한다.

차감 납부할 세액(환급받을 세액) (㉮-㉯-㉰)

▶ 간이과세자로서 당해 과세기간에 대한 공급대가가

1,200만원 미만인 경우에는 납부세액을 납부할 의무를 면제한다. 이 경우 가산세에 관한 규정도 적용하지 아니함

 - 신규·휴업·폐업·유형전환 사업자에 대하여는 공급대가를 6월로 환산한 금액을 기준으로 하여 적용함(2006.12.31.이전 신고분까지는 신규자만 환산함)

 ※ 재고납부세액은 납부의무를 면제하지 아니함

 ▶ 납부의무가 면제되는 사업자가 자진납부 한 경우 관할세무서장은 이를 환급한다.

 ※ 납부의무 면제대상에 해당하는 사업자도 부가가치세 신고는 반드시 하여야 함

6. 과세표준명세 등

❷ 과세표준명세			
업태	종목	업종코드	금액
⑱			
⑲			
⑳ 기타(수입금액제외분)			
㉑ 합계			

⑱~㉑ 과세표준 합계액(⑦)을 업태, 종목별로 기재하되, 기타(수입금액제외분)란은 고정자산매각, 직매장공급 등 소득세 수입금액에서 제외되는 금액을 기재하며, 란의 합계액이 ⑦란의 금액과 일치해야 한다.

7. 면세수입금액

❸ 면 세 수 입 금 액			
업태	종목	업종코드	금액
㉒			
㉓			
㉔ 합 계			

㉒~㉔ 부가가치세가 면제되는 사업의 수입금액을 업태, 종목별로 구분하여 기재한다.

8. 국세환급금계좌신고(❹란)

❹ 국세환급금계좌신고	거래은행	은행지점	계좌번호

"환급받을 세액"이 발생한 사업자가 기재한다.

거래은행란에 예금계좌가 개설된 은행명, 우체국명 등을 쓰고, 계좌번호란에 예금계좌번호를 쓴다. 환급금 계좌는 환급금을 송금받을 본인의 예금계좌이므로 반드시 신고인 본인의 예금계좌를 적어야 한다. 환급세액이 2,000만원 이상인 경우에는 별도의 계좌개설(변경)신고서에 예금통장 사본을 첨부하여 신고해야 한다.

9. 폐업신고

❺ 폐업신고	폐업연월일	. .	폐업사유	

사업을 폐업하고 확정신고하는 사업자만 기재한다(별도 폐업신고서 제출 필요 없음).

10. 세무대리인

세무대리인	성명	사업자등록번호	전화번호

당해 신고서를 최종 작성한 세무대리인의 인적사항을 기재한다. 사업자가 직접 작성한 신고서는 기재할 필요가 없다.

✱ *Tip* 골프회원권을 매입하는 경우 매입세액을 공제 받을 수 있나?

골프회원권을 취득하는 주요목적이 거래처 접대라면 접대비 관련 비용으로 보아 매입세액 불공제로 처리하고, 복리후생 목적이라면 매입세액공제가 가능하다.

골프회원권 취득 목적이 거래처 접대나 직원의 복리후생 목적 등으로 업무와 관련하여 직접 사용하는 경우에는 '업무무관 자산'에 해당하지 않기 때문에 부가세 매입세액을 공제 받을 수 있다. 그러나 여기서 '업무관련 사용여부'는 '사실판단'에 의해 결정되는 사항으로 골프회원권을 소유하는 것 자체만으로 업무와 관련이 있다 또는 없다를 판단할 수는 없다. 즉, 그 취득 목적과 사용용도, 사용절차 등을 종합하여 업무무관 자산 여부를 사실 판단해야 하는 것이다.

취득한 골프회원권이 접대 목적이 아니라 주주총회나 이사회결의 후 이용하기 위해서 또는 임직원의 영업활동을 증진시키는 등의 복리후생이 목적이라 하더라도, '복리후생비'로 지출되는 비용은 '사회통념상' 인정되는 범위에 속해야 한다.

골프회원권을 업무와 관련하여 구입했다는 '객관적인 입증'이 가능하다면 업무관련 자산으로 부가세매입세액공제가 가능할 것 같으나, 골프회원권은 대부분 접대용으로 구입하는 것이 사실이다.

임직원들을 위한 복리후생을 목적으로 한다면 모든 사람이 공동으로 이용할 수 있어야 하는데 골프 관련 사업을 하는 회사도 아니고 일반 평 직원까지 골프회원권을 이용한다는 점을 세무관계자에게 이해시키기는 현실적으로 많은 어려움이 있다.

따라서 회사에서 임직원의 업무능력을 향상시키기 위해서 체력 단련 등의 목적으로 법인 명의의 골프회원권을 구입할 때 부가세 매입세액을 공제 받기 위해서는 어느 특정한 임원이나 이해관계자가 아닌 당해 법인의 임직원이라면 누구에게나 적합한 수준의 체력 단련의 기회를 부여하고 있다는 '객관적인 입증자료', 즉 골프회원권을 복리후생 목적으로 구입하여 사용한다는 '내부 품의서' 및 '골프회원권 사용규정' 등을 갖추어야 한다.

골프회원권을 구입한 경우에는 대차대조표의 투자자산 항목의 '기타의투자자산' 계정으로 처리하지만 그 금액이 상대적으로 크고 중요하다면 '회원권'이라는 별도의 계정을 투자자산 항목에 신설하여 계정처리 해야 한다.

골프회원권 취득시 취득세 및 농특세, 회원권거래 수수료 등 동 회원권을 취득하기 위하여 소요되는 부대비용은 취득원가에 포함되는 것이며, 미래에 실질적으로 회수 가능한 금액은 '보증금'으로 처리하면 된다.

일반과세자의 부가가치세 신고서 작성

부가가치세 신고구분

『일반과세자 부가가치세(예정·확정·기한 후과세표준·영세율 등 조기환급)신고서』의 해당란에 "○, ∨"로 표시한다.

신고유형	신고대상
예정	법인사업자 전체
	개인사업자 중 선택하여 예정·신고 납부할 수 있는 자 ① 사업부진으로 인하여 각 예정신고기간의 공급가액(또는 납부세액)이 직전과세기간의 공급가액(또는 납부세액)의 1/3에 미달할 때 ② 각 예정신고기간분에 대해 조기환급을 받고자 할 때 ③ 주사업장 총괄납부승인을 얻은 자
	개인사업자 중 반드시 예정·신고 납부를 해야 하는 자 ① 직전과세기간에 대한 납부세액이 없는자 ② 예정신고기간 중 신규사업개시자 ③ 예정신고기간 중 간이과세자에서 일반과세자로 변경된 경우
확정	모든 사업자(법인, 개인 포함)
기한후과세표준	정기 신고기한을 경과하였으나, 신고 납부하고자 하는 사업자
영세율 6등 조기환급	수출, 시설투자 등 조기환급 사유가 발생한 사업자

> **주의** 수정신고시 : 『부가가치세(예정·확정·기한후과세표준·영세율등조기환급)수정신고서』로 표시한다.

과세표준 및 매출세액

신 고 내 용					
구 분			금 액	세율	세 액
과세표준 및 매출세액	과세	세금계산서	① 50,000,000		5,000,000
		매입자발행세금계산서	②		
		기타	③ 30,000,000		3,000,000
	영세율	세금계산서	④		
		기타	⑤		
	예정신고누락분		⑥		
	대손세액가감		⑦		
	합 계		⑧ 80,000,000	㉮	8,000,000

1. 과세

①~③ 당해 신고대상기간에 부가가치세가 과세되는 사업실적 중 세금계산서를 발행한 분은 ①란에, 매입자로부터 교부받은 매입자발행세금계산서상 금액과 세액은 ②란에, 신용카드매출전표발행분·전자화폐수취분과 영수증교부분 및 세금계산서 교부의무가 없는 분은 ③란에 기재 (세액란은 금액에 세율을 곱하여 기재함)

▶ 세금계산서란 : 세금계산서 발행분을 기입한다. 교부한 세금계산서에 의하여 거래처별로 작성한 매출처별 세금계산서합계표를 제출하여야 함

▶ 매입자별발행세금계산서 : 매입자로부터 교부받은 매입자발행세금계산서상 금액과 세액을 기입한다.

▶ 기타 : 세금계산서 교부대상이외의 분(신용카드분, 영수증

· 임대
토지나 건물 등 고정자산을 빌려주는 것을 의미한다. 또한 이에 대해 대가를 받는 것을 수입임대료라고 한다.

· 전대
전대는 임대차계약에 의해 물건을 빌린 자가 그 빌린 물건을 다른 사람에게 다시 빌려주는 것을 말한다. 전대는 당초 임대인의 동의가 있어야만 가능하다. 상대방 입장에서는 '전차' 가 된다.

분)을 기재하며, 공급대가에는 부가가치세가 포함되어 있으므로 공급가액은 공급대가×100/110로 계산함.

2. 영세율

④~⑤ 당해 신고대상기간 중의 영세율이 적용되는 사업실적 중 세금계산서를 발행한 분은 ④란에, 세금계산서교부의무가 없는 분은 ⑤란에 기재한다.

3. 예정신고누락분(제2장 예정신고누락분 명세의 ⑥ 매출란과 연결되어 작성된다.)

⑥ 예정신고를 하면서 누락한 금액을 확정신고를 하는 때에 신고하는 경우에 기재하며, 2장앞쪽 ㉝합계란의 금액과 세액을 기재한다.

▶ ㉙~㉜,㉞ · ㉟1장 앞쪽 ⑥란, ⑪란의 예정신고 누락분을 합계하여 기재한 경우 그 예정신고 누락분의 명세를 기재한다. 다만, 매입자발행세금계산서는 세금계산서란에 포함하여 기재한다.

참고적으로 예정신고·납부누락분을 확정신고·납부시 신고·납부하는 경우 가산세를 살펴보면 다음과 같다.

과세분인 경우

예정신고 누락분 확정신고시 가산세(수정신고임을 표기한 경우)
▶ 세금계산서 교부분
→ 세금계산서합계표 지연제출 가산세 : 공급가액의 5/1,000 (법인의 경우 2003년 2기분까지는 10/1,000)
→ 신고불성실 가산세 : 과소신고한 납부(초과환급)세액 × 5/100
→ 납부불성실 가산세 : 과소납부(초과환급)세액 × 납부기한(환급받은 날)의 다음날부터 자진납부일까지의 기간 × 3/10,000

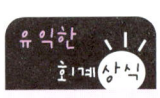

유익한 회계상식

· 회수 불가능한 채권은 어떤 증빙을 첨부해야 대손세액공제를 받을 수 있나?

채무자의 상황으로 보아 회수 불가능한 채권은 어떤 증빙을 첨부해야 대손세액공제를 받을 수 있는지 여부가 애매해 할 수 있다. 대손금으로 인정받기 위해서는 부도난 수표나 어음의 경우에는 어음 사본과 세금계산서, 대손세액공제신청서를 작성하면 되지만, 가장 어려운 증빙은 채무자의 상황으로 보아 회수할 수 없다고 인정되는 채권일 것이다. 이 경우 채무자에게 재산이 없어서 채권을 회수할 수 없다는 것을 입증해야 한다. 채무자의 재산이 없다는 증명을 '무 재산증명'이라고 한다.

채무자가 어떤 재산도 가지고 있지 않음을 입증하는 것은 상당히 어려운 일이다. 압수·수색 영장을 가지고 조사하는 것도 아니기 때문에 채무자가 금·은·보석 등 값나가는 물건을 어디에 숨겨 놓았는지, 예금은 어느 은행에 해놓았는지, 무기명채권을 가지고 있는지, 부동산은 어디에 보유하고 있는지, 기타 다른 재산이 있는지를 파악해 전혀 없다는 증명을 하기란 사실상 불가능하기 때문이다.

따라서 국세청은 이러한 무 재산증명과 같은 객관적 증빙서류의 확보에 어려움이 있음을 감안하여 '회사 채권관리 부서의 자체 조사 보고서'를 증빙서류로 인정해주고 있다.

▶ 기타 : 신고불성실 가산세 + 납부불성실 가산세

영세율

▶ 세금계산서 교부분

→ 세금계산서합계표 지연제출 가산세 : 공급가액의 5/1,000 (법인의 경우 2003년 2기분까지는 10/1,000)

→ 영세율과세표준신고불성실 가산세 : 공급가액 × 1/100

▶ 기타 : 영세율과세표준신고불성실 가산세 : 공급가액 × 1/100

4. 대손세액가감

⑦ 부가가치세가 과세되는 재화 또는 용역의 공급에 대한 외상매출금 등이 대손되어 대손세액을 공제받는 사업자가 기재하며, 대손세액을 공제받는 경우에는 대손세액을 차감표시(△)하여 기재하고, 대손금액의 전부 또는 일부를 회수하여 회수금액에 관련된 대손세액을 납부하는 경우에는 당해 납부하는 세액을 기재한다.

구분	공급하는 사업자	공급받는 사업자
대손이 확정된 경우	대손세액을 매출세액에서 차감	대손세액을 매입세액에서 차감
대손금을 변제한 경우	대손세액을 매출세액에 가산	대손세액을 매입세액에 가산

① **대손세액 공제사유**

▶「상법」에 의한 소멸시효가 완성된 외상매출금 및 미수금

▶「어음법」에 의한 소멸시효가 완성된 어음

▶「수표법」에 의한 소멸시효가 완성된 수표

- 「회사정리법」에 의한 정리계획인가 또는 「화의법」에 의한 화의인가의 결정에 따라 회수불능으로 확정된 채권
- 「민사집행법」제102조의 규정에 의하여 채무자의 재산에 대한 경매가 취소된 압류채권
- 채무자의 파산, 강제집행, 형의 집행, 사업의 폐지, 사망, 실종, 행방불명으로 인하여 회수할 수 없는 채권
- 부도발생일부터 6월이상 경과한 수표 또는 어음상의 채권 및 외상매출금(중소기업의 외상매출금으로서 부도발생일이전의 것). 다만, 당해 법인이 채무자의 재산에 대하여 저당권을 설정하고 있는 경우 제외
- 「국세징수법」제86조제1항의 규정에 의하여 납세지 관할세무서장으로부터 국세결손처분을 받은 채무자에 대한 채권(저당권이 설정되어 있는 채권을 제외한다)
- 회수기일을 6월이상 경과한 채권중 회수비용이 당해 채권가액을 초과하여 회수실익이 없다고 인정되는 10만원 이하(채무자별 채권가액의 합계액을 기준)의 채권

※ 대손이 확정되는 시기가 폐업일 이후인 경우 공제 불가

대손세액의 계산

> 대손세액 = 대손금액(부가가치세 포함) × 10/110

제출서류

대손세액을 공제받기 위해서는 부가가치세 확정신고서에 대손세액공제신고서와 대손사실을 증명하는 서류를 첨부하여 관할 세무서장에게 제출해야 한다.

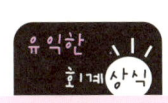

· 부도가 나서 회수하지 못한 매출채권에 대해서는 대손세액공제를 받을 수 있다

사업자가 부가가치세가 과세되는 재화 또는 용역을 공급하는 경우 공급을 받는 자가 세법에서 정한 일종 요건에 해당하는 경우에 외상매출금등의 전부 또는 일부가 대손 되어 회수할 수 없는 경우에는 대손세액(=대손금액 × 10/110)을 그 대손의 확정이 된 날이 속하는 확정신고기간의 매출세액에서 차감 할 수 있다.

세법에서는 대손금으로 처리할 수 있는 채권의 범위를 한정적으로 열거하고 있다. 그러나 회수 불능채권으로 열거된 채권이라고 하더라도, 채권을 회수하기 위해 노력해 보지도 않고 임의로 포기하거나 채무를 면제해 주었다든가, 아니면 채무자 소유의 재산이 있어서 회수할 수도 있었다면 대손금으로 인정받을 수 없다는 사실에 유의해야 한다.

세법에 열거된 대상채권으로서 대손금처리가 가능한 채권은 다음과 같은 4가지로 분류할 수 있다.

① 채무자의 상황으로 보아 회수할 수 없다고 인정되는 채권
② 법적으로 청구권이 소멸하여 회수할 수 없게 된 채권
③ 부도발생일로부터 6개월 이상 경과한 수표·어음상의 채권
④ 기타 대손금처리가 가능한 채권

유형별	첨부서류
파산, 강제집행	매출(입)세금계산서, 채권배분계산서
사망 · 실종	매출(입)세금계산서, 가정법원판결문, 채권배분계산서
회사정리계획인가 또는 회의인가	매출(입)세금계산서, 법원이 인가한 회사정리계획안 또는 화의인가안
부도 발생일로부터 6월이 된 어음	매출(입)세금계산서, 부도어음(원본)
상법상의 소멸시효 및 회수실익이 없는 소액채권	매출(입)세금계산서, 기타 거래사실을 확인할 수 있는 서류(거래대금의 청구내역 등)
기타	매출(입)세금계산서, 채권의 회수불능임을 입증할 수 있는 서류(채권관리부서의 조사보고서 등)

· 소멸시효

소멸시효는 권리자가 권리를 행사할 수 있음에도 불구하고 권리를 행사하지 않는 사실상태가 일정기간 계속된 경우에 그 권리의 소멸을 인정하는 제도이다.

매입세액

세금계산서	일반매입	⑨	15,000,000		1,500,000
	고정자산매입	⑩	15,000,000		1,500,000
매입세액	예정신고누락분	⑪			
	매입자발행세금계산서	⑫			
	기타공제매입세액	⑬			
	합계(⑨+⑩+⑪+⑫+⑬)	⑭	30,000,000		3,000,000
	공제받지못할매입세액	⑮	14,000,000		1,400,000
	차감계(⑭-⑮)	⑯	16,000,000	㉯	1,600,000
납부(환급)세액(매출세액 ㉮ - 매입세액 ㉯)				㉰	6,400,000

1. 세금계산서

⑨·⑩ 교부받은 세금계산서에 의하여 작성한 『매입처별세금계산서합계표』상의 매입세금계산서 총합계란의 공급가액 및 세액을 고정자산매입분(⑩)과 그외 매입분(⑨)으로 구분집계하여

각각의 란에 기재(공제받지 못할 매입세액 포함)한다. 교부받은 세금계산서에 의하여 거래처별로 작성한『매입처별세금계산서합계표』를 제출하여야 한다.

　⑨ 일반매입 : 고정자산 매입분이외의 일반매입분을 기재
　⑩ 고정자산매입 : 컴퓨터 등 고정자산 구입분을 기재

2. 예정신고누락분(제2장 예정신고누락분 명세의 ⑪ 매입란과 연결되어 작성된다.)

　⑪ 예정신고를 하면서 누락한 금액을 확정신고를 하는 때에 신고하는 경우에 기재하며, ㊱합계란(2장 앞쪽)의 금액과 세액을 기재한다.

　▶㉞~㉟ 1장 앞쪽 ⑪란에 예정신고 누락분을 합계하여 기재한 경우 그 예정신고 누락분의 명세를 기재한다.

예정신고 누락분 매입세금계산서의 확정신고 제출시 가산세

　▶ 예정신고 누락분 매입세금계산서를 확정신고시에 제출하는 경우에 가산세는 없음

　다만,「부가가치세법」제17조 제2항 제1호의2 단서의 규정(공급시기 이후 교부받은 세금계산서로서 당해 공급시기가 속하는 과세기간내에 교부받은분)에 의하여 매입세액을 공제받는 경우에는 그 지연수취한 세금계산서상 공급가액에 대하여는 다음에 상당하는 금액을 가산세로 하여 납부세액에 가산하거나 환급세액에서 공제(법 제22조 제4항 제1호)

　- 공급가액의 1/100(법인은 2003년 2기분까지 공급가액의 2/100)

　▶ 가산세 적용 제외 (법 제22조 제4항 제2호 단서, 영 제70조

의3 ⑤)

　- 과세표준 수정신고서와 함께 제출한 경우(국세기본법 시행령 제25조 제1항)

　- 경정청구서와 함께 제출하여 부가가치세법 시행령 제70조에 규정하는 경정기관(관할세무서장, 관할지방국세청장, 국세청장)이 경정하는 경우(국세기본법 시행령 제25조의3)

　- 기한후 과세표준 신고서와 함께 제출하여 관할세무서장이 결정하는 경우(국세기본법 시행령 제25조의4)

　- 매입처별세금계산서합계표의 거래처별등록번호 또는 공급가액이 착오로 사실과 다르게 기재된 경우로서 교부받은 세금계산서에 의하여 거래사실이 확인되는 경우

3. 매입자발행세금계산서

⑫ 매입자가 관할세무서장으로부터 거래사실확인 통지로 발행한 매입자발행 세금계산서의 금액과 세액을 기재한다. 즉, 매출자가 세금계산서를 교부하지 않아 관할세무서장에게 신고하여 승인받은 매입자 발행 세금계산서의 금액을 기재한다.

4. 기타공제매입세액(제2장 기타공제매입세액 명세와 연결되어 작성된다.)

⑬ 교부받은 신용카드매출전표상의 매입세액, 의제매입세액, 재활용폐자원 등에 대한 매입세액, 재고매입세액 또는 변제대손세액을 공제받는 사업자가 기재하며 ㊸합계란의(2장 앞쪽) 금액과 세액을 기재한다.

신용카드매출전표수취명세서제출분(제2장 기타공제매입세액 명세의 ㊲란)

㊲ 사업과 관련한 재화나 용역을 공급받고 교부받은 신용카드매출전표 등에 대한 명세서를 제출하여 매입세액을 공제하는 경우에 기재한다. 교부받은 신용카드매출전표에 의하여 작성한 『신용카드매출전표 등 수취명세서』를 작성 제출하여야 함.

의제매입세액공제(제2장 기타공제매입세액 명세의 ㊳란)

㊳ 면세농산물 등을 원재료로 제조 · 창출한 재화 또는 용역이 국내에서 과세되어 의제매입세액을 공제받는 사업자가 기재하며 금액란에는 면세농산물 등의 가액을, 세액란에는 동 금액에 2/102[음식점업의 경우에는 3/103(다만, 2007.01.01.부터 2008.12.31.까지는 6/106, 2005.1월1일부터 2006년12월31일까지 공급받는 분은 5/105)를 곱하여 계산된 금액을 기재한다.

▶ 공제대상 품목

- 농 · 축 · 수 · 임산물
- 김치 · 두부 등 단순가공식품과 광물인 소금(2002.01.01 이후)
- 농 · 축 · 수 · 임산물의 1차 가공 과정에서 발생하는 부산물(2002.01.01 이후)

▶ 공제대상 사업자

면세농산물 등을 원재료로 하여 제조 · 가공하여 공급하는 재화 · 용역이 부가가치세가 과세되는 모든 업종(면세포기 사업자 포함)

▶ 공제율

일반업종 : 매입가액의 2/102

음식점업 : 음식점업의 경우에는 매입가액의 3/103(다만, 2007.01.01.부터 2008.12.31.까지는 6/106, 2005.1월1일부터 2006년12월31일까지 공급받는 분은 5/105

▶ 매입가액

의제매입세액의 공제대상이 되는 원재료의 매입가액은 운임 등의 부대비용을 제외한 매입원가로 한다.

▶ 관련서류의 제출

- 의제매입세액공제신고서에 『매입처별계산서합계표』, 『신용카드매출전표 등 수취명세서』를 첨부하여 제출
- 제조업을 영위하는 사업자가 농·어민으로부터 면세농산물 등을 직접 공급받는 경우에는 재정경제부령이 정하는 『의제매입세액공제신고서』만 제출함

※ 제조업을 제외한 사업자는 계산서나 신용카드매출전표 등을 수취한 경우에만 공제가능

재활용폐자원등매입세액공제(제2장 기타공제매입세액 명세의 ㊴란)

㊴ 재활용폐자원 등에 대한 매입세액을 공제받는 사업자가 기재하며, 금액란에는 재활용폐자원 등의 취득가액을, 세액란에는 재활용폐자원 및 중고품 매입세액 공제 신고서(갑)의 공제할 세액을 기재합니다.

▶ 공제율
재활용폐자원 및 중고품의 취득가액 × 6/106

▶ 공제대상 사업자
- 국가·지방자치단체
- 부가가치세 과세사업을 영위하지 않는 자(개인·면세사업자·비영리단체 등)
- 간이과세자나. 공제방법
『매입처별계산서합계표』 또는 영수증을 첨부하여 『재활용폐자원 및 중고품 매입세액 공제신고서』를 제출하여야 함

과세사업전환매입세액

㊵ 부가가체세 제 17조 제6항의 규정에 따라 면세사업에 사용하는 감가상각자산을 과세사업에 사용하거나 소비하는 경우 취득시 불공제한 매입세액을 공제받는 경우에 기재한다.

면세사업과 관련한 매입세액으로 공제되지 아니한 재화(감가상각자산)를 과세사업에 사용하는 경우에는 일정한 금액을 매입세액으로 공제할 수 있다.(2007.01.01.이후 과세사업에 사용·소비하는 분부터)

- 면세사업용 자산으로 매입세액이 공제되지 아니한 감가상각자산을 과세사업에 사용·소비하거나 과세사업과 면세사업에 공통으로 사용·소비하는 경우
- 과세사업 또는 과세사업과 면세사업에 공통으로 사용·소비하는 날이 속하는 과세기간에 대한 확정신고시 '과세사업전환 감가상각자산신고서'에 의해 사업장 관할세무서장에게 신고

· 신용카드가맹점에 가입하면 세액공제를 받을 수 있다.

정부에서는 부가가치세 과세표준의 노출이 어려운 최종소비자와 주로 거래하는 사업자들의 신용카드가맹점 가입을 권장하고, 고객들에게는 신용카드를 많이 사용하게 함으로써 과세표준의 노출을 유도하고 신용사회 정착에 이바지하기 위하여 신용카드 매출전표를 발행하는 사업자에게는 세액공제 혜택을, 이용하는 사업자에게는 매입세액공제 혜택을 주고 있다.

또한 요즘은 인터넷의 발달로 온라인으로 신용카드결제가 이루어짐에 따라 전자상거래를 활성화하기 위하여 전자화폐로 대금을 결제하는 경우에도 신용카드를 사용한 경우와 마찬가지로 세액공제를 해 주고 있다.

즉, 법인사업자를 제외한 영수증 교부의무가 있는 개인사업자가 재화나 용역의 공급시기에 신용카드 매출전표 등을 발행하거나 전자화폐를 수취한 경우에는 신용카드 매출전표 등 발행금액 또는 전자화폐 결제금액('공급대가')의 1%에 상당하는 금액(연간 5백만원 한도)을 납부세액에서 공제하며, 이를 "신용카드 매출전표 등 발행세액공제"라고 한다.

신용카드 매출전표 발행을 이용해 세액을 공제 받으려면 부가가치세를 신고할 때 "신용카드매출전표 발행금액 등 집계표"를 작성해 제출해야 한다.

재고매입세액(제2장 기타공제매입세액 명세의 ㊶란)

㊶ 재고매입세액은 간이과세자에서 일반과세자로 변경된 사업자가 그 변경되는 날 현재의 재고품 및 감가상각자산에 대하여 매입세액을 공제받는 경우에 기재한다.

간이과세자가 일반과세자로 변경되는날 현재의 재고품·상품·제품·재료 및 감가상각자산으로 매입시 세금계산서를 수취한 것 중 매입세액 공제대상인 것으로, 간이과세자의 확정신고와 함께『일반과세 전환시의 재고품 및 감가상각자산 신고서』(별지제11호의4서식)에 의하여 재고품 등을 신고하여 승인된 경우에 한함

변제대손세액(제2장 기타공제매입세액 명세의 ㊷란)

㊷ 변제대상세액란은 공급받은 재화나 용역에 대한 외상매입금, 기타 매입채무가 대손확정되어 매입세액을 불공제받은 후 대손금액의 전부 또는 일부를 변제한 경우 변제한 대손금액에 관련된 대손세액을 기재한다. 변제사실을 증명하는 서류와 함께『대손세액공제(변제)신고서』를 작성 제출하여야 함

5. 공제받지 못할 매입세액(제2장 공제받지 못할 매입세액 명세의 란)

공제받지 못할 매입세액(㊹란)

⑮ 교부받은 세금계산서의 매입세액 중 공제받지 못하는 매입세액, 과세사업과 면세사업에 공통으로 사용된 공통매입세액 또는 대손처분받은 세액이 있는 사업자가 기재하며, (㊼)합계란의 (2장 앞쪽) 금액과 세액을 기재한다. 공제받지 못할 매입세액 명

경리업무를 겸직하는 사장이 꼭 알아야 할 창업회계

세서 제출해야 함
▶ 매입처별세금계산서합계표를 미제출·부실 기재한 경우
▶ 세금계산서 미수취및 부실 기재한 경우

신고시 매입처별세금계산서합계표를 미제출한 경우와 제출하였으나 필요적 기재사항 중 전부 또는 일부가 기재되지 아니한 경우 및 사실과 다르게 기재된 경우에는 매입세액으로 공제하지 않는다.

그러나 다음의 경우에는 매입세액공제가 가능하다.

- 매입처별세금계산서합계표 또는 신용카드매출전표 수취명세서를 수정신고, 경정청구, 기한후 신고시 제출하는 경우
- 기재내용이 착오로 잘못 기재된 경우로 세금계산서 등에 의하여 거래사실이 확인되는 경우
- 사업자가 교부받은 세금계산서 또는 신용카드매출전표등을 경정기관의 확인을 거쳐 정부에 제출하는 경우
- 동일 과세기간에 교부된 공급시기와 교부시기가 다른 세금계산서
- 공급가액이 과대계상된 경우 실지 거래 해당분

다. 사업과 직접 관련이 없는 지출에 대한 매입세액

예를 들어 다음의 경우에는 사업과 관련없는 지출로 본다.

- 사업자가 그 업무와 관련없는 자산을 취득·관리함으로써 발생하는 취득비·유지비·수선비와 이와 관련되는 필요경비
- 사업자가 그 사업에 직접 사용하지 아니하고 타인(종업원을 제외한다)이 주로 사용하는 토지·건물 등의 유지비·수선비·사용료와 이와 관련되는 지출금
- 사업자가 그 업무와 관련없는 자산을 취득하기 위하여 차입한 금액에 대한 지급이자

· 경정
경정은 세법상 과세표준액이나 세액 등에 잘못이 있을 때 그 잘못을 고치는 결정을 말한다.

- 사업자가 사업과 관련없이 지출한 접대비

사업과 관련하여 사용인에게 실비변상적이거나 복지후생적인 목적으로 지급되는 물품에 대하여는 물품의 판매로 보지 않으며 당해 물품의 구입과 관련된 매입세액은 공제된다.

- 직원들의 야유회, 어버이날 위안잔치와 관련된 매입세액
- 사용인에게 무상으로 공급된 작업복, 작업모, 면장갑 등과 관련된 매입세액

▶ 비영업용 소형승용자동차의 구입과 유지에 관한 매입세액

비영업용이란 운수업·자동차 판매(대여)업 등과 같이 승용차가 직접 자기사업의 목적물이 되는 것을 제외한 모든 것을 말한다.

- 8인승 이하의 일반형 승용자동차(국민차 제외)
- 지프형 자동차
- 125CC 초과 2륜 자동차
- 캠핑용 자동차(캠핑용 트레일러 포함)

▶ 접대비 및 이와 유사한 비용의 지출에 관련된 매입세액

▶ 부가가치세가 면제되는 재화 또는 용역을 공급하는 사업에 관련된 매입세액과 토지관련매입세액

▶ 사업자 등록을 하기 전의 매입세액(등록신청일로부터 역산하여 20일 이내의 것 제외)

공통매입세액면세사업분(㊺란)

㊺ 부가가치세 과세사업과 면세사업에 공통으로 사용하는 공통매입세액 중 면세사업 해당분으로 안분 계산한 공급가액과 세액을 기재한다.

과세사업과 면세사업을 겸영하는 경우에 면세사업에 관련된

매입세액의 계산은 실지귀속에 따라 하되, 과세사업과 면세사업에 공통으로 사용되어 실지귀속을 구분할 수 없는 공통매입세액은 다음 산식에 의하여 계산한다.

다만, 예정신고를 하는 때에는 예정신고기간에 있어서 총공급가액에 대한 면세공급가액의 비율에 의하여 안분계산하고, 확정신고를 하는 때에 정산한다.

면세사업에 관련된 매입세액 = 공통매입세액 × 면세공급가액/총공급가액

· 공급가액
공급가액은 재화의 판매가격 또는 용역의 제공가액을 말한다. 반면 재화의 판매가격 또는 용역의 제공가액에 부가가치세가 포함된 경우는 공급대가라고 한다.

다음의 경우에는 전액 공제되는 매입세액으로 함
▶ 당해 과세기간의 총공급가액 중 면세공급가액이 100분의 5 미만인 경우
▶ 당해 과세기간 중의 공통매입세액이 2만원 미만인 경우의 매입세액
▶ 신규로 사업을 개시한 자가 당해 과세기간 중에 공급받은 재화를 당해 과세기간 중에 공급하는 경우

대손처분받은 세액란(㊻란)

대손세액을 공제받기 위해서는 부가가치세 확정신고서에 『대손세액공제(변제)신고서』와 대손사실을 증명하는 아래 서류를 첨부하여 관할 세무서장에게 제출하여야 함
▶ 파산, 강제집행 : 매출(입)세금계산서, 채권배분계산서
▶ 사망·실종 : 매출(입)세금계산서, 가정법원판결문, 채권배분계산서
▶ 회사정리계획안 또는 화의인가 : 매출(입)세금계산서, 법원이 인가한 회사정리계획안 또는 화의인가안

▶ 부도발생일로부터 6월이 된 어음 : 매출(입)세금계산서, 부도어음(원본)

▶ 상법상의 소멸시효 ,회수실익 없는 소액채권 : 매출(입)세금계산서, 기타 거래사실을 확인할 수 있는 서류(거래 대금의 청구내역 등)

▶ 기타 : 매출(입)세금계산서, 채권의 회수불능임을 입증할 수 있는 서류(채권관리부서의 조사보고서 등)

경감세액(제2장 기타 경감·공제세액 명세의 (53)란)

경감·공제세액	기타경감·공제세액	⑰		110,000
	신용카드매출전표발행세액공제등	⑱		
	합 계	⑲	㉔	110,000

1. 기타 공제 · 경감세액(⑰란)

⑰ 기타공제감면세액란은 전자신고세액공제, 택시운송사업자 경감세액, 현금영수증사업자 세액공제, 성실신고 사업자 세액공제 등의 합계액(2장앞쪽 ㊾합계란의 금액)을 기재한다.

전자신고세액공제(㊽란)

[대상자]

▶ 직접 전자신고 하는 납세의무자[일반과세자(개인·법인), 간이과세자]

▶ 전자신고를 대행하는 세무대리인

[새액공제액]

▶ 사업자 본인 및 납세관리인이 직접 전자신고하는 경우
- 부가가치세 : 1만원
· 확정신고시에만 공제하며 총괄납부 사업자는 각 사업장별로 공제하나, 사업자단위 신고·납부자는 본점 또는 주사무소에서만 공제됨
· 간이과세자의 경우 실제 납부할 세액을 한도로 공제(환급 불가)
- 법인세·소득세 : 2만원
▶ 전자신고를 대행하는 세무대리인
세무대리를 위임받은 당해 납세자의 전자신고 대상세목을 모두 전자신고 하는 경우 세무대리인의 소득세·법인세에서 납세자 1인당 1만원 공제
- 연 100만원 한도(세무사법에 의한 세무법인 또는 공인회계사법에 따른 회계법인인 경우 연 300만원 한도)

택시운송사업자 경감세액(㊾란)

▶ 기재요령
㊾ 일반택시운송사업자만 기재하며, ㉰란에 기재한 납부세액의 1/2에 해당하는 금액을 기재한다.

▶ 공제대상 사업자
여객자동차운수사업법상 일반택시운송사업자
※ 개인택시운송사업은 여객자동차운수사업법(시행령3조)상 일반택시운송사업자의 범위에 해당하지 아니하므로 공제대상이 아님

▶ 공제대상 세액

납부세액의 50%. 즉 부가가치세신고서상 ㉓란에 기재한 납부세액의 1/2에 해당하는 금액을 말한다.

경감세액은 건설교통부장관이 정하는 바에 따라 운수종사자의 처우개선 및 복지향상에 사용하여야 하는 것으로, 이를 위하여 사용하였는지 여부는 사실판단 사항임.

※ 납부세액 계산시 사업과 관련된 고정자산의 매출·매입세액을 포함하여 계산함(서면 3팀-837,2006.05.08)

▶ 공제세액 추징

경감된 부가가치세를 신고·납부기한으로부터 6개월 이내에 지정용도에 사용하지 아니한 경우 아래 경감세액 상당액을 추징함
 - 추징세액
  · 운수종사자의 처우개선 및 복지향상을 위하여 사용하지 아니한 경감세액상당액
  · 이자상당액 : 고유목적에 사용하지 아니한 경감세액 상당액 × 신고납부기한 종료일의 다음날부터 고지일까지의 기간(일) × 3/10,000
  · 가산세 : 고유목적에 사용하지 아니한 경감세액 상당액 × 20/100

▶ 공제적용 기한

택시운송사업자 경감세액은 2008년 12월 31일까지만 적용한다.

현금영수증사업자세액공제(㊿란)

조특법 제 126조의 3 규정에 의한 현금영수증사업자에 대한 부가가치세 공제세액을 기재한다.

※ 현금영수증사업자란 현금영수증 발행사업자(가맹점)가 아니라 현금영수증 발급기를 각 업소에 설치하여 주는 사업자를 말함
- 세액공제액
  · 현금영수증 발급장치 설치건수에 의한 공제 : 1건당 17,500원
  · 현금영수증 결제건수에 의한 공제 : 1건당 22원 (온라인 현금영수증 발급시 15.4원)

※ 현금영수증이란 현금영수증 발급장치를 설치한 사업자가 현금거래시 동 발급장치에 의하여 구매자의 인적사항을 입력하여 발급한 영수증을 말함.

기타란((52)란)

과세기간에 대한 수정신고 등으로 성실신고사업자경감세액 · POS도입사업자등경감세액 · 일반과세전환자경감세액 등에 수정사항이 있는 경우 기재합니다.

2. 신용카드매출전표발행공제등(⑱란)

⑱ 개인사업자로서 소매업자, 음식점업자, 숙박업자 등 부가가치세법시행령 제79조의2 제1항 및 제2항에 규정된 사업자가 신용카드 및 전자화폐에 의한 매출이 있는 경우에 기재하며, 금액란에는 신용카드매출전표발행금액 등과 전자화폐 수취금액을, 세액란에는 동 금액의 1/100에 해당하는 금액(연간 500만원을 한도로 함)을 기재한다. 신용카드 매출전표 발행금액 등 집계표를 작성하여 제출해야 한다.

공제대상 사업자
▶ 소매업

· 현금영수증과 현금매출영수증을 구분할 줄 알아야 한다.

'현금매출전표'는 '신용카드매출전표'와 똑같은 전표에 현금매출전표라고 찍혀져서 발행이 되는 것이 일반적이다. 이러한 신용카드가맹점에 현금을 지급하고 수취한 현금매출전표는 법인세법에서 규정하는 "여신전문금융업법에 의한 신용카드 매출전표"에 해당하지 않는 것이다. 즉, 현금영수증의 경우는 지출증빙특례 적용에 있어서 정규영수증으로 인정되나, 이는 국세청이 조세특례제한법에 의하여 현금영수증사업자로 정하는 경우에 해당하는 것으로서, 국세청장이 승인한 현금영수증 사업자인 경우에만 법령의 현금영수증에 해당하는 것으로서, 매입세액공제를 받을 수 있는 것이다.

▶ 음식점업(다과점업을 포함한다)
▶ 숙박업
▶ 목욕·이발·미용업
▶ 여객운송업
▶ 입장권을 발행하여 영위하는 사업
▶ 변호사 등의 사업 및 행정사업(사업자에게 공급하는 것을 제외한다)
▶ 주로 사업자가 아닌 소비자에게 재화 또는 용역을 공급하는 사업
▶ 임시사업장개설사업자가 그 임시사업장에서 사업자가 아닌 소비자에게 재화 또는 용역을 공급하는 경우
▶ 전기사업법에 의한 전기사업자가 산업용이 아닌 전력을 공급하는 경우
▶ 전기통신사업법에 의한 전기통신사업자가 전기통신용역을 제공하는 경우
▶ 도시가스사업법에 의한 도시가스사업자가 산업용이 아닌 도시가스를 공급하는 경우
▶ 집단에너지사업법에 의한 한국지역난방사가 산업용이 아닌 열을 공급하는 경우
▶ 위성멀티미디어 방송사업자가 전기통신사업자의 이용자에게 위성멀티미디어 방송용역을 제공하는 경우

공제방법
부가가치세 신고시 『신용카드매출전표 발행금액등 집계표』를 작성 제출하여야 공제가 가능하다.

예정신고미환급세액

예 정 신 고 미 환 급 세 액	⑳		㉮

⑳ 예정신고를 할 때 일반환급세액이 있는 것으로 신고한 경우 그 환급세액을 기재한다

수출·시설투자 등에 의한 조기환급 대상자 외의 일반환급 대상자는 예정신고시에 환급하지 않으며, 확정신고시 납부(환급)할세액에서 공제(가산)한다.

예정고지세액

예 정 고 지 세 액	㉑		㉯

㉑ 당해 과세기간 중에 예정고지된 세액이 있는 경우 그 예정고지세액을 기재한다.

개인사업자(법인 제외)에 대하여는 각 예정신고기간마다 직전과세기간에 대한 납부세액의 2분의 1에 상당하는 금액을 고지결정하나, 일정한 경우에는 예정신고를 할 수 있다.

예정고지대상자 및 세액

▶ 개인사업자로 직전과세기간 납부세액의 1/2을 고지결정

▶ 납부세액에 가·감할 금액

- 신용카드발행세액공제, 전자신고세액공제, 택시경감세액, 성실신고경감세액

- 경정 또는 재경정한 내용 반영

- 수정신고·경정청구 등에 의하여 결정된 내용 반영

예정고지자 중 신고 가능한 사업자

▶ 휴업 또는 사업부진 등으로 인하여 각 예정신고기간의 공급가액 또는 납부세액이 직전과세기간의 공급가액 또는 납부세액의 3분의 1에 미달하는 자

▶ 조기환급을 받고자 하는 자

가산세액 계 (제2장 가산세 명세 ⑳의 ㉠란)

가 산 세 액 계	㉑	㉔
차가감 납부할세액(환급받을 세액)(㉓-㉑-㉒-㉓+㉔)		

매출누락분 수정신고시 적용되는 가산세

▶ 매출처별세금계산서합계표 미제출가산세 : 공급가액의 1/100(법인은 2003년 2기까지 2/100)

※ 2007년 1기분부터 법정신고기한 경과후 1개월 이내에 신고하는 경우 세금계산서합계표 불성실가산세 50% 감면됨

▶ 신고불성실가산세 : 납부(초과환급)할 세액의 10/100(6월 내 신고·납부시 50% 경감함)

▶ 납부불성실가산세 : 과소납부(초과환급)세액 × 납부기한(환급받은날)의다음날부터 자진납부일까지의 기간 × 3/10,000

예정신고누락분 확정신고시 적용되는 가산세

▶ 매출처별세금계산서합계표 지연제출가산세 : 공급가액의 5/1,000(법인은 2003년 2기까지 10/1,000)

· 변제
변제는 채무의 이행을 말한다.

▶ 신고불성실가산세 : 납부(초과환급)할 세액의 5/100
▶ 납부불성실가산세 : 과소납부(초과환급)세액 × 납부기한(환급받은날)의다음날부터 자진납부일까지의 기간 × 3/10,000

1. 사업자미등록 가산세(㊄란)

사업개시일로부터 20일이내에 사업자등록을 하지 않은 경우에 기재한다(2007년 이후 타인명의(배우자 제외)로 등록한 사업자도 적용).

미등록가산세율(공급가액에 적용) : 개인 1/100(법인은 2003년 2기까지 2/100)

사업개시일로부터 20일 이내에 사업자등록을 하지 아니한 경우 미등록한 기간에 대한 공급가액에 대하여 가산세 부과
① 1월 5일 개업자가 1월 27일 등록한 경우 : 예정신고기간(1월 5일 ~ 3월 31일) 공급가액
② 1월 5일 개업자가 4월 2일 등록한 경우 : 당해과세기간(1월 5일 ~ 6월 30일) 공급가액 ㊅

2. 세금계산서합계표제출불성실(란)

세금계산서 교부 및 세금계산서합계표 제출관련 가산세의 합계액을 기재한다.

세금계산서 교부불성실 가산세 등 (법22 ②)

▶ 과세대상

세금계산서의 필요적 기재사항의 전부 또는 일부가 착오 또는

· 부가가치세를 신고하는 경우 전자신고 세액공제란?

전자신고 세액공제는 납세자가 직접 전자신고 한 경우에 한하여 부가가치세는 1만원, 법인세·소득세는 2만원을 공제해주는 것이며, 세무 대리인에게 위임하여 전자신고를 한 경우에는 위임한 납세자는 전자신고 세액공제를 받을 수 없다.

즉, 세무 대리인이 수임 사업자를 대신해서 전자신고를 하는 경우 납세자에게는 세액공제 혜택을 주지 않고 세무 대리인의 종합소득세(법인인 경우 법인세)에서 납세자 1인당 1만원, 연 100만원 이내에서 세액공제 혜택을 주고 있다.

이러한 전자신고 세액공제는 납세자 또는 세무 대리인이 확정신고시 직접하는 경우에 받을 수 있으며, 예정신고시에는 세액공제를 받을 수 없다.

부가가치세를 전자신고하는 경우 1만원을 "납부세액에서 공제하거나 환급세액에 가산한다"라는 내용은 납세자가 직접 전자신고를 한 경우 전자신고 세액공제(1만원)로 인한 환급대상이 되며, 직접 전자신고를 하고 납부세액이 5천원으로 계산된 경우에도 전자신고 세액공제로 인한 5천원이 환급되는 것이다.

전자신고 세액공제로 환급을 받을 때는 반드시 환급 받을 예금계좌번호를 기재해야 은행을 직접 방문해야 하는 추가적인 불편이 없다.

과실로 기재되지 아니하거나 사실과 다른 때 및 신용카드매출전표에 의한 매입세액을 경정결정시 제출하여 공제받는 경우
▶ 가산세율
- 공급가액의 1/100(법인은 2003년 2기분까지 2/100)

세금계산서 미교부 및 위장·가공 교부 가산세 (법22 ③)

▶ 과세대상
세금계산서를 교부하지 아니하거나 위장·가공세금계산서를 교부한 경우
▶ 가산세율
- 2007년 1기 이후 : 공급가액의 2/100
- 2006년 2기 이전 : 공급가액의 1/100(법인은 2003년 2기분까지 2/100)

매출처별세금계산서합계표 불성실 가산세 (법22 ④)

1) 매출처별세금계산서합계표 불성실 가산세
▶ 과세대상
- 매출처별세금계산서합계표를 제출하지 아니한 때
- 제출한 매출처별세금계산서합계표의 기재사항 중 거래처별 등록번호 또는 공급가액의 전부 또는 일부가 기재되지 아니하거나 사실과 다르게 기재된 때
▶ 가산세율
- 공급가액의 1/100(법인은 2003년 2기분까지 2/100)
※ 2007.01.01.이후 법정신고기한 도래분부터 무신고자가 법정신고기한 경과 후 1월이내에 세금계산서 합계표를 제출하는

경우 가산세 50% 경감
  2) 매출처별세금계산서합계표 지연제출 가산세
  ▶ 과세대상
  - 예정신고기간에 대한 매출처별세금계산서합계표를 확정신고시 제출하는 경우
  - 예정신고기간에 대한 매출처별세금계산서합계표를 확정신고 기간내에 수정신고하는 경우
  ▶ 가산세율
  - 공급가액의 5/1,000(법인은 2003년 2기분까지 10/1,000)

매입처별세금계산서합계표 불성실 가산세 (법22 ⑤)

  ▶ 과세대상
  - 재화 또는 용역의 공급시기 이후에 교부받은 세금계산서로서 당해 공급시기가 속하는 과세기간 내에 교부받은 경우
  - 매입처별세금계산서합계표를 제출하지 아니한 경우 또는 제출한 매입처별세금계산서합계표의 기재사항 중 거래처별등록번호 또는 공급가액의 전부 또는 일부가 기재되지 아니하거나 사실과 다르게 기재된 경우
   · 매입처별세금계산서합계표를 수정신고·경정청구 및 기한후 신고에 의하여 제출하는 경우 가산세 과세안됨
  - 제출한 매입처별세금계산서합계표의 기재사항 중 공급가액을 사실과 다르게 과다하게 기재하여 신고한 때
  ▶ 가산세율
  - 공급가액의 1/100(법인은 2003년 2기까지 2/100)

3. 신고불성실가산세(㊾란)

(㊟) 신고불성실가산세는 신고하지 아니한 세액(미달신고한 경우에는 그 미달신고한 납부세액), 초과하여 신고한 환급세액에 대하여 적용한다.

예정신고·확정신고를 하지 아니하거나 신고한 납부세액이 신고하여야 할 납부세액에 미달하거나 신고한 환급세액이 신고하여야 할 환급세액을 초과하는 때에는 그 신고하지 아니한 납부세액(미달하게 신고한 경우에는 그 미달한 납부세액) 및 초과하여 신고한 환급세액의 10%를 가산세로 징수한다.

적용대상

▶ 무신고 가산세 : 법정신고기한 내 과세표준 신고서를 제출하지 아니한 경우

▶ 과소신고 가산세 : 법정신고기한 내 신고한 납부세액이 과소 신고된 경우

▶ 초과환급신고 가산세 : 법정신고기한 내 신고한 환급세액이 초과환급 신고된 경우

▶ 적용대상금액 : 매출세액에서 매입세액을 차감한 납부(환급)세액에서 경감·공제세액, 예정신고 미환급세액 및 예정신고세액을 차감한 세액

가산세율

▶ 2006년 2기 이전 : 무신고·과소신고·초과환급신고 세액 × 10/100

▶ 2007년 이후

- 부당 무·과소신고 및 초과환급신고 : 부당 무·과소납부 및

초과환급신고세액 × 40/100

 - 일반 과소신고 및 초과환급 신고 : 일반 과소 납부 및 초과환급 신고세액 × 10/100

 - 일반 무신고 : 납부할 세액 × 20/100

※ 2007.01.01.이후 법정신고기한 도래분부터 무신고자가 법정신고기한 경과 후 1월 이내에 기한후 신고를 하는 경우 무신고가산세 50% 경감

부당한 방법으로 신고한 경우

▶ 이중장부의 작성 등 장부의 허위기장
▶ 허위증빙 또는 허위문서의 작성
▶ 허위 증빙 등의 수취(허위임을 알고 수취한 경우에 한함)
▶ 장부와 기록의 파기
▶ 재산을 은닉하거나 소득·수익·행위·거래의 조작 또는 은폐
▶ 기타 국세를 포탈하거나 환급·공제받기 위한 사기 그 밖에 부정한 행위를 한 경우

4. 납부불성실 가산세(㊼란)

납부불성실가산세는 납부하지 않았거나 미달하게 납부한 세액에 대하여 적용한다.

3/10,000(2002년 2기 귀속분 까지는 5/10,000)

▶ 무·과소 납부세액 × 납부기한의 다음날부터 자진납부일 또는 고지일까지의 기간 × 3/10,000

▶ 초과환급세액 × 환급받은 날의 다음날부터 자진납부일 또

는 고지일까지의 기간 × 3/10,000 (2004년 이후)

5. 영세율과세표준신고불성실가산세(㊽란)

영세율이 적용되는 과세표준을 신고하지 않았거나 신고한 과세표준이 신고해야 할 과세표준에 미달하는 때에는 그 신고하지 아니한 과세표준(미달하게 신고한 경우에는 그 미달한 과세표준)에 1%를 가산세로 징수한다. 그러나 신고기한 경과후 6월 내에 수정신고·납부를 하는 때에는 영세율과세표준신고불성실가산세의 100분의 50에 상당하는 세액을 경감한다.

▶ 영세율이 적용되는 과세표준을 신고를 하지 아니하거나 신고한 과세표준이 신고하여야 할 과세표준에 미달하는 때에는 그 신고하지 아니한 과세표준(미달하게 신고한 경우에는 그 미달한 과세표준)

▶ 영세율 과세표준을 신고하였으나 영세율 첨부서류를 제출하지 아니한 경우

6. 수입금액 명세서 제출 불성실가산세(란)

변호사·심판변론인·변리사·법무사·공인회계사·세무사·경영지도사·기술지도사·감정평가사·손해사정사·관세사·기술사·건축사·도선사·측량사가 수입금액명세서를 제출하지 아니하거나 제출한 수입금액이 사실과 다르게 기재된 경우 미제출 및 사실과 다르게 제출한 금액 × 5/1,000를 가산세로 부담한다.

○ 국세환급금계좌신고

② 국세환급금계좌신고	거래은행	은행 지점	계좌번호

㉓란에 "환급받을 세액"이 발생한 사업자가 기재한다.
 거래은행란에는 예금계좌가 개설된 은행명, 우체국명 등을 쓰고, 계좌번호란에 예금계좌번호를 쓴다.
 - 환급금 계좌는 환급금을 송금받을 본인의 예금계좌이므로 반드시 신고인 본인의 예금계좌를 적어야 한다
 - 환급세액이 2,000만원 이상인 경우에는 별도의 계좌개설(변경)신고서에 예금통장 사본을 첨부해서 신고해야 한다.

○ 폐업신고

③ 폐 업 신 고	폐업일자		폐업사유

사업을 폐업하고 확정신고하는 사업자만 기재한다. 동 란에 기재하여 신고한 사업자는 별도로 폐업신고서를 제출하지 않아도 된다.
 ※ 사업자등록증, 폐업신고확인서(해당업종에 한함)를 첨부하여 제출

과세표준명세

④ 과세 표 준 명 세			
업 태	종목	업종코드	금 액
㉔ 소 매	식 료 품		80,000,000
㉕			
㉖			
㉗			
㉘ 합 계			80,000,000

㉔ ~ ㉘ 과세표준 합계액(⑧)을 업태, 종목별로 기재하되, 수입금액제외란은 고정자산매각, 직매장공급 등 소득세 수입금액에서 제외되는 금액을 기재하며, (28)란의 합계액이 ⑧란의 금액과 일치해야 한다.

세무대리인

신고기간	년	기(월 일~ 월 일)

당해 신고서를 최종 작성한 세무대리인의 인적사항을 기재하면 되나 사업자가 직접 작성한 신고서는 기재할 필요가 없다.

○ 면세사업 수입금액

	업 태	종목	업종코드					금 액
면세사업	㉑							
수입금액	㉒							
			㉓합 계(㉑+㉒)					

㊿~㊶ 부가가치세가 면제되는 사업의 수입금액을 업태, 종목별로 구분하여 기재한다.

계산서 교부 및 수취내역	㉔계산서 교부금액	
	㉕계산서 수취금액	

㉑~㉒ 부가가치세가 면제되는 사업의 수입금액을 업태, 종목별로 구분하여 기재합니다.

㉔ 부가가치세가 과세되지 아니한 재화 또는 용역을 공급하고 교부한 계산서의 합계액을 기재한다.

㉕ 거래상대방으로부터 교부받은 계산서의 합계액을 기재한다.

▶ 계산서합계표 제출의무 (소득세법163, 법인세법 121)

사업자가 사업과 관련하여 부가가치세가 면세되는 계산서를 교부·수취한 경우 계산서에 의하여 거래처별로 작성한 매출처별·매입처별계산서 합계표를 제출하여야 함.

▶ 계산서합계표 미제출시 불이익 (소득세법81 ⑦, 법인세법 76 ⑨)

개인 복식기장의무자 및 법인사업자가 계산서를 제출하지 아니하거나 사실과 다르게 제출한 경우 공급가액의 1% 가산세가 소득세 및 법인세에 가산하여 부과됨.

*Tip 부가가치세 납부를 연장 할 수 있는 방법이 있는지?

부가가치세 납부가 발생하는 경우 회사 자금사정으로 제때에 납부를 하지 않았다면 가산세와 가산금을 내야하기 때문에 기한연장승인신청서를 연장 받고자하는 '사유서' 와 함께 관할 세무서장에게 "부가세 기한 후 납부연장"을 신청하여 납기를 연장하면 된다.

납기연장은 법정 납부기한으로부터 2월의 기간 내에서 연장하는 것이나 납기 내 납부가 심히 곤란하다고 판단되는 경우 그 연장기간을 6월내로 하여 세무서장(부과과장)이 분납기한 및 분납금액을 정한다. 단, 연장기간을 6월로 하는 경우 3월이 경과한 날로부터 매월 균등액을 분납하도록 조치한다(예를 들면 4월 연장인 경우 4개월에 2분에 1의 납부, 5개월에 2분의 1납부).

국세기본법상 기한연장은 세무서장 등의 직권으로 연장되는 경우와 납세자의 신청에 의하여 연장되는 경우가 있고, 납세자가 기한연장을 받고자하는 때에는 기한연장승인신청서를 제출하여야 하며, 세무서장은 그 사유가 타당한지를 확인하여 승인여부를 통지하게 된다.

이처럼 회사 사정상 부가가치세를 제때에 납부하지 못할 중대한 사정이 발생하는 경우에는 '기한연장승인신청서' 를 연장 받고자 하는 '사유서' 와 미수금이나 외상매출금 명세서를 첨부하여 연장 신청한다.

04 부가가치세 신고를 잘못하거나 안한 경우에는?

○ 수정신고를 하면 된다.

수정신고란 이미 신고한 과세표준 및 세액 등이 실제보다 적게 신고된 경우 사업자가 이를 정정하여 신고하는 것을 말한다. 따라서, 신고를 하지 않은 사업자는 수정신고를 할 수 없다.

수정신고는 잘못 신고된 내용에 대해 세무서에서 결정 또는 경정하여 통지하기 전까지 관할세무서장에게 하면 된다.

법정신고기한이 지난 후 6개월 이내에 수정신고를 하고, 추가로 낼 세금을 납부하는 경우에는 과소신고가산세로 50% 경감해 준다.

○ 경정청구를 할 수 있다.

경정청구란 이미 신고·결정된 과세표준 및 세액 등이 정당한 과세표준 및 세액 등에 비하여 과다한 경우 이를 정정하여 결정 또는 경정하여 줄 것을 촉구하는 납세의무자의 청구를 말한다.

경정청구는 법정신고기한이 지난 후 2년 이내에 관할세무서장에게 하면 된다. 경정청구를 받은 세무서장은 청구를 받은 날로부터 2개월 이내에 그 결과를 통지해 준다.

·수정신고

세법에서 정하고 있는 신고기한 내에 신고를 한 자가, 정당하게 신고하여야 할 금액에 미달하여 신고하였거나 정당하게 신고하여야 할 결손금액 또는 환급세액을 초과하여 신고한 경우에는, 세무서에서 결정 또는 경정하여 통지를 하기 전까지 수정신고를 할 수 있다. 법정신고기한 경과 후 6월 이내에 수정신고를 하고 추가로 납부 할 세액을 자진납부 하면, 신고불성실가산세의 50%를 감면 받을 수 있다. 6개월이 지난 후라도 세무서에서 결정 또는 경정하여 통지를 하기 전까지는 수정신고를 할 수 있으나, 이 때 가산세는 감면해 주지 않는다는 점에 유념해야 한다.

· 경정청구

수정신고와는 반대로 법정신고기한 내에 신고(수정신고 포함)를 한 자가, 정당하게 신고해야 할 금액보다 세액을 많이 신고하였거나 결손금액 또는 환급세액을 적게 신고를 한 경우에는, 법정신고기한 경과 후 3년 이내(근로소득 자 등 원천징수의무자는 납부기한 경과 후 3년 이내)에 관할세무서장에게 정상적으로 정정하여 결정하여 줄 것을 청구할 수 있다.

부가가치세 신고를 기한내에 하지 않은 경우

부가가치세 신고기한내에 부가가치세 신고를 안한 경우 기한후신고를 하면 된다.

여기서 기한후신고란 부가가치세 신고기한 내에 부가가치세 신고를 하지 아니한 경우로서 납부해야 할 세액이 있는 사업자가 관할세무서장이 부가가치세를 결정하여 통지하기 전까지 과세표준과 세액을 신고하는 것을 말한다.

기한후 신고를 하는 때에는 매출처별세금계산서합계표 관련 가산세와 신고·납부 불성실 가산세는 부과되나, 매입처별세금계산서합계표 관련 가산세는 부과되지 않고 매입세액은 공제받을 수 있다.

구분	가산세	매입세액공제
기한후 신고시	납부	받음
관할세무서에서 고지시	납부	못받음

memo

제8장

4대 보험 관리

01 직원을 고용하면 무조건 4대 보험에 가입해야 하나요?
02 회사 설립 후 4대 보험에 가입하려고 하는데, 어떻게 하나요?
03 직원이 들어왔어요. 4대 보험은 어떻게 가입을 하나요?
04 직원이 퇴직했어요. 4대 보험은 어떻게 처리해야 하나요?
05 국민연금, 건강보험 등 4대 보험은 급여에서 어떻게 공제를 하나요?

01 직원을 고용하면 무조건 4대 보험에 가입해야 하나요?

아래의 표와 같이 1인 이상의 근로자를 사용하는 사업장은 별도로 적용제외 사업이 아닌 이상 모두 4대 보험의 가입 대상이다. 따라서 4대 보험에 가입을 하지 않기 위해서는 적용제외 사업장에 근무하거나 적용제외 근로자에 해당해야 한다.

구분	국민연금	건강보험	고용·산재보험
당연 적용 (의무 가입) 대상	① 1인 이상의 근로자를 사용하는 모든 사업장 ② 대사관 등 주한외국기관으로서 1인 이상의 대한민국 국민인 근로자를 사용하는 사업장	① 상시 1인 이상의 근로자를 사용하는 모든 사업장 ② 공무원 및 교직원을 임용 또는 채용한 사업장	[고용보험] ① 상시근로 1인 이상 모든 사업장(다만, 농업, 임업, 어업, 수렵업 중 법인이 아닌경우 5인 이상) ② 2천만원 이상 건설공사 [산재보험] ① 상시근로자 1인 이상의 사업 또는 사업장(다만, 농업, 임업(벌목업 제외), 어업, 수렵업은 5인 이상) ② 2천만원 이상 건설공사
임의 적용 가입 대상	① 당연적용사업장 외의 사업장의 사용자가 당해 사업장의 18세 이상 60세 미만의 근로자 3분의 2이상의 동의를 얻어 가입 신청을 한 사업장	임의 가입 대상 없음	산업재해보상보험법 및 고용보험법의 당연적용 대상 사업이 아닌 사업으로 가입 여부가 사업주의 의사에 일임되어 있는 사업(근로복지공단의 승인 필요)

임의 적용 가입 대상	② 당연적용사업장이 그 기준에 미달하게 된 때는 임의 적용 사업장으로 봄(의제 적용)		

[고용보험·산재보험 적용 제외 사업]

산재 보험	고용 보험
① 농업·임업(벌목업 제외)·어업·수렵업 중 법인이 아닌 자의 사업으로서 상시근로자 수가 5인 미만인 사업	① 농업·임업·어업 및 수렵업 중 법인이 아닌 자가 상시 4인 이하의 근로자를 사용하는 사업
② 가사 서비스업	② 가사 서비스업
③ 주택법에 의한 주택건설사업자, 건설산업기본법에 의한 건설업자, 전기공사업법에 의한 공사업자, 정보통신공사업법에 의한 공사업자, 소방법에 의한 소방시설공사업자 또는 문화재보호법에 의한 문화재수리업자가 아닌 자가 시공하는 다음 각 호의 공사	③ 고용보험법의 적용이 제외되는 2005년도 건설공사의 총공사금액은 주택법에 의한 주택건설사업자, 건설산업기본법에 의한 건설업자, 전기공사업법에 의한 공사업자, 정보통신공사업법에 의한 공사업자, 소방시설공사업법에 의한 소방시설업자 또는 문화재보호법에 의한 문화재수리업자가 아닌 자가 시공하는 공사로서 다음 각 목의 1에 해당하는 금액으로 한다.
가. 총공사 금액이 2천만원미만인 공사	가. 총공사금액이 2천만원미만
나. 연면적이 330제곱미터 이하인 건축물의 건축 또는 대수선에 관한 공사	나. 건축물의 건축 또는 대수선 공사는 고용보험 및 산업재해보상보험의 보험료징수 등에 관한 법률 시행령 제2조 제1항 제2호 단서의 규정에 따라 노동부장관이 정하여 고시하는 [건설업자가 아닌 자가 시공하는 건설공사의 총공사금액 산정에 관한 규정]에 의하여 산정 되는 연면적 330제곱미터에 해당하는 총공사금액 이하
④ 공무원연금법 또는 군인연금법에 의하여 재해보상이 행하여지는 사업	
⑤ 선원법·어선원 및 어선재해보상보험법 또는 사립학교교직원연금법에 의하여 재해보상이 행하여지는 사업	
⑥ 제②호 내지 제⑤호의 사업 외의 사업으로서 상시근로자 수가 1인 이상이 되지 않는 사업	

반면, 적용대상 사업장이라고 하여도 다음의 근로자는 적용대상에서 제외된다. 따라서 4대 보험에 가입을 하지 않기 위해서는

적용제외 사업장에 근무하거나 적용제외 근로자에 해당해야 한다.

[4대 보험 적용 제외자]

구분	국민연금	건강보험	고용보험
적용제외자	① 타공적연금가입자 ② 노령연금수급권을 취득한 자중 60세미만의 특수직종 근로자 ③ 조기노령연금 수급권을 취득하고 그 지급이 정지되지 아니한 자 ④ 퇴직연금등수급권자 ⑤ 국민기초생활보장법에 의한 수급자 ⑥ 일용근로자 또는 1월 이내의 기한부로 사용되는 근로자(1월을 초과하여 계속 사용되는 경우는 제외) ⑦ 소재지가 일정하지 아니한 사업장에 종사하는 근로자 ⑧ 비상임이사, 1개월간의 소정근로시간이 80시간미만인 시간제 근로자 등 사업장에서 상시근로에 종사할 목적으로 사용되는 자가 아닌 자	① 의료급여를 받는 자 ② 유공자 등 의료보호 대상자로 건강보험의 적용배제신청을 한 자 ③ 1월미만의 기간동안 고용되는 일용근로자 ④ 하사(단기복무자에 한함) · 병 및 무관 후보생 ⑤ 선거에 의하여 취임하는 공무원으로서 매월 보수 또는 이에 준하는 급료를 받지 아니하는 자 ⑥ 소재지가 일정하지 아니한 사업장의 근로자 및 사용자 ⑦ 비상근 근로자 또는 1월간의 소정 근로시간이 80시간미만인 시간제근로자(교직원 · 공무원 포함) ⑧ 근로자가 없거나 ⑦호의 규정에 의한 자만을 고용하고 있는 사업장의 사업주	① 65세 이상인 자 ② 1월간 소정 근로시간이 60시간(1주간의 소정 근로시간 15시간) 미만인 자 ③ 국가공무원법 및 지방공무원법에 의한 공무원 ④ 사립학교교직원연금법의 적용을 받는 자 ⑤ 별정우체국법에 의한 별정우체국 직원 ⑥ 다음에 해당되지 않는 외국인 근로자 - E-9(비전문취업) 체류 자격자 - D-7(주재) .8(기업투자) .9(무역경영) 체류자격자(본국법이 대한민국 국민에게 고용보험에 상응하는 제도를 적용하지 않는 경우는 적용제외) - F-2(거주) 체류 자격자로 출입국관리법시행령 제25조 소정의 체류자격 외 활동 허가를 받은 자 - F-5(영주) 자격자

회사 설립 후 4대 보험에 가입하려고하는데, 어떻게 하나요? 02

신규로 사업장을 개설해서 4대 보험 적용을 받고자 하는 경우 다음의 서류를 작성하여 제출을 한다.

건강보험

구분	내용
사업장 적용일	● 적용대상 사업장이 된 날로부터 14일 이내 신고하는 경우 → 적용대상 사업장이 된 날 ● 적용대상 사업장이 된 날로부터 14일 경과 후 신고하는 경우 → 사업장(기관) 적용 통보서를 공단 지사에 접수한 날
신고 서류	① 사업장(기관)적용통보서 1부(별지 제5호 서식) ② 직장가입자자격취득신고서 1부(별지 제3호 서식) - 피부양자가 있는 경우는 동시 신고[직장가입자자격취득신고서(피부양자 있는 경우) 작성] → 주민등록표등본만으로 가입자와 피부양자와의 관계를 확인할 수 없는 경우 호적등본 또는 제적등본 제출 ※ 사업장적용신고서류에 가입자의 취득신고서인 직장가입자자격(취득·변동)신고서를 함께 작성하여 신고할 수 있음
신고 장소	사업장관할 공단지사

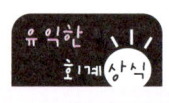

· 직원이 개인사정으로 휴직하는 경우의 4대 보험 처리는?

급여소득자인 근로자가 개인사정으로 인하여 휴직하는 경우, 휴직신고를 별도로 해주면 국민연금과 건강보험료는 해당 기간 동안 공제 및 납부를 하지 않아도 되며, 고용보험의 경우에는 별도의 휴직신청을 할 필요가 없다.

국민연금공단에 휴직신청을 하는 경우에는 '연금보험료 납부예외신청신고서'와 '휴직원' 등 회사 자체의 휴직신청 품의서 및 기안서를 첨부하면 되며, 건강보험의 경우에는 '직장가입자(근무처, 근무내역) 변동 통보서'와 국민연금과 마찬가지로 '휴직원' 등을 첨부하여 관할 공단에 신청하면 되고, 휴직한 직원이 복직을 하게 되면 '복직 신고'를 해야 한다.

휴직하는 경우 보험료 산정은 사유 발생 전월의 기준임금을 산정하고 휴직 기간동안의 보험료 부과를 정지한 후 복직하여 보수가 지급되는 최초의 월에 정지되었던 보험료를 일괄 부과하는 것이다(분할납부 가능).

○ 국민연금

구분	내용
사업장 적용일	● 적용대상 사업장이 된 날로부터 14일 이내 신고하는 경우 → 적용대상 사업장이 된 날 ● 적용대상 사업장이 된 날로부터 14일 경과 후 신고하는 경우 → 사업장(기관) 적용 통보서를 공단 지사에 접수한 날
신고 서류	① 국민연금 당연적용사업장해당신고서 1부 ② 국민연금 사업장가입자자격취득신고서 1부
신고 장소	사업장관할 공단지사

○ 고용보험

구분	내용
당연적용사업장	① 성립일 : 당해 사업이 개시된 날 또는 일정 규모 이상의 사업에 해당하게 된 날 ② 제출 서류 : 보험관계성립신고서 1부 ③ 구비 서류 - 건설공사 및 벌목업 공사도급계약서, 공사원가명세서 및(건축 또는 벌목)허가서 사본 각 1부 - 계속사업 → 사업자등록증 사본, 임금대장, 생산제품설명서 ④ 제출기한 : 보험 관계가 성립된 날부터 14일 이내(14일 이내에 종료되는 사업에서는 종료 일의 전일)
임의적용사업장	① 성립일 : 사업주가 보험가입신청서를 근로복지공단에 접수한 날의 다음 날 ※ 하수급인사업주 인정 승인을 받은 경우는 하도급 공사 착공일 ② 제출 서류 : 보험가입신청서 1부 ③ 구비 서류 : 당연적용사업장과 동일 ※ 다만, 고용보험은 사업주가 근로자 과반수의 동의를 얻은 사실을 증명하는 서류를 첨부하여야 함

직원이 들어왔어요, 4대 보험은 어떻게 가입을 하나요? 03

신입사원 등 신규입사자가 생기는 경우 4대 보험 취득 신고를 해주어야 하는데 이에 대하여 살펴보면 다음과 같다.

건강보험

구분	내용
자격 취득일	① 근로자 : 적용사업장에 사용된 날 또는 근로자가 근무하고 있는 사업장이 적용사업장으로 지정된 날 ② 사용자 : 건강보험 적용 사업장의 사용자가 된 날, 사용자가 경영하고 있는 사업장이 건강보험 적용사업장으로 지정된 날 ③ 일용계약근로자 : 1월을 초과하여 사역결의 되는 자는 최초사역일(다만, 1월 이내의 기간을 정하여 계속 사역결의 되는 자는 최초 사역일로부터 1월을 초과하는 날) ④ 시간제근로자 : 근로(고용) 계약이 있으면서 1월 이상 근무하고 근무시간이 월 80시간 이상으로 근로(고용)계약된 자는 그 근로(고용)를 개시한 날 다만, 근로(고용)계약은 없으나 실제 1월 이상 계속하여 근무하고, 근무시간도 월 80시간 이상인 자는 그 근로(고용)를 최초로 개시한 날 ⑤ 외국인·외국국적동포·재외국민 : 외국인등록을 한 외국인 또는 외국국적동포, 국내거소신고를 한 재외국민 또는 외국국적동포가 건강보험 적용신청을 한 경우에는 사업장에 사용(임용·채용)된 날

구분	내용
자격취득 신고	① 신고 의무자 : 사용자 ② 신고기간 : 자격취득일로부터 14일 이내
신고 서류	① 직장가입자자격취득신고서(별지 제3호 서식) ● 건강보험 적용배제신청을 하는 유공자 등 의료보호대상자의 경우는 국가유공자증 사본 1부 ● 직장가입자와 피부양자를 동시에 신고할 경우에는 호적등본 또는 제적등본 1부(주민등록표등본으로 직장 가입자와의 관계를 확인할 수 없는 경우), 장애인등록증 또는 국가유공상이자임을 증명하는 서류 각 1부(부부 모두 해당시는 각각 제출) ※ 직장가입자와 피부양자가 동거하는 경우에는 주민등록표등본을 제출하지 아니함

▸ **자격취득** : 처음으로 건강보험이 적용됨을 의미
- 출생, 귀화, 국적취득, 국적회복, 의료급여 상실, 유공자 등 의료보호 상실, 유공자 등 의료보호대상자의 건강보험 적용 신청 등
- 자격취득자는 그 사유가 발생한 날이 속하는 달부터 보험료 부담

▸ **자격변동** : 가입자로서의 자격은 유지하면서 종류만 달라짐을 의미
- 자격변동자는 그 사유가 발생한 날이 속하는 달의 다음 달부터 보험료 부담
- 피부양자의 경우는 자격 변동자와 동일하게 처리

국민연금

구분	내용
자격취득일	입사한 날의 다음 날
자격취득 신고	① 신고 의무자 : 사용자 ② 신고기간 : 자격취득일로부터 15일 이내
신고 서류	① 사업장가입자자격취득신고서 1부 ※ 다수의 사업장에 사용자 혹은 근로자로 근로(근무)를 제공할 경우 각각의 사업장에서 취득신고를 하여야 함

고용보험

사업주는 근로자를 새로이 채용한 경우 피보험자격 취득일로부터 14일 이내에 고용보험피보험자격취득신고서를 사업장 관할 지방노동관서에 제출해야 한다.

★ Tip 중도입사자의 건강보험 및 국민연금 처리는?

회사에 신규 입사자가 발생한 경우 건강보험, 국민연금 자격취득 신고와 관련하여 많은 경리실무자들이 그 적용시기를 애매해할 수 있다.

원칙적으로 건강보험료 부과시점은 '매월 1일' 이 기준이다. 따라서 신규 직원이 2일날 입사했다면 그 달의 보험료는 공제하지 않는다(단, 7월 1일 입사했다면 그 달부터 공제)

국민연금보험은 입사한 날의 다음달부터 공제를 한다.

일부 회사에서는 중간 입사자의 경우 편의상 15일을 기준으로 건강보험료나 국민연금보험료를 공제하는 경우가 있으나 건강보험료의 경우에는 매월 1일을 기준으로 보험료를 산정하기 때문에 중간 입사자의 경우에는 입사한 달에 보험료를 공제하게 되면 지역보험료 및 전 직장에서 부담한 보험료와 이중납부가 될 소지가 발생 할 수 있다.

따라서 실무적으로는 건강보험료는 중간 입사자의 경우 건강보험료 및 국민연금은 입사한 다음 달부터 공제한다.

04 직원이 퇴직했어요, 4대 보험은 어떻게 처리해야 하나요?

건강보험

구분	내용
자격상실일	① 사망한 날의 다음 날 ② 국적을 잃은 날의 다음 날 ③ 의료급여수급권자가 된 날 ④ 유공자 등 의료보호대상자가 건강보험 적용배제신청을 한 날 ⑤ 적용사업장에서 퇴직·퇴사한 날의 다음 날
자격취득 신고	① 신고 의무자 : 사용자 ② 신고기한 : 자격상실(변동)일부터 14일 이내
신고 서류	① 직장가입자자격상실·퇴직시보수총액통보서(별지 제4호의 2서식) ● 장제비를 청구할 경우에는 사망사실이 기록된 호적등본, 사망진단서 또는 사체검안서 중 1부 ● 의료급여수급권자가 된 경우에는 의료급여증 사본 1부 ● 유공자 등 의료보호대상자로서 건강보험 적용배제신청을 하는 경우에는 국가유공자증 사본 1부

국민연금

구분	내용
자격취득일	퇴사한 날의 다음날
자격취득 신고	① 신고 의무자 : 사용자 ② 신고기간 : 자격취득일로부터 15일 이내

신고 서류	① 사업장가입자자격상실신고서 1부 ※ 다수의 사업장에 사용자 혹은 근로자로 근로(근무)를 제공할 경우 각각의 사업장에서 상실신고를 하여야 함

고용보험

사업주는 소속 피보험자가 피보험자격을 상실하는 때에는 그 상실일로부터 14일 이내에 고용보험피보험자격상실신고서를 사업장 관할 지방노동관서에 제출해야 한다. 피보험자격의 상실을 신고함에 있어서 피보험자격의 상실이 이직으로 인한 경우에는 별도의 이직확인서를 함께 작성 및 제출해야 한다.

* Tip 일용근로자를 고용하는 경우 4대 보험 신고를 피할 수 있는지?

일용근로자의 4대 보험 신고와 관련해서 세법에서 정한 일용근로자란 근로를 제공한 날 또는 시간에 따라 근로대가를 계산하거나 근로를 제공한 날 또는 시간의 근로성과에 따라 급여를 계산하여 받는 자로서 근로계약에 따라 동일한 고용주에게 3월 이상 계속하여 고용되어 있지 않는 자를 말한다.
그러나 4대 보험의 경우 각 법령에 그 가입을 제외하는 일용근로자의 범위를 각각 규정하고 있기 때문에 세법에서 정한 일용근로자에 해당한다 하더라도 4대 보험 각 법령에 의하여 가입을 하여야 하는 경우에는 4대 보험에 반드시 가입을 해야 한다.
일용근로자로서 4대 보험 가입에서 제외되는 경우는 다음과 같다.
① 건강보험 가입제외자 : 1개월미만 기간동안 고용되는 일용근로자 또는 1월의 근로시간이 80시간미만인 시간제근로자
② 국민연금 가입제외자 : 1개월미만 기간동안 고용되는 일용근로자 또는 1월의 근로시간이 80시간미만인 시간제근로자
③ 고용보험 가입제외자 : 월간 근로시간이 60시간미만인 근로자
한편, 일용근로자인 "3월 이상 계속하여 고용되어 있지 아니한 자"란 역(달력)에 의하여 계산한 기간을 말하는 것이며(법인 46013-1012, 1998.4.23) 즉, 일용근로자로 보지 아니하는 시점은 그 3월이 경과한 날에 속하는 연도의 과세기간 개시일이다.

05 국민연금, 건강보험 등 4대 보험은 급여에서 어떻게 공제를 하나요?

· 원본
원시적으로 법률적인 효력을 발생시킬 수 있는 문서를 말한다.

· 정본
법률에 규정이 있는 경우. 권한을 가진 사람이 원본에 의거하여 작성하는 등본을 말한다. 이는 법률상 대외적으로 원본과 동일한 효력을 가진다.

· 사본
인쇄된 책 즉, 간행본 또는 원본이나 정본과는 달리 손으로 베끼거나 복사한 것을 말한다.

4대 보험 공제액 계산

급여에서 공제하는 항목은 갑근세와 4대 보험 등이라고 앞서 설명을 하였다.

그러면 4대 보험은 급여에서 어떻게 공제를 하는 것일까? 4대 보험 공제율에 대하여 살펴보면 다음과 같다.

구분	공제율
국민연금	0.9% 중 사업주와 근로자가 각각 반씩 부담
건강보험	5.08% 중 사업주와 근로자가 각각 반씩 부담
고용보험	실업급여 0.9% 중 사업주와 근로자가 각각 반씩 부담

그러나 실무상으로 고용보험은 급여에서 0.45%를 공제를 하나 건강보험과 국민연금은 기준급여표에 의하여 공제를 한다.

예를 들어, 급여가 200만원인 경우,

① 고용보험 : 200만원 × 0.45% = 9,000원

② 건강보험 : 200만원 × 2.54% = 50,800원

③ 국민보험 : 200만원 × 4.5% = 90,000원

①＋②＋③ = 149,800원을 공제하며, 실제 받는 급여 200만 원 중 갑근세 28,950원과 주민세 2,890원을 추가로 공제한 후 1,826,160원이 된다.

4대 보험 납부절차

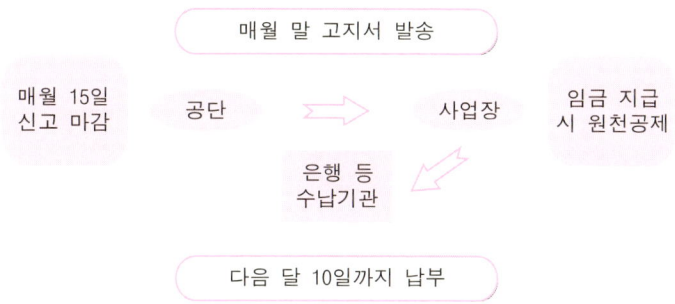

지난 달 이전 입·퇴사자를 이번 달에 소급하여 신고할 경우에는 소급분 보험료가 발생하며, 이번 달분 보험료와 정산한 후 고지된다.

경리업무를 겸직하는 사장이 꼭 알아야 할 창업회계

초판 발행 : 2006년 4월 15일
개정 1판 3쇄 인쇄 : 2010년 11월 18일
개정 1판 3쇄 발행 : 2010년 11월 25일

지은이 | 손원준, 한성욱
펴낸이 | 양철우
펴낸곳 | (주)교학사
등록번호 | 제18-7호
등록날짜 | 1962년 6월 26일
주 소 | 서울시 마포구 공덕동 105-67
전 화 | 02-7075-312(편집)/02-7075-156(영업)
팩시밀리 | 02-7075-316(편집)/02-839-2728(영업)
홈페이지 | http://www.kyohak.co.kr
진행 | 정보산업부

Copyrights ⓒ 2006 by 교학사. All rights Reserved.
이 책을 무단 복사, 복제, 전제하는 것은 저작권법에 저촉됩니다.

※잘못된 책은 교환해 드립니다.